정치외교학과
진로개발

정치학해서 뭐 해먹고 살래?

정치 외교 학과

정치학해서 뭐 해먹고 살래?

연세대학교 정치학과 BK 21 플러스 사업단
이태동, 백우열, 최 선 편

진로 개발

정치외교학과 진로개발

정치학해서 뭐 해먹고 살래?

편저자 이태동, 백우열, 최 선
펴낸곳 연세대학교 출판문화원
주　소 서울시 서대문구 연세로 50
전　화 02) 2123-3378~80
팩　스 02) 2123-8673
e-mail: ysup@yonsei.ac.kr
http://press.yonsei.ac.kr
등　록 1955년 10월 13일 제9-60호
인　쇄 (주)화신문화

2019년 8월 30일 1판 1쇄　20212 12월 12일 1판 3쇄

ISBN 978-89-6850-351-1(93340)

정　가 18,000원

프롤로그

"교수님, 저희 세대를 삼포 세대를 넘어 다포 세대라고도 하잖아요. 그런데 어떤 걸 가장 먼저 포기하는지 아세요?"

"집? 아니면 연애 아니에요?"

"꿈을 가장 먼저 포기해요."

대학에서 학생들과 함께 호흡한 지 십여 년이 되어가지만, 학생들의 상황은 그다지 나아지는 것 같지 않다. 특히 한 대학원생과의 위의 대화는 여전히 충격적이며 잊히지 않는다. '꿈'이 젊은이의 전유물은 아니지만, 무엇을 하고 싶은지, 무엇을 하면 즐거울지 꿈꿀 수 있는 건 젊은 세대의 특권이라고 생각해 왔다. 건물주가 꿈이니, 공무원이 꿈이니 하는 기사를 읽으며 세대가 달라졌구나라고 생각하는데 차라리 나았을지 모른다.

언제부터인가 "학생들의 진로(Career)에 조금이라도 도움이 되는 교육을 하자"가 교육 철학(teaching philosophy)이 되어 갔다. 대학원에 입학하는 모든 학생들이 학자가 될 수는 없기에, 학생들을 지도하면서 어떤 진로를 생각하고 있으며, 지금 하는 일이 그 진로 개발에 도움이 될 것인지를 물었다. 주로 지도 학생들의 진로 탐색을 돕다가, 연세대학교 정치학과 BK21(Brain Korea 21)+ 사업을 맡게 되면서 진로 중심의 교육 철학 대상을 대학원생 전체로 확장할 수 있었다. 그 과정에서 BK21+ 사업단에 창의적 진로개발센터

(Creative Career Development Center)를 만들었다. 이후 BK21+ 프로그램의 일환으로 '정치학과 진로개발'이라는 수업을 개설하고 이 책도 교수님, 연구 교수님, 학생들과 함께 쓰게 되었다.

진로를 찾고 개발하는데 크게 세 가지 질문이 있지 않을까 한다. 첫 번째 질문은 나는 어떤 사람인가? 두 번째 질문은 이 진로는 어떤 특성이 있는가? 세 번째 질문은 나와 이 진로에 영향을 끼치는 세상은 어떻게 변해가고 있는가? 이다.

"너 자신을 알라"는 격언은 고대 그리스 소크라테스의 맥락에만 국한되지 않는다. 진로를 탐색하고 개발하는데 나에 대해 잘 모른다면, 아무리 화려해 보이고 각광 받는 진로일지라도 몸에 맞지 않는 옷이 되기 쉽다. 진로와 관련된 '나는 어떤 사람인가'라는 질문은 크게 두 가지로 나눌 수 있다. 우선, 나는 무엇을 하는 게 즐거운가?라는 질문이다. 즐거우면 남이 시키지 않아도 열심히 하게 된다. 진로를 개발하면서 즐겁게 한다면 재미와 의미를 모두 잡을 수 있다. 다음 질문은 내가 그 진로에서 요구하는 일을 잘 할 수 있는가? 이다. 진로마다 직무의 성격이 다르다. 주된 직무의 성격이 자신과 잘 맞는지, 그 일을 잘할 수 있는지를 잘 살펴야 한다. 하는 일은 즐겁지만 잘하지 못하거나, 잘하지만 즐겁지 않은 것은 모두 진로에 대한 만족도를 낮춘다.

그렇다면 '나'라는 사람에 대해 어떻게 알아갈 수 있을까? 무엇보다 스스로를 성찰해 보는 것이 중요하다. 그렇다고 '나는 누구인가?'를 수십 번 스스로에게 물어도 답이 나오지 않을 수도 있다. 자신이 추구하려는 진로와 관련해서 경험을 해보고, 그 가운데 나는 이 일을 즐기고 있는가, 잘할 수 있겠는가를 묻는 것이 효과적이다. 되도록 많은 경험을 해보는 것은 진로 선택에 도움을 줄 수 있다. 아울러 자신의 주위 사람들에게 나는 어떤 사람인가를 물어보라. 내가

이 일을 했을 때, 행복하고 즐거워 보이는지. 잘 안 맞는다고 불평만 하고 있는지.

진로와 직무에 대한 이해도 진로 탐색에 필수적이다. 어떤 일을 주로 하는지, 어떻게 준비해야 하는지, 어떤 대우를 받는지, 보람된 점은 무엇이고 힘든 점은 무엇인지, 미래에 진로의 특성이 어떻게 변하는지 모른다면, 진로를 선택하고 나서 후회할 일들이 생긴다. 특히 자신이 택하고자 하는 진로의 하루하루의 삶이 어떤지, 어떤 사람들과 어떻게 일하게 되는지에 대한 고려가 필요하다. 아울러, 선택한 진로가 나의 삶에 어떻게 영향을 줄 건지, 내가 그 진로를 통해 나의 발전과 나아가 내가 속한 조직과 사회의 발전에 기여할 수 있을지에 대한 생각도 중요하다.

진로에 들어서지 않고 직무를 이해하기 쉽지 않을 수 있다. 가장 좋은 방법은 실제 그 진로를 택해서 하고 있는 사람들에게 물어보는 것이다. 중학교 교과서에는 '진로와 직업'을 다루는 부분이 있다. 고등학교와 대학에도 수많은 진로 관련 프로그램과 멘토 프로그램이 있다. 연세대학교 정치외교학과에서도 '정치학과 진로 탐색 토크 시리즈'와 수업을 통해 현직에 있는 선배들과 학생들이 대화할 기회를 마련해 준다. 진로의 특성에 대해 스스로 찾아보고, 물어보면 직접 경험하기 전에 진로의 특성에 대해서 어렴풋하게나마 이해할 수 있다.

나와 내가 선택한 진로는 사회가 변화하는 것과 영향을 주고받는다. 그렇기 때문에 진로 탐색과 개발을 위해서 사회의 변화를 이해할 필요가 있다. 내가 관심 가지고 있는 진로에 영향을 주는 사회의 변화는 어떤 방향으로 진행되고 있는가? 어떤 점은 변화하지만, 또 어떤 점은 변화하지 않는가? 사회의 변화는 내가 선택하고 개발하려는 진로에 어떻게 영향을 끼칠 것인가? 나의 진로 선택과 개발이 사회의 변화에 대응하거나 사회의 변화를 이끌 수 있는가?

정치외교학은 세상의 변화와 변하지 않는 가치가 무엇인지에 대해 연구하는 학문이다. 세계적, 국가적, 지역적으로 사회, 경제, 정치, 기술이 어떻게 변화하는가, 그 과정에서 사람과 조직, 제도는 어떻게 만들어지고 진화하는가에 대한 통찰력을 키운다면 자신의 진로와 관련된 탐색이 가능할 것이다.

학생들과 수업을 진행하면서, 진로(Career)와 직업(job)은 다른 것이 아닐까 하는 말들을 많이 했다. 진로는 진행형이다. 직업을 가지고 있어도 진로는 방향성을 가지고 개발할 수 있다. 예를 들어, 교수란 직업을 가지고 있다고 해서, 진로에 대한 탐색과 개발이 끝나는 것은 아니다. 이 책을 준비한 학생들도, 또 읽는 학생들도 자신이 잘하는 것이 무엇인지, 어떤 일을 하면 즐거운지, 그리고 어떻게 자신이 속한 공동체에 자신의 진로 개발을 통해 공헌할 수 있는지에 대답을 찾아가며 진로를 모색하기를 바란다.

현직에 있지 않지만 그 진로를 택하려는 학생들이 준비하고 작성한 글이기 때문에 부족한 점들이 많을 것이다. 각 분야 수업에 참여하셔서 말씀 나눠주신 멘토들의 조언을 녹여내려고 노력했지만, 직접 경험해보지 않을 것을 나누기에는 모자람이 있을 수 있다. 그래도 진로를 찾아가려는 학생들의 노력으로 읽어봐 주시면 좋겠다.

마지막으로, 이 책을 함께 쓴 이태동, 백우열, 최선 교수님, 수업에 함께 해주신 연세대학교 정치외교학과 조화순, 진영재, 최연식, 김상준, 김기정, 이연호, 황태희 교수님께 감사드린다. 아울러 수업 멘토로 참여하신 박혜원(한국지역난방공사), 성치훈(국회 보좌관), 이기태(통일연구원), 윤대엽(대전대학교 교수), 정철웅(키위미디어 대표), 김영완(외교부 심의관), 전수미(변호사)님, 인터뷰에 응해주신 서명호(G-squares 대표), 정진우(IPSOS), 박원순(서울시장), 여명(서울시의원)님께 감사드린다. 챕터를 담당해서 작성한 김정환 변호사, 박동걸 사무관님, 학생들, 각 챕터를 수정하고 편집을 도운 박규태,

류소현, 정기원 조교들도 수고를 많이 했다. 이 책은 한국연구재단 BK21 플러스 연세대학교 정치학 사업단의 지원을 받았음을 밝힌다. Brain Korea(BK) 사업은 대학원생들의 진로 탐색과 개발에 쓰일 때 그 목적을 다하는 것으로 생각한다. 사족으로, 다행히 위의 대화를 나눴던 학생은 자신이 원하는 공기업에 취업해서 진로를 잘 개발하고 있다.

연세대학교 연희관에서

편저자 이태동, 백우열, 최 선

서문

이 책은 연세대학교 대학원 정치학과에서 2018년 2학기에 개설된 '정치학과 진로개발' 수업의 결과물이다. 연세대학교 대학원 정치학과 BK21+ 사업단은 2016년 1학기 출범과 동시에 정치학 전공의 실무전문가 양성을 위한 다양한 프로그램을 실험적으로 운영하기 시작했다. 이는 미래 한국사회를 이끌어갈 수 있는 문제해결의 역량을 가진 연구형 인재뿐만 아니라 실무형 인재를 동시에 양성하고자 하는 사업단의 강한 의지에 의한 것이었다.

2016년 6월 창의적 인재양성 및 경력개발센터(Creative Career Development Center)를 설립하여 그 산하에 실무전문가 양성 교육과정 운영위원회를 두고, 멘토링 프로그램, 로컬·글로벌 네트워크 구축사업, 실무클러스터 지원(Career Development Cluster Supporting Scheme) 프로그램, 단계적 취업 Action Plan 작성 지원 프로그램 등을 개발하여 운영했다. 이러한 성과를 바탕으로 2018년 2학기에는 그동안의 여러 실무자 양성 프로그램을 종합하고 집대성하여 정규 교과목으로 편성함으로써 보다 실질적인 효과를 거두기 위한 또 다른 실험을 했다.

'정치학과 진로개발' 수업은 정치학 전공 대학원생들의 사회진출을 위한 역량 강화 및 진로개발을 목적으로 개설된 정규 교과목으로써, 진로탐색, 이력서 및 면접 준비, 대학 및 학계, 연구원, 국회 정치, 지방 정치, 외교, 공기업, 사기업, 언론, 시민단체 등의 주제로 구성되었다. 그리고 주제마다 해당 분야의 정치학 전공 실무 전문가들을 초청하여 해당 분야에 진입하기 위한 방법, 주요 업무 및 근무 여건, 전공과의 연관성, 전망 등에 관한 현장의 이야기를 중심으로 토론을 진행함으로써 학생들에게 실질적인 도움이 될 수 있도록 했다.

수업에 참여한 학생들은 선호하는 주제에 따라 팀을 이루어 해당 주제에 대한 기초조사를 수행하고 발표를 준비했다. 조사의 내용은 ① 어떤 일을 하는 직업인가? ② 필요한 소양과 자질은 무엇인가? ③ 무엇을 준비해야 진입할 수 있는가? ④ 보수, 처우 등 근무여건 및 환경은 어떠한가? ⑤ 구체적인 업무는 어떤 것(들)인가? ⑥ 업무의 강도 및 직업안정성은 어떠한가? ⑦ 대표적인 어려운 점은 무엇인가? ⑧ 해당 직업을 권장할만한 장점은 무엇인가? ⑨ 정치학 전공과의 연관성 및 전공의 이점이 있다면 무엇인가? ⑩ 향후 발전가능성(미래전망)은 어떠한가? ⑪ 기타 해당 직업의 특수성이 있다면? 등으로 구성되었다.

또한 이 수업은 학과에 소속된 교수님들이 주제를 나누어 맡아 해당 주제에 적합한 현장의 실무 전문가를 섭외하고, 해당 주제를 다루는 수업을 디자인 하고 직접 진행하는 협업으로 이루어졌다. 이는 각 영역의 학문적 전문성을 가진 교수님과 실무적 전문성을 가진 외부 전문가가 동시에 수업에 참여함으로써 연구와 실무의 조화를 통해 효과를 극대화하기 위한 노력이었다.

수업은 학생들이 조사한 내용을 발표하고, 이후 외부 실무 전문가와 담당 교수님의 논평과 토론이 진행된 후, 참가자 모두가 자유롭게 질문하고 토론하는 방식으로 진행되었다. 특히, 수업에 초청된 외부 전문가들은 모두 정치학 학사, 석사, 박사 등의 정치학 전공자들로서, 사회의 주요 영역에 진출해 있는 선배 정치학 전공자들이 진로를 모색하고 있는 후배 정치학 전공자들에게 실질적으로 도움이 되는 조언이 이루어지도록 했다.

한편, 책에 함께 포함된 법조 분야와 행정공무 분야 등 두 주제는 정규 교과목이라는 시간과 여건의 제약으로 수업에서 다루지는 못했다. 그러나 정치학을 전공한 졸업생들이 적지 않게 진출하는 영역이라는 점을 고려하여, 해당 영역에서 활동하는 전문가 중에서 책의 취지에 공감하신 분들께 집필을 부탁드린 것이다. 두 주제를 담당하신 외부 전문가 모두 흔쾌히 참여해 주셨고, 현장감 있는 의미 있는 글을 만들어주셨다.

1장은 정치외교학 전공자의 진로탐색과 효과적인 면접 준비방법을 다루고 있다. 자신에 대한 성찰, 관심 분야에 대한 분석, 자기 피력 등 세 단계의 직업 탐색 과정을 제시하고, 정치학 전공자들이 주로 진출하는 학계, 연구원, 국회, 중앙정치, 지방정치, 외교, 공기업, 사기업, 언론, 시민단체 등 주요 분야에 대한 직무 관련 정보에 접근할 수 있는 방법을 소개했다. 이후 효과적인 면접 준비 방법을 제시하고 각 진출 영역에서 기대되는 면접 내용과 특징을 소개하였다. 그리고 정치학을 전공한 인사 전문가의 조언을 인터뷰했다.

2장은 학자 중 교수직을 다루고 있다. 대학에서 학생들을 가르치는 전문직인 교수가 되기 위한 과정을 대학원 시기, 대학원 이후의 시기, 교수 채용 선발 시기로 나누어 소개한다. 또한 교수에게 요구되는 주요 자질을 소개하고 향후 교수직의 미래를 전망해본다. 이후 정치학을 전공하고 대학에서 학생들을 가르치고 있는 교수님을 인터뷰하고, 최근 해외 대학 진학이 결정된 유학생들과 진행된 간담회 내용을 소개했다.

3장은 연구를 전문적으로 수행하는 연구원에 관한 것이다. 국책연구기관과 민간연구기관 등 연구소에 소속된 연구원과 리서치 회사에 소속된 연구원으로 구분하여 구체적인 소개를 하고 있다. 연구기관에 관해서는 대표적인 연구기관을 소개하고, 연구기관에 소속된 연구원의 직급에 따라 달라지는 업무를 설명한 후, 연구원이 되기 위해 준비해야 하는 주요 사항들을 소개한다. 다음으로 대표적인 리서치 회사를 소개하고, 리서치 회사에서 연구원의 주요 업무와 더불어 효과적인 준비방법을 설명한다. 그리고 정치학을 전공한 국책연구기관 소속 연구원과 리서치 회사 소속 연구원의 인터뷰를 진행했다.

4장은 중앙정치 분야 중에서 국회입법조사처와 국회 보좌직을 다루고 있다. 입법, 행정, 사법 중 입법권을 행사하는 국회의 입법과정을 지원하는 국회입법조사처, 국회사무처, 국회예산정책처, 국회도서관 등의 기관을 소개하고 해당 기관에 진출하기 위해 준비해야 하는 사항을 설명했다. 또한 국회의원의 활동을 보좌하는 보좌직을 소개하고, 보좌직 진출을 위해 준비해야 하는 사항을 비롯하여 보좌직의 주요 업무와 근무여건 뿐만 아니라, 보좌직 경력자들이 이후 진출하는 주요 분야에 대해 소개한다. 그리고 정치학을 전공하고 보좌직을 수행하고 있는 전문가를 인터뷰했다.

5장은 지방정치 분야 중에서 광역자치단체장과 광역의원을 다루고 있다. 광역자지단체 행정책임자의 역할을 하는 광역자치단체장의 주요 업무와 필요 능력, 업무 강도와 어려운 점, 보수 및 근무여건 등을 구체적으로 살펴보았다. 광역의회 의원직 역시 광역의원의 주요 업무와 업무의 강도, 직업의 안정성, 보수 및 근무여건 등을 소개했다. 그리고 광역자치단체에서 선출직 정치인이 되기 위한 과정을 살펴보았다. 그리고 현직 광역자치단체장과 광역의회 의원을 인터뷰했다.

6장은 외교부에서 근무하는 외무공무원과 국제기구에서 근무하는 국제공무원을 다루고 있다. 외무공무원이 되기 위해 필요한 소양과 자질을 비롯하여, 외무공무원이 담당하는 주요 임무를 설명하고, 외무공무원이 되기 위한 준비와 절차를 소개한다. 또한 국제기구의 다양한 직업군을 소개하고, 국제공무원이 되기 위한 필요 소양, 채용방식 및 절차, 급여 등의 근무여건을 소개한다. 그리고 정치학을 전공하고 외무공무원으로 재직하는 연구원을 인터뷰했다.

7장은 법조인을 다루고 있다. 로스쿨 제도가 도입된 이후 정치학 전공자들이 로스쿨을 거쳐 법조인으로 진출하는 경우가 많아졌다. 학부에서 정치학을 전공한 이후 법학 박사 학위를 받고, 이후에 로스쿨에 진학하여 변호사로 활동하는 저자는 자신의 경험을 바탕으로 법조계의 특성과 법조인이 되기 위한 소양과 자질, 법조인의 주요 업무 등을 소개한다. 이후 로스쿨 제도에 대한 소개와 로스쿨에 진학하기 위해 준비해야 하는 사항, 로스쿨 생활과 학비 등에 대해 소개한다. 그리고 법조인의 마지막 관문인 변호사시험을 소개한다.

8장은 행정부처에서 근무하는 행정공무원을 다루고 있다. 학부에서 정치학을 전공한 이후 행정고시를 치르고 행정부처의 사무관으로 일하는 저자는 행정공무원을 중요한 정책결정자이자 관리자로 평가한다. 행정부의 조직구성과 주요 임무에 대해 소개하고, 행정부에서 정책결정이 이루어지는 절차와 과정을 설명한다. 그리고 행정공무원의 종류와 담당 업무를 소개하고, 채용방식과 보수 및 처우를 안내하며, 공무원이 요구받는 소양에 관해 설명한다.

9장은 정부주도로 설립되거나 정부가 지정하는 공공성을 가진 기관으로서 공기업을 다루고 있다. 공기업이 가지는 장단점을 사기업과 비교하여 설명하고, 공기업과 공공기관에서 공통으로 요구하는 국가직무능력표준을 소개한다. 이후 공기업에 진출하기 위해 갖추어야 하는 소양을 설명하고, 정치학이 공기업에서 어떠한 강점을 가질 수 있는지 소개한다. 그리고 정치학을 전공하고 공기업에 재직하는 전문가를 인터뷰했다.

10장은 사기업을 다루고 있다. 정치학 전공자들이 사기업에서 논리적 사고를 바탕으로 문제해결사 혹은 전략가의 역할을 할 수 있음을 강조한다. 우선, 기업에서 마케팅 전략 수립을 위한 여론조사 분석가 및 빅데이터 분석가의 역할을 소개하고, 이를 위해 필요한 소양 및 능력을 안내하고 있다. 다음으로, 경영전략이나 선거정치 컨설팅 등의 활동을 통해 전략을 제시하는 역할과, 그에 필요한 소양과 자질을 설명한다. 마지막으로, 글로벌 사업부에서의 활약 가능성을 강조한다. 그리고 현재 사기업 글로벌 사업부에서 근무하는 담당자를 인터뷰했다.

11장은 신문사나 뉴스 방송사에서 일하는 언론인으로서 기자를 다루고 있다. 신문기자와 방송기자가 어떠한 일을 하는지를 소개하고, 언론과 언론인의 중요성을 강조한다. 이후 기자가 되기 위해 필요한 소양과 자질을 소개하고, 기자가 되기 위한 지원방법과 채용방식을 설명한다. 또한 기자 업무 중 가장 중요한 언론보도의 절차를 소개하고, 보수나 근무여건 및 직업 안정성 등을 설명한다. 그리고 현재 신문사와 방송사에서 활동하는 여러 명의 기자를 인터뷰했다.

12장은 시민단체의 활동가를 다루고 있다. 시민단체는 시민들이 정치참여를 할 수 있는 대표적인 수단이 되고 있다. 시민단체의 활동가는 시민참여를 지원하고, 공익을 추구하며, 사회적 약자를 대변하는 역할을 한다. 국내 주요 시민단체를 소개하고, 시민단체 활동가가 담당하는 주요 업무와 근무환경, 시민단체 활동가가 요구받는 자질을 설명한다. 그리고 정치학을 전공하고 시민단체를 만들어 활동하는 전문가를 인터뷰했다.

이 책에서 다루는 진로탐색 이외의 11개의 전문 분야는 정치학도들이 주로 진출하는 분야들이다. 각 장에서 다루는 내용은 해당 분야와 관련된 연구를 하는 교수님, 그 분야에서 현재 일하고 있는 전문가, 해당 분야로 진출을 희망하는 대학원생들이 협업으로 지식과 고민과 질문을 뜨겁게 토론한 결과물이다. 다소 거칠 수는 있겠으나, 해당 주제에 관한 많은 고민들이 녹아 있는 만큼, 관련 분야로 진출을 희망하는 학도들에게 유익한 참고가 될 것으로 기대한다.

이태동, 백우열, 최 선

목차

정치외교학과

정치학해서 뭐 해먹고 살래?

진로개발

제1장 정치외교학 진로탐색

무엇을 어떻게 준비할 것인가?

정고운

서론

최근 순수학문의 위기에 관한 기사를 적지 않게 접할 수 있다. 기초 학문에 대한 우려의 목소리가 점점 높아지고 있는 가운데, 전통적인 순수학문에 속하는 '정치학'은 어떨까? 정치학의 연구 대상이 점차 넓어짐에 따라 사회학, 언어학, 법학, 언론학과 같이 다른 학문과 융합하는 특수성을 가지게 된다. 특히 많은 대학에서 정치학과 외교학을 각각 분리하지 않고 '정치외교학과'라는 이름으로 학과를 운영하는 것을 볼 때 두 학문이 오랫동안 교류하며 발전해 왔음을 알 수 있다. '교육통계서비스'에 따르면, 2011년 한국에서 79개의 '정치외교학(Department of Political Science and Diplomacy)' 학과가 운영되었고, 2017년도에는 86개로 우려와는 달리 학과 수가 증가하였음을 알 수 있다.[1] 어떻게 된 결과일까? 이는 앞서 언급한 정치학이 갖는 특수성과 국제화 시대에 따라 정치학이 포괄할 수 있는 분야가 광범위해지고 있음을 보여준다.

1 교육통계서비스에 따르면, 2011년 정치외교학과는 국립대학교 20개, 공립대학교 1개와 사립대학교 58개로 총 79개가 운영되었으며 2017년에는 국립대학교 17개와 사립대학교 69개로 총 86개로 증가하였음을 알 수 있다.

본 책의 목적은 다양한 영역을 연구함에 따라 이해의 폭을 넓힌 본과 졸업생들이 어느 분야에서 정치학 전공을 활용할 수 있는 지 알아보는 것이다. 본 장은 진로탐색에 대한 전반적인 개괄로 크게 4가지를 다룬다. 첫째로는 직업탐색의 단계를 소개하고, 그 다음으로는 학계, 연구원, 국회, 정치, 외교, 공기업, 사기업, 언론, 시민단체의 순서로 정치학과 진로 관련직무 정보에 접근할 수 있는 방법을 제공한다. 셋째, 면접에 활용할 수 있는 기술과 각 직무에서 기대하는 면접 역량을 소개한 뒤, 마지막으로 인사전문가와의 인터뷰를 통해 정치학도들의 진로탐색에 대해 조언하고자 한다.

I. 직업 탐색

본 책에서 직업 탐색(Job Searching)은 잡 매칭(Job Matching)의 개념으로 사용된다. 잡 매칭 단계를 시작하기에 앞서 충분한 시간이 요구된다. 바쁜 일상 속 '온전히 나 자신을 탐색하기 위한 시간을 보낸 경험이 있는가?'라는 자아 성찰에서부터 시작된다. 자신의 미래를 완성해 나가는 과정에서 본인의 성향 및 관심분야를 파악하고 전공 관련 정보를 찾는 시간을 투자해야 한다. 이는 여러 갈래로 펼쳐있는 길에서 '나와 맞는 분야 탐색'이라는 목적을 가지고 나아가는 과정 속 길잡이가 되어줄 것이다. 잡 매칭 단계는 자신을 발전시키고 나아가 사회 발전에 기여할 수 있는 분야를 찾고자 하는 모든 학생에게 추천한다.

직업 탐색은 총 두 단계로 나뉜다. 첫 번째는 자기 자신을 알아가는 과정이고, 두번째는 내가 진출하고자 하는 관심 분야를 분석하는 것이다. 직업 탐색 과정은 자신에게 맞는 옷을 찾는 과정으로 비유할 수 있다. 잘 맞는 옷을 찾기 위한 첫 번째 단계는 '나에게 어울리는 색 찾기'이다. 대부분 사람은 '나에 대해서 내가 누구보다 잘 알아'라고 생각하기 쉽다. 나에 대한 주관적 판단도 중요하지만, 자신의 가치를 수치화하고 계량화하는 객관적인 과정이 필요하다. '나는 특정 직무와 맞지 않아', '나는 소극적이라서 안 돼'와 같이 스스로 정해 놓은 한계에서 벗어나야 한다. 이를 통해 진실한 나, 새로운 나의 모습을 발견할 수 있게 된다. 직업 탐색의 첫 번째 단계를 위해 여러 가지 방법을 시도해 보는 것을 추천한다. 대다수 기업의 부서는 각기 다른 인재들로 구성된 조직으로 운영된다. 조직에서 개인의 역할이 중요한 이유는 조직 구성원과 협력/협업을 통해 새로운 가치를 창출하는 시너지(synergy) 효과를 목적으로 하기 때문이다. 조직의 효율성을 높이기 위한 중요한 영향요인 중 하나는 구성원 간의 균형이다. 영국의 경영학자 벨빈(Meredith Belbin)은(2019), '벨빈의 팀 역할 모형(Belbin's Team Role Model)'을 통해 팀을 구성하는 9가지의 역할 중 자신의 강점과 약점에 대한 이해도를 높여 개인의 성향에 맞는 유형을 한눈에 볼 수 있고 이를 통해 팀에서 잘 수행할 수 있는 역할을 파악할 수 있다고 한다. 또는 직업, 채용 정보를 제공하는 '워크넷(WorkNet)'에서 직업 적성 검사, 직무 역량검사, 직업 선호도 검사를 통해 개인의 성향, 선호도, 가치관과 잘 맞는 직업군을 찾아볼 수 있다.

두 번째 단계는 '자신에게 맞는 옷 고르기'이다. 어떤 취업 준비생은 정년퇴직 보장과 안정성과 같은 이유로 특정 진로를 선호한다. 그러나 자신과 맞는 기관 또는 각 부서에서 하는 일에 대한 정보 없이 단순히 입사만이 목표라면 업무 강도와 관련 없이 힘든 시간을 보낼 수밖에 없다. 그러므로 각자가 관심 있는 분야가 구체적이지 않을수록 적합한 자료조사를 통해 확실한 정보를 얻는 것이 중요하다. 구인 홈페이지는 다양한 공채 소식을 한 번에 접할 수 있는 장점이 있어 구직자들로부터 자주 이용된다. 그러나 지원에 앞서 각자가 희망하는 분야에 대한 배경지식, 필요한 역량과 같은 감각을 키우는 단계가 선행되지 않는다면 건초 더미에서 바늘 찾기가 될지도 모른다. 스스로 취업을 준비하는 과정에 있어 객관적으로 '자신'을 파악하고 '자신이 선택한 분야'를 공부하는데 투자한 시간보다 '타인'의 합격 자소서 또는 합격 스펙을 분석하는데 큰 노력과 시간을 투자한 것은 아닌지 되돌아볼 필요가 있다.

정치학과 관련된 직무는 폭넓은 영역에서 찾아볼 수 있지만 본 책에서는 크게 8가지로 분류했다. 선별 기준은 KSA 즉, □지식(Knowledge), 스킬(Skill), 태도(Attitude)로 전공지식과 더불어 정치학도의 장점인 조직문화 이해 능력과 문제해결 능력을 적용할 수 있는 직군으로 분류하고자 노력했다. KSA 적용은 자신이 관심 있는 분야에 대한 이해도와 집중도를 높이는 데 도움을 준다(G-Squares 서명호 대표 인터뷰 2018).

Ⅱ. 직무

본 장 이후 각 장에서 정치학 관련 직무에 대해 상세히 다룰 예정이므로 여기에서는 각 직무 관련 정보에 접근할 방법을 아래와 같이 소개한다.

1. 학계

학문 연구에 종사하는 학자의 삶에 관심이 있다면 '하이브레인넷' 이용을 추천한다. '하이브레인넷' 홈페이지는 국내 대학과 정부출연 연구소의 90% 이상의 채용 정보를 제공할 뿐만 아니라, 국내 대학교수/전임교원 초빙 지원 자격 및 기준과 같은 채용정보를 동시에 제공한다. 또한, 학술연구정보를 통해 연구비 지원 사업, 장학금 공고 및 다양한 세미나·워크숍에 관한 정보를 얻을 수 있다. 이와 동시에 현재 석사과정/석·박사통합과정/박사과정에 있는 학생을 위한 연구실별 대학원생모집을 통해 연구 경험과 해외학회 발표지원과 같은 기회를 통해 학계 및 연구기관으로 진출할 능력을 키울 수 있다는 장점이 있다. 이러한 경험은 향후 학자의 삶이라는 선택에 기로에서 방향성을 정하는 데 많은 도움을 줄 것이다. 나아가, 학자의 길을 걷고 싶은데 확신과 자신이 없다면 '하이브레인넷'의 브레인 카페를 통해 같은 고민을 하는 사람과 경험자들과의 소통을 통해 현실적인 조언을 얻을 수 있다.

해외 유학 및 진학에 관한 고민을 하고 있다면 '고해커스'홈페이지를 통해 유학 구비서류 및 증명서와 해외 대학·대학원의 정보를 찾을 수 있다. 이를테면 대학별 입학 시 필요한 어학 점수 및 합격전략과 같은 기본 정보부터 학교별 특정 전공 선택 시 지원되는 장학금 정보와 학교별 박사 지원 상황과 같은 현지 대학의 정보를 찾는데 유용하다. 희망 학교 및 전공을 아직 확실하게 정하지 못하였다면 제공된 다양한 정보를 비교하는 방법을 통해 더 나은 선택을 할 수 있을 것이다.

석사·박사 유학 컨설팅 회사인 '유학브레인'은 미국을 포함한 다섯 개 나라의 대학에 대한 정보를 제공한다. 해외 대학의 석·박사 학위 체계와 지원 방법과 한국의 대학과 어떤 점이 다른지를 비교해 볼 수 있다. 특히 미국 정치학 박사과정 입학 지원 팁, 정치학과 관련이 있는 다른 전공과 학교의 재정 지원 정보를 찾을 수 있다. 미국이 아닌 유럽 박사과정을 고민하고 있다면 '파인다피에이치디' 이용을 통해 136개 전공에 맞는 유럽 내 학교 정보와 학교별 재정지원 및 학교에서 원하는 인재상과 같은 유용한 정보를 얻을 수 있다.

학계 진로에 관한 정보는 아래 홈페이지를 통해 찾아볼 수 있다.

- 하이브레인넷 | https://www.hibrain. net
- 고해커스 | https://www.gohackers. com
- 유학브레인 | http://www.uhakbrain. com
- 파인다피에이치디 | https://www.findaphd. com

2. 연구원

우리나라에는 수많은 연구기관이 존재하지만 모든 연구소 현황을 한눈에 볼 수 있는 자료를 찾기는 쉽지 않다. 통일된 평가항목을 가지고 영역별로 분석하는 것은 '한국경제비지니스(한경비지니스)'가 유일하다. '한경비지니스'는 연구기관을 경제·산업, 정치·사회, 외교·안보, 여성·노동, 환경의 총 다섯 가지 영역을 연구의 질, 연구 역량, 대외 영향력, 세 개의 기준으로 평가한다. 이를 통해 정치학과 관련이 깊은 외교·안보 또는 정치·사회 분야의 비교 순위를 볼 수 있다는 장점이 있다.

'연구원'이라는 같은 꿈을 가지고 있는 사람들과는 '하이브레인넷'을 통해 소통할 수 있다. 각 연구 기관의 특성 및 분위기와 같은 정보는 진로를 선택하는 데 있어서 중요한 요인이다. 연구 기관의 경우 이러한 정보를 얻기가 쉽지 않지만 '하이브레인넷' 안 '연구원의 길' 게시판에 다양한 질문과 조언으로 채워져 있으므로 이를 통해 더욱 효율적인 정보를 얻을 수 있다.

정부출연연구기관의 경우 '경제·인문사회연구회'를 통해 정보를 얻을 수 있다. 가장 큰 장점은 국책 연구기관 컨퍼런스 일정을 안내함으로써 특정 세미나에 참석하여 자신이 관심 있는 연구기관에서 어떤 방향에 중점을 두고 있는지를 관련 전문가에게 들을 수 있다는 것이다. 또한, 연구회 발간물을 통해 경제 · 인문 · 사회 분야와 관련된 도서 요약부터 외교 정책, 그리고 지난 3개월간 조명 받은 각 언론의 기사를 통해 지식을 쌓을 수 있으며 청년인턴부터 직원까지의 상시 채용 공고를 제공한다.

연구원 진로에 관한 정보는 아래 홈페이지를 통해 찾아볼 수 있다.

● 한경BUSINESS | http://magazine.hankyung.com/business

● 유학브레인 | http://www uhakbrain com

● 경제·인문사회연구회 | https://www.nrc. re. kr/kor/index.do

3. 국회

대한민국의 발전을 위해 노력하고 국민을 대표하는 국회의 구성원이 되고 싶다면, 국회 홈페이지에서 제공되는 국회 참관을 통해 국회에 방문하여 국회 자료실, 의장체험관 및 국회의사당 참관이 가능하다. 이는 실제 국회의 업무를 간접적으로나마 체험할 수 있다는 점에서 좋은 기회가 될 것이다. 국회 홈페이지에서는 국회 내의 부처 활동과 의원 활동으로 나누어 정보를 제공한다. 의원실 채용은 각 의원의 인턴, 보좌진 및 비서를 모집하는 채용공고를 제공한다. 채용공고는 자격 조건 및 우대조건, 주요업무 정보를 포함하고 있으며 이는 수시채용을 기반으로 진행되므로 관심 있는 의원실과 직무를 상시 확인해야 한다. 또한 국회 홈페이지에는 국회예산정책처, 국회도서관, 국회미래연구원을 포함한 8개 기관을 소개하고 있으며 이를 통해 각 기관의 비전 및 조직안내, 채용정보와 같은 다양한 정보를 얻을 수 있다.

'국회 채용시스템' 홈페이지는 국회직 공무원 시험 정보와 입법고시 및 시험과 관련된 다양한 통계자료를 제공한다. 과거에 치러진 시험의 응시인원, 필기·실기 합격선에 관한 정보를 얻을 수 있다는 점에서 준비하고 있는 시험에 관한 자료를 얻을 수 있는 장점이 있다. 동시에 37개의 기타 공무원 채용시험 기관을 시험별로 분류해 놓았다. 각자 희망하는 시험의 일정 및 공고, 또는 분야별 정보에 대해 가장 정확한 정보를 얻는 방법이다.

'대한민국 공무원되기' 홈페이지를 통해 대한민국 국회의 채용제도, 채용정보, 지원자격에 대한 정보를 한 번에 볼 수 있다. 이를 테면 대통령 경호처, 국가정보원, 국회를 포함한 주요 기관의 채용정보 및 소식을 제공한다. 국회를 선택하면 채용시험 시행 공고문, 응시자격 요건과 같은 채용 관련 소식과 일반직/전문경력관, 기간제, 재외공관 공모로 나뉜 채용 정보를 얻을 수 있다. 우리가 눈여겨봐야 할 부분은 직무소개이다. 국회사무처, 대통령 경호처, 통일부를 포함한 실무자의 인터뷰를 통해 각 직무에서 실질적으로 담당하는 일, 유리한 경험·자질(성격)에 대한 정보가 제공됨으로써 내가 지원하고자 하는 업무의 실제 현장에서 요구되는 역할을 탐색해 볼 수 있다는 점에서 상당히 유용하다.

국회 진로에 관한 정보는 아래 홈페이지를 통해 찾아볼 수 있다.

- 국회 | http://www.assembly.go.kr
- 국회채용시스템 | http://gos1.assembly.go.kr
- 대한민국 공무원되기 | http://injae.go.kr/user/intro.do

4. 정치(중앙/지방)

'정치'란 사회 번영 및 국민 복지 향상과 같이 때때로 일반인이 쉽게 할 수 있는 역할과 거리가 멀게 느껴질 수 있다. 그러나 최저임금, 고용률·실업률과 같은 이슈는 일반 시민들의 삶에 고스란히 영향을 주며 그 중심부에는 청년들도 있다. 이는 현재 각 정당이 잇따라 젊은 피 수혈에 열을 올리고 있는 이유를 어느 정도 설명해준다. 정치학도로서 국민을 대표하며, 미래를 선도하고 싶은 포부를 가지고 있다면 이러한 정당별 대외활동 프로그램에 관심을 가져 보는 것이 어떨까?

표 1-1 정당별 청년 정치 프로그램 현황

	더불어민주당	자유한국당	정의당	바른미래당
명칭	청년정치스쿨(7기)	청년정치캠퍼스Q	청년정치학교(2기)	청년정치학교(2기)
기간	2주 과정	8주 과정	10주 과정	24주 과정
지원 자격	만 45세 이하	만 39세 이하	만 35세 이하	만 39세 이하
비용	7만원	15만원	10만원 (청소년 5만원)	24만원
인원	00명	30명	50명	50명
특전	·청년후보 출마 시 지속적 관리와 지원 ·우수수료자 전국 청년위원장 감사장 수여	·여의도 연구원 청년 정책 자문위원 등 청년 당직 우선 ·우수 수료자 자유한국당 사무처 및 국회 보좌진 인턴십 추천	·졸업 이후 정치활동 지원 ·우수 수료자 진학·유학 시 정의당 대표 명의 추천서	·바른정책연구소 채용 시 우수 수료자 가산점 적용 및 선발우대 ·취업·진학 시 바른정책연구소장 명의 추천서

출처 : 각 기관 홈페이지 참조

정당별 정치 프로그램들은 궁극적으로 차세대 정치리더의 꿈을 가진 청년들을 육성하여 '정치 인재'를 양성하는 것을 목표로 한다. 이 프로그램에 참석한 청년들은 실제로 정치인의 꿈을 가지고 있으며 청년스쿨을 통해 전문 교육을 받아 꿈을 확고히 하고자 한다는 뜻을 밝혔다. 현실 정당정치를 가까이에서 지켜보고 각 분야 전문가들이 대거 동참함으로써 다양한 견해를 키울 수 있다는 장점이 있다. 당장 정치에 뛰어드는 것이 쉽지 않은 현실에서, 본인이 꿈꾸는 미래를 위해 이와 같은 프로그램에 참여한다면 대한민국 청년정치의 역할에 관한 토론, 여론조사 분석 기법과 모의 국정감사 수업을 통한 야당과 여당 역할 체험과 같은 실제 정치 활동을 간접적으로나마 체험하고 경험을 쌓을 기회를 얻을 수 있으며 향후 정치계 입문에 도움이 될만한 다양한 우대 특전이 있으므로, 지원자들은 이 프로그램을 고려해 볼 만하다.

이에 관한 정보는 아래 홈페이지를 통해 찾아볼 수 있다.

- 더불어민주당 | http://theminjoo.kr
- 정의당 | http://www. justice21.org/newhome/main/index.html
- 자유한국당 | http://m.libertykoreaparty.kr
- 바른미래당 청년정치학교 | https://blog.naver.com/bareun-school/221219988933

5. 외교

외교 분야의 특성상 다양한 국제사회 구성원들의 이해관계가 복잡하게 얽혀있기 때문에 국제이슈, 국제기구와 같은 외교 분야의 정보를 통해 대한민국의 외교 흐름을 파악하는 것이 중요하다. 외교부 소식지는 주요 외교정책 자료를 제공하며 국민참여 서비스를 통해 국민 누구나 의견을 낼 수 있는 방식으로 운영된다. 이는 정치학도로서 외교정책에 관심을 두고 목소리를 내는 방법 중 하나로 볼 수 있다. 또한, 외교부가 제공하는 견학 프로그램인 '외교관과의 내화'에서 외교관과 직접 만남을 통해 외교관 생활에 대한 현실적인 조언을 들을 수 있다. 마지막으로 자신이 국제기구 진출에 확실한 뜻이 있다면 인력 Pool에 개인의 이력서를 등록하여 그 분야의 공석 정보를 얻거나 희망자 한해서 적격자를 추천하는 기회를 제공받을 수 있다.

외교부 공식 블로그 '모파랑'은 외교부와 관련된 다양한 기회와 정보를 제공한다. 미지막으로 청년을 위한 다양한 기회가 제공된나. 대학생 외교 워크숍과 정책설명회를 시작으로 UNV(United Nations Volunteers) 유엔봉사단 및 파견 인턴 선발 공고 정보를 찾을 수 있고 대학생 외교부 기자단 및 국외 서포터즈 지원이 가능하며 이에 따른 수료증을 포함한 혜택이 주어진다.

'외교부 국제인사센터'에서는 국제기구 취업 및 인턴십에 관련된 정보를 제공한다. '외교부 국제인사센터'에서 제공하는 인턴십은 아직 경력이 부족한 사회초년생이 국제기구 근무를 미리 경험해 봄으로써 본인의 적성과 맞는지 파악하는 것을 목적으로 한다. 또한, 국제기구 정규직원 공고가 고시되기도 한다. 이처럼 다양한 기회를 통해 국제공무원이라는 꿈에 한 발짝 더 다가갈 수 있다.

외교 및 국제기구 진로에 관한 정보는 아래 홈페이지를 통해 찾아볼 수 있다.

- 외교부 | http://www.mofa.go.kr/www/index.do
- 모파랑 | https://blog.naver. com/mofakr
- 외교부 국제기구인사센터 | http://unrecruit.mofa.go.kr/new/

6. 공기업

조직문화 이해 능력이 중요한 공기업에 관한 정보는 '알리오(ALIO: All Public Information In-One)' 공공기관 경영정보 공개시스템을 통해 찾아볼 수 있다. '알리오'는 각각의 공공기관의 정보들을 종합하여 통계 결과를 보여주는 주요통계와 원하는 항목을 선정하여 기업별로 검색할 수 있는 통계검색으로 분류되어있다. 각 기관의 임직원 수, 연봉, 복리후생비와 같은 좋은 정보를 제공한다는 장점이 있다. 그 중 기타정보란에 나와 있는 공공기관의 일빈현황은 338개 전체 기업의 설립 목적, 주요 기능 및 경영목표와 같은 세밀한 정보를 투명하게 제공하기 때문에 눈여겨볼 필요가 있다. 다양한 분야의 공기업들을 비교분석하여 자신의 적성과 맞는 곳을 찾는 것이 중요하다.

'잡알리오(JOB-ALIO)'는 공공기관의 채용정보와 약 120여 개의 주요 공공기관의 채용정보 박람회를 제공한다는 장점이 있다. 컨설팅관을 통해 인성검사, 직무수행 능력과 블라인드 모의 면접의 기회가 제공되며, 각 기관 실무자들과 만남을 통해 실질적인 진로·직업정보를 얻을 수 있다. 지방공기업 경영정보는 '클린아이(Cleaneye)'를 통해 제공된다. '클린아이'는 77개의 지방공기업에 대한 현황 및 다양한 정보를 제공하는 동시에 앞서 언급한 '알리오'와 같이 채용정보를 함께 볼 수 있다는 차이점이 있다.

'자랑스러운 공무원이야기'를 통해서는 현재 공공기관에 종사하고 있는 실무자의 인터뷰 정보를 확인할 수 있다. 각 기관의 역사, 대표 국책사업, 실질적으로 담당하는 일과 최근 실행한 프로젝트에 대한 정보를 제공한다. 내가 관심 있는 기관의 나아가고자 하는 방향·트렌드를 파악할 수 있다는 점에서 눈여겨볼 만하다. 무엇보다 매년 특강 및 주요 공기업 채용설명회를 통해 맞춤형 채용 안내 서비스를 통한 모의시험과 모의 면접에 참여할 기회를 얻을 수 있다.

공기업 진로와 관련된 정보는 아래 홈페이지를 통해 찾아볼 수 있다.

- 알리오 | http://www.alio.go.kr/home.do
- 잡알리오 | http://injae. go.kr/user/intro.do
- 클린아이 | http://www.cleaneye.go.kr
- 자랑스러운 공무원이야기 | http://www.mpm.go.kr/best_office

7. 사기업

사기업 입사를 한 번이라도 준비해 본 학생이라면 기업의 홈페이지에서 설명하는 인재상과 직무소개를 바탕으로 자신을 해당 기업에 맞는 인재로 꾸며본 경험이 있을 것이다. 물론, 관심이 있는 기업에 관해 공부하는 것은 중요하다. 그러나 자신이 중요하게 생각하는 가치에 부합하는 기업을 찾는다면, 진솔한 모습을 바탕으로 신뢰를 주는 지원자가 될 수 있다. 이 중 누군가는 '정치학과와 맞는 기업(직무)이 있긴 한가?' '정치학과를 전공하면 불리한 거 아니야?'라는 질문을 할 수 있다. 그러나 전공지식이 나의 가치를 판단하는 유일한 기준은 아니다. 정치학 공부를 통해 어떠한 역량을 쌓을 수 있었고, 그 역량을 자신이 선택할 직무와 어떻게 연결하느냐가 더욱 중요하다. 정치학은 좁게는 인간관계 넓게는 국가 간 사이의 갈등에 대해 논한다. 예를 들어, 정치학을 전공하며 쌓은 역량을 바탕으로 본인이 회사와 직원 간 소통을 원활하게 할 수 있다는 객관적 근거를 제시하고, 사람 관리에 능통한 인재라는 점을 증명할 수 있다면, 이는 단순하게 자신이 상경계열을 전공했다는 이유만을 가지고 인사팀에 지원하는 사람과는 '신뢰성'과 '적성' 부분에서 차별화된 결과를 낼 수 있다.

사기업 진로에 관한 정보는 아래 홈페이지를 통해 찾아볼 수 있다.

- 국가직무능력표준 | https://www.ncs.go.kr
- 워크넷 | https://www. work.go.kr

8. 언론

언론사에 입사하기 위해서는 '언론고시'를 통과해야 한다고 한다. '언론고시'라는 시험이 실재하는 것은 아니지만, 입사를 위한 과정이 '고시'만큼이나 어렵다 해서 붙여진 이름이다. 언론고시가 '고시'로 불리는 데는 크게 두 가지 이유가 있다. 첫째, 언론사 채용은 자리는 적고 지원자는 많은 좁은 채용 시스템이다. 더 큰 문제는 주요 언론사들이 정규직 신입을 거의 채용하지 않는다는 점이다. 대부분 채용공고는 경력직, 인턴 또는 수습이 주를 이루고 그마저 경쟁률이 치열하다. 두 번째 이유는 언론고시의 꽃이라고 불리는 논술과 작문이다. 언론인이 되기 위한 가장 큰 관문이지만 '범위'가 정해져 있지 않아 예측할 수 없다는 어려움을 가지고 있다. 주요 언론사 취업 시장이 넓지는 않지만, 단언컨대 특별한 사람만이 기회를 쟁취하는 것은 아니다. 기자에 관해 관심이 있다면 스스로에게 '나는 세상에 대한 호기심이 많은가?'라는 질문을 던져보자. 이와 같은 질문이 선행되어야 하는 이유는 정해진 책도, 범위도 없는 논술과 작문 시험에 대비하기에 알맞고, 다양한 분야를 취재하고 기사를 써야 하는 기자라는 직업 특성에 어울리는지 알아볼 수 있기 때문이다. 기사의 속성 중 하나인 호기심이 자신을 대표하는 단어라면 가능성이 있는 도전이 될 것이다.

'한국언론진흥재단'은 저널리즘 관련 토론회 및 컨퍼런스를 개최한다. 온라인을 통해 각자가 관심 있는 분야의 프로그램에 참석하여 전문가들의 토론을 통해 특정 이슈를 바라보는 시야를 넓힐 수 있다는 점에서 유용하다. 또한' 한국언론진흥재단'이 개최하는 다양한 빅데이터 활용 교육 및 공모전 진행을 통해 언론사 관련 경험을 하는 기회를 얻을 수 있다.

'언론인을 꿈꾸는 카페 아랑'은 언론인을 지망하는 사람들에게 가장 큰 정보원이라고 할 수 있다. 많은 숫자의 언론인 지망생이 '아랑'을 통해 스터디 모임을 결성한다. 스터디를 통해 다양한 주제에 관한 토론과 글쓰기를 연습하고 서로 평가해주며 실력을 쌓는 형식으로 진행된다. 자신의 독서량이 부족하다고 느낀다면 더욱이 스터디를 통해 글의 재료를 채우는 것을 추천한다. '아랑'은 주요 언론사뿐 아니라 지방 언론사 공개채용 정보를 제공한다는 장점이 있다. 이를 통해 중소 언론사 및 지역 언론사에서 경력을 쌓을 방법을 찾을 수 있다.

언론 분야의 진로에 관한 정보는 아래 홈페이지를 통해 찾아볼 수 있다.

- 한국언론진흥재단 | http://www.kpf.or.kr/site/kpf/main.do
- 아랑 | http://cafe326.daum.net/_c21_/home?grpid=RCBp

9. 시민단체

행정안전부에 따르면 2018년 3월 31일 기준으로 대한민국에 등록되어있는 공공의 이익을 추구하는 비영리민간단체는 총 14,033개이다(행정안전부 2018). 현재 활동하는 시민단체(NGO: Non-Governmental Organization, 비정부기구) 중에서는 하나의 주제에만 집중하는 단체도 있고 복잡한 현대 사회의 흐름에 따라 다양한 주제, 대상으로 확대해 활동하는 단체도 있다. 예를 들어 인권 시민단체에서 여성, 장애인, 노인인권 등으로 대상을 확대하는 사례가 대표적이다(위정희 외 2016).

'시민사회단체연대회의'는 약 500여 개의 시민단체 명부를 지역별로 분류하여 관련 단체의 홈페이지 주소와 기본 정보가 제공되기 때문에 자신이 거주하는 지역에서 활동하는 시민단체를 한눈에 볼 수 있으며 자신이 관심 있는 분야를 다루는 단체를 탐색·비교할 때 유용하다. '시민사회단체연대회의' 홈페이지는 총 5가지 부분으로 나누어져 있다. 이 중 '연대회의 NOW'는 헌법 개정을 위한 토론회, 성평등을 위한 성명과 같은 바른 사회를 위한 활동 정보를 제공한다. '이슈 NOW' 부분에서는 사드와 개성공단 폐쇄와 같은 과거 굵직한 사건에 대해 시민단체는 어떤 활동들을 펼쳐왔으며 담당한 역할에 관한 뉴스 링크를 제공한다. '시민사회 NOW' 부분에서는 활동가 및 연구원에 대한 공고와 함께 구인정보가 제공되는데 시민사회단체 같은 경우는 이직률이 높은 편에 속하며 대부분 수시채용으로 이루어진다.

'한국 NPO(National Council of NPO, Korea)공동회의'는 한국의 비영리 단체들과 연합체를 결성하여 활동하고 있다. 대한사회복지회, 유니세프와 월드비전과 같은 국내 및 해외에 지부를 두고 있는 주요 비영리 단체들과 함께 하며 각 단체의 연차보고서가 제공된다. 시민단체 활동을 통해 어떤 인식, 행동·사회의 제도 등의 변화 및 발전을 끌어냈는지 알 수 있다. 이를 통해 각 단체가 추신하고 있는 활동 방향과 내가 가지고 있는 관점을 어느 정도 일치시켜 함께 하고 싶은 단체를 탐색하여 같이 나아가는 방향으로 접근할 수 있다.

시민단체 진로에 관한 정보는 아래 홈페이지를 통해 찾아볼 수 있다.

●시민사회단체연대회의 | http://www.civilnet.net/xe

●한국 NPO공동회의 | http://npokorea.kr

10. 소결

취업 준비생 10명 중 4명은 자신이 원하는 직무를 파악하지 못한 채 취업 활동을 하고 있다는 설문 조사 결과가 밝혀졌다(디지털타임스 14/04/20). 취업 준비생들은 가장 중요한 취업 성공 요인으로 직무 파악을 꼽았지만 정작 자신의 적성과 하고 싶은 일을 파악하지 못하여 직무를 결정하지 못했다는 응답이 62.5%로 높은 비율을 차지했다. 이와 더불어 직장인 5명 중 3명 이상이 직무 선택을 후회한다고 밝혔고 그 중 75% 이상이 적성과 맞지 않음과 생각했던 직무와 다름을 이유로 답했다. 이를 통해 성공적인 취업은 단지 '입사'를 의미하는 것이 아님을 알 수 있다. 앞서 언급하였듯이 '나'와'나와 맞는 분야 탐색'을 위해 충분한 시간을 갖는 것이 중요하다. 이를 통해 나의 성향, 직무에 대한 충분한 정보와 KSA 적용이라는 삼박자를 갖춘다면 잘못된 직무 선택의 가능성을 대폭 감소시킬 수 있다.

Ⅲ. 정치학도의 면접: "지피지기면 백전백승"

정치학은 인간관계, 집단과 집단 사이에서 발생하는 권력·이익 갈등, 즉 사람과 사람 사이의 관계를 이해하는 것을 기초로 하며 인간에 대한, 인간이 살아가는 데 있어, 중요한 학문이라는 점에서 굉장히 매력적이다. 정치학을 전공한 학생이라면 한 번쯤은 '정치가' 또는 '외교관'의 길을 희망하느냐는 질문을 받은 경험이 있을 것이다. 이는 정치학이 국제사회에서 국가들의 관계나 국가 안보론과 같은 이론을 공부하는 학문이라는 인식이 자리 잡고 있기 때문이다. 물론 정치학이라는 학문이 국내적인 정치 현상 분석과 더불어 평화로운 세계질서에 관한 체제 구축과 같은 정치적 현상에 관해 연구하기도 하지만, 국가의 형성 또는 구조만을 연구 대상으로 삼는 학문이 아니라는 사실을 정치학을 전공하지 않는 사람은 잘 알지 못한다. 이러한 정치학 전공의 특수성은 면접관이 이와 같은 질문을 하게 만들 것이다. "정치학 전공자로서 해당 분야에서 무슨 일을 할 수 있나요? 또는 "정치학 공부를 통해 어떤 자질을 배양했고 이를 해당 분야에서 어떻게 활용할 수 있나요?" 이 두 질문은 정치학도가 대답해야 하는 가장 기본적인 질문이 될 것이다. 다소 답하기 어려운 질문이지만, 이 질문이 반드시 출제된다는 생각으로 준비한다면 위기를 기회로 바꿀 수 있다. 가치 있는 대답을 하기 위해서 우선 질문의 '의도'를 파악하는 것이 중요하다. 정치학과 아주 밀접한 관계를 맺고 있는 학계·정치 및 외교 관련 분야보다는 일반 기업 면접에서 앞서 언급한 질문을 맞닥뜨릴 확률이 높다. 인사담당자는 피면접자가 "정치학을 전공해서 우리 기업에 필요한 어떤 능력을 갖추었을까?"라는 의문을 시작으로 질문했을 가능성이 크다. 실제로 대기업 면접에서 "정치학을 전공했는데 일반 기업에 지원한 이유가 무엇이냐" 라는 질문을 받았다는 후기를 구인 홈페이지에서 쉽게 찾아볼 수 있다. 그러므로 정치학 출신이 아닌 사람들의 인식 속에 고정되어있는 정치학의 이미지를 바꿔줄 수 있는 대답을 찾는 과제가 정치학을 공부하는 학생들에게 남아있다.

면접에서 좋은 결과를 얻기 위해서는 앞서 언급한 논리적인 답변과 동시에 내가 가지고 있는 KSA를 활용하는 것이 중요하다. 전공 지식과 더불어 정치학 공부를 통해 연마한 자질과 태도를 고민한 후 본인이 지원한 분야와 관련지어 재해석하는 과정이 필요하다. 그렇다면 정치학을 전공한 학생들이 얻게 된 역량은 무엇이며 다양한 직무에 어떻게 적용할 수 있을까?

첫째, 정치학은 권력의 학문으로 불리며 기본적으로 국가 간 사이의 갈등 및 권력투쟁을 탐구 대상으로 삼는다. 서로 다른 이익을 추구하는 국가 간 권력관계와 이와 관련된 사람들과 사회현상을 연구한다. 결국 집단에서 발생하는 갈등 및 협력을 탐구 대상으로 삼는 인간과 사회에 대한 학문이다. 이를 재해석하자면 실생활에 적용이 가능한 학문이라는 의미이다. 정치학은 실용 학문이 아니라는 점에서 기업에서 선호하는 전공이 아니라고 생각할 수 있다. 그러나 사회생활을 하면서 우리는 조직 내에서의 권력 관계, 이익을 둘러싼 갈등구조와 같은 상황을 빈번하게 마주친다. 사람은 조직을 만들고, 조직이 모여서 사회라는 공동체가 생기며, 공동체를 중심으로 국가가 형성된다. 다시 말하자면, 정치학도는 둘 이상의 사람으로 구성된 어느 집단에서도 관계를 파악하고 분석하는 능력을 통해 조직 구성 및 조직문화를 개선할 수 있다.

둘째, 세계화와 정보화가 진행되면서 정치학의 적용 범위가 넓어졌다. 경제학, 경영학과 같은 광범위한 영역을 다루는 학제적 학문으로서 다양한 분야의 문제를 미시적·거시적 관점에서 볼 수 있게 된다. 이러한 관점은 업계 시장 환경 및 매출 구조와 같은 자료를 분석할 때 외부환경으로부터 받는 영향과 결과에 초점을 맞추는 미시적 관점과 더불어 기업의 목적에 초점을 맞추는 거시적 관점을 활용하여 그에 맞는 전략적인 대처 방안을 마련할 수 있다.

마지막으로, 정책 결정 과정에서 발생하는 복잡한 이해관계와 의도를 분석하는 학습을 통해 문제해결 능력을 키울 수 있다. 이러한 역량은 기업 혹은 조직의 의사결정에 적용할 수 있다. 다양한 옵션의 손익계산을 통해 어느 대안이 조직에 최대의 이익을 가지고 오는지를 파악하고 방안을 제시하여 조직의 최대 이익을 창출해낼 수 있다.

결과적으로 정치학을 전공하면서 얻게 되는 KSA를 통해 첫째, 조직의 구조를 파악할 수 있고 이는 조직문화를 이해하고 적응하는 데 도움이 된다. 둘째, 다양한 현상에 관한 연구를 통해 배양한 분석력과 판단력은 전략적인 대응 방안 탐색을 돕는다. 셋째, 독립변수와 종속변수 간의 인과 관계를 분석하듯이 나의 시각으로 정치학과 지원 분야의 관계를 설명할 수 있다. 결과적으로 정치학도는 둘 이상의 사람으로 구성된 어느 조직에서든 자신의 능력을 발휘할 수 있다. 이와 더불어 직무에 관한 충분한 정보에 근거하여 나의 KSA와 삼박자를 맞출 수 있다면 내가 원하는 어느 분야에도 도전하지 못할 이유가 없다.

1. 학계

대다수 대학원 입학 과정은 면접을 포함하고 있다. 연세대학교 일반 대학원 입학 과정에 평가 방법의 하나인 구술시험은 지원자가 가지고 있는 전공에 대한 지식, 적성, 학문에 대한 열정 및 성실성, 학과별 평가사항의 항목들로 이루어져 있다. 이를 통해 알 수 있는 점은 평가의 핵심이 '전공'에 관한 항목이라는 점이다. 이는 면접 준비 시 중심을 둬야 하는 부분 또한 전공에 대한 이해도라는 방증으로 볼 수 있다. 따라서, 대학원에서 공부하고자 하는 분야에 대한 전공 지식을 열심히 쌓은 후, 전공에 대한 나의 자신감 있는 태도가 무엇보다 중요하다.

2. 리서치 연구원

리서치 연구원(Researcher)의 면접은 각 기업이 원하는 인재상에 따라 다르지만, 한국의 3대 리서치 기업인 '한국리서치'는 인간과 삶에 대한 애정이 높은 인재를 찾는다. 그 이유는 사람에 대한 높은 이해력으로부터 조사와 통계가 시작된다고 믿기 때문이다(캠퍼스잡앤조이 15/01/26). 리서치 기업의 특성상 다양한 전공자들과 함께 근무하기 때문에 타인을 존중하는 인재를 높이 평가한다. 소속된 조직의 인간관계 파악과 이에 대한 이해 능력을 갖춘 정치학도의 핵심 역량이 기업이 필요로 하는 인재와 부합한다고 본다.

3. 국회

국회직 5급(입법고시)과 8급·9급 공채는 3차 시험으로 면접을 치른다. 8급 면접시험은 당일 짧은 시간 내에 자기 기술서를 작성하고 집단토론과 개별면접을 통해 이뤄진다. 9급 국회직의 경우 면접시험 전 사전 심사자료로서 자기소개서가 요구되며 제출기한 내에 제출하여야 면접시험에 응할 수 있다(국회채용시스템 2019). 국회직 면접의 상당 부분은 국회에 관련된 문제 및 지원 직렬에 관한 지식과 자기소개서 내용으로 이루어진다(공무원저널 17/12/26). 필기시험을 준비하며 공부한 핵심 내용을 요약·정리하여 말로 풀어내는 연습이 필요하다. 국회의 인재상과 자기소개서 내용을 연관 지어 '논리적'으로 풀어내기 위해서 매켄지의 문제해결기법과 스타기법을 통한 꾸준한 연습을 추천한다. 또한 '대한민국공무원되기'에서 발췌한 국회 채용제도에 따르면, 국회는 정치적 중립성을 지킬 줄 알며 공적 가치에 부합하는 인재를 원한다는 것을 알 수 있다.

4. 정치

차세대 정치 리더의 길을 꿈꾸고 있는 사람에게 소수 의견 존중, 정책에 대한 높은 이해력 및 리더십과 같은 다양한 정치적 능력이 요구된다. 이러한 능력은 '인사청문회'라는 과정을 거쳐 검증된다. 인사청문회는 공직에 지명된 사람의 이념 편향성, 도덕성, 전문성, 관리능력 등을 주로 검증한다. 그 중 '도덕성'은 지명자의 법규 위반 횟수 및 정도를 알아본다. 지명자의 합당한 자질 문제도 중요하지만, 국민은 공직에 지명된 사람의 탈세 혐의와 같은 도덕성 내용에 민감하게 반응한다. 청년정치학교의 설립 목적 중에도 '청문회를 통과할 수 있는 정직한 인재 양성'이 있다. 본인이 정계에서 활약할 수 있는 인재라는 것을 증명하기 원한다면 전공 수업으로 기초지식을 쌓고 앞서 언급한 청년정치학교 및 인턴십을 통해 현장 감각을 키우며 덕목을 축적해야 할 필요가 있다.

5. 외교

모파랑은 한 외무행정관의 준비과정을 소개하며 외무 영사직 면접을 위해 구성원들과 생각이 유사해지는 것을 방지하기 위해 그룹 스터디 2개를 병행하는 방법을 제안했다(모파랑 2018). 발표와 토론 연습만큼이나 중요한 것으로 자신의 의견을 비판할 수 있는 사람을 찾는 것을 꼽았다. 제삼자를 통해 자신의 의견에 대한 객관적 평가를 들을 수 있는 장점이 있다. 국립외교원 선발시험의 통합논술

시험은 단순히 암기한 지식을 작성하는 것이 아니라, 여러 이슈를 종합하여 자기 생각을 서술하는 것이 중요하다. 사회 이슈와 관련된 책과 다큐멘터리를 꾸준히 접하는 방법으로 자신의 가치관을 확실히 정립하여 면접과 논술을 준비하는 것을 추천한다.

6. 공기업

공기업의 특성상 조직의 안정성을 중요시함으로 조직 구성원들과 화합할 수 있는 조직 친화적인 인재를 원한다. 앞서 언급했듯이 정치학도의 큰 장점 중 하나는 조직 구조 파악이다. 정치학도의 KSA와 공기업의 인재상을 연결 지어 면접을 준비한다면 도움이 될 것이다.

7. 사기업

기업을 대기업과 중소기업으로 분류했을 때, 각 기업이 선호하는 유형에 차이가 있을 수 있다. 예를 들어, 대기업은 도전정신이 투철한 인재, 중소기업은 전문성을 갖춘 인재를 선호한다(베리타스 알파 17/08/31). 특정 기업의 인재상에 100% 부합하는 지원자가 되기는 쉽지 않겠지만, 기업이 선호하는 유형을 파악하고 본인이 지닌 성향과 잘 연결할 수 있어야 한다. 이 경우 주의해야 할 사항으로 과대포장을 통해 본인을 기업의 인재상에 끼워 맞추어 인재상에 100% 맞는 지원자임을 주장한다면 오히려 '신뢰성'부분에서 역효과가 날 수 있다는 점을 명심해야 한다.

8. 언론사

언론사 직업의 특성상 면접 도중 민감한 질문을 받을 수 있다는 점을 인지해야 한다. '한국언론진흥재단'의 신입사원 입사 스토리는 언론사가 강조하는 이슈 또는 최근에 일어난 굵직한 사건에 관한 질문을 받는다면 '사실'을 중점으로 대답하는 방법을 추천한다(미디어리터러시 13/11/06). 과거 특정 언론사 면접에서 다음 정부에 대하여 진보 정권과 보수 정권 중 어느 쪽이 되어야 하나? 와 같은 정치색이 짙은 질문이 화제가 되었다.(미디어오늘 15/10/30) 이에 대해 면접자는 사실상 자신의 소신 발언보다는 언론사의 성향에 맞추게 된다고 밝혔다. 이러한 이유로 자기 뜻을 밝히고 싶다면 타인의 관점을 존중하는 태도와 탄탄한 근거와 함께 답할 것을 추천한다.

9. 시민단체

비영리단체는 다양한 사회 경험 또는 사회 분야의 경력을 가진 구성원들로 구성된다. 그 이유는 다른 기업 채용과 비교했을 때 특정 '직무 능력' 보다 '어떤 사람' 인가에 중점을 두기 때문이다. 자기 PR의 시대인 오늘날, 비영리단체 지원자는 본인의 어떤 부분을 홍보해야 할까? 비영리단체에서 가장 중요시되는 능력은 '진정성'이다. 비영리단체의 경우 특정 부서를 제외하고 지원 자격에 나이 또는 전공에 제한이 없는 것을 쉽게 볼 수 있다. 이는 특정 자격증 소지 유무 여부가 합격의 당락을 결정짓는 결정적 조건으로 규정된다고 보기 어렵다. 또한, 비영리단체에 대한 정보 습득도 중요하지만, 그에 못지않게 지원자가 지원할 단체와 앞으로 어떤 방향으로 함께할 것인지에 대한 계획성과 사명감이 중요하다.

Ⅳ. 인사전문가 G-Squares 서명호 대표

(인터뷰 일시 2018년 11월 22일)

Q1 순수학문의 위기에 관한 기사를 쉽게 접할 수 있습니다. 정치학을 전공하시고 현재 사회생활을 하고 계시는 선배로서 정치학도들의 취업 전망을 어떻게 바라보시나요?

현재 우리가 알고 있는 '직무'라는 개념은 사실상 1차 산업혁명 초기의 산물입니다. 4차 산업혁명이 이루어진 현재까지 우리는 그 기반의 직무에 갇혀 보지 못하고 있는 직무들이 무엇일까 생각해야 합니다. 특히 정치학은 인간 사회를 다루고 현상을 분석하는 학문으로서 타 직무에 접근이 쉬운 학문입니다. 예를 들자면 남북한 관계와 미·중 간 관계의 변화는 경영 환경에 영향을 미치는 요인 중 하나입니다. 그러므로 빠르게 변화하는 국제 환경 및 국내 정치 파악을 배제하고 기업을 경영하기는 어렵습니다. 이처럼 정치학은 여러 분야와 접목을 할 수 있습니다. 현재 경영퍼실리테이터(퍼실리테이터+컨설팅)를 직업으로 삼고 있는 저처럼 미래에는 정치학적 지식을 전혀 다른 분야와 함께 응용한 창직(Job Creation)이증가할 것이며 정치학도들의 전망은 여전히 밝다고 할 수 있습니다.

Q2 자기소개서와 이력서는 어떻게 다르다고 보시나요?

과거 우리 사회에서 학연, 지연, 혈연과 같은 관계망의 존재들이 논쟁거리가 되면서 불필요한 개인 정보를 담고 있던 이력서가 시대에 흐름에 맞게 변화하고 있는 것 같습니다. 이력서는 경력이나 스펙을 간결하게 작성하는 반면, 도전이나 실패 경험 또는 이를 통해 얻은 교훈을 담아내는 자기소개서에 치중하게 된 것 같아요. 하지만 해외 같은 경우에는 커버레터(Cover Letter)나 레쥬메(Résumé)와 같은 이력서를 요구합니다. 보통 한 장을 넘기지 않는 분량에 내가 왜 이 직무를 맡아야 하는지, 관련 역량을 무엇인지를 간결하게 적어서 내는 경우가 많죠. 저는 이력서와 자기소개서 둘다 지원하는 분야와 직무에 따라 강조하는 점이 달라져야 한다고 생각해요. 과거에 경험한 특정 프로젝트에 대해서 작성할때 중점을 두는 부분을 달리하여 기업이나 조직이 중요시하는 요인과 관련지어 작성하는 게 가장 중요하다고 생각합니다. 직무에 상관없이 자신이 강조하고자 하는 능력을 나열한다면 그 이력서를 통해 '나'를 어필하기는 쉽지 않습니다. 실제로 돌려 막기형 이력서와 어필하는 자질이 지원 분야와 맞지 않는 이력서는 애매한 이력서로 간주되어 탈락의 고배를 마시기 쉽습니다.

Q3 정치학에 관심이 있는 모든 학생에게 해주고 싶은 말이 있으신가요?

정치학을 졸업해서 어떤 직업을 가질 수 있을까?라는 질문은 정치학도들의 공통적인 고민이겠지만 '전공'에 너무 집중한 나머지 스스로 기회를 좁히는 것 같아서 아쉽습니다. 정치학은 학교를 통해 배운 지식을 바로 사용할 수 있는 직업을 얻는 전공은 아니지만 정치학도들은 우선 특정 대상에 대해 객관화되고 중립적인 시각으로 바라보는 능력을 배양했고 다른 성향과 의견 충돌이 있을 때 상대방의 관점을 존중하고 나 자신의 의견을 주장하는 연습을 해왔습니다. 마지막으로 정치학도 중에 리더십(Leadership)에 대하여 고민하지 않은 학생은 없을 겁니다. 그러므로 우리에게 열려있는 기회를 스스로 좁히지 않는다면 다양한 사회 각 분야로 진출하여 새로운 경험을 하고 이런 경험을 통해 정치·외교 외 다양한 분야에 어필하는 방법을 찾게 될 것입니다.

참고문헌

교육통계 서비스. 2019. "대(소) 계열별 학과 수 2011."

http://std.kedi.re.kr/mobile/stats/school?menuCd=0102&cd=1178&survSeq=2011&itemCode=01&menuId=m_010204_06_01020304&uppCd1=01020406&uppCd2=01020304&flag=B(검색일: 2019.01.02).

교육통계 서비스. 2019. "대(소) 계열별 학과 수 2017." http://std.kedi.re.kr/mobile/stats/school?menuCd=0102&cd=1885&survSeq=2017&itemCode=01&menuId=m_010204_06_01020304&uppCd1=01020406&uppCd2=01020304&flag=B(검색일: 2019.01.02).

김승원. 2017. "기업 인사담당자, '논리제시형'면접질문 가장 선호." http://www.edujin.co.kr/news/articleView.html?idxno=17460(검색일: 2018.12.1).

김은진. 2015. "[기업 탐방] 한국리서치, 사람에 대한 관심으로 쌓은 신뢰의 기록." http://jobnjoy.com/portal/jobnews/plan_explan_view.jsp?nidx=50827&depth1=1&depth2=1&depth3=1(검색일: 2018.12.01).

미디어리터러시. 2013. "3인 3색, 한국언론진흥재단 신입사원이 들려주는 입사 스토리." http://dadoc.or.kr/1117(검색일: 2018.12.01).

모파랑. 2018. "외교톡톡 열 세번째 이야기: (1) 외교관 후보자 및 외무영사직 시험 합격 비법." https://mofakr.blog.me/221409633253?Redirect=Log&from=postView(검색일: 2018.12.01).

민세아. 2016. "입사지원서 검토시 먼저 보는건? 보안인력 취업성공 조건." https://www.boannews.com/media/view.asp?idx=51870(검색일: 2018.12.01).

박지성. 2014. "취업준비생 35% "원하는 직무 파악 못해."" http://www.dt.co.kr/contents.html?article_no=2014042102011431747003(검색일: 2018.12.14).

신승희. 2017. "기업들이 원하는 인재상은? 대기업 '도전정신'vs 중견/중소기업 '전문성'." http://www.veritas-a.com/news/articleView.html?idxno=94676(검색일: 2018.12.17).

서울시 NPO 지원센터. 2016. "청소년을 위한 진로탐색가이드북 발간'어서와, NGO는 처음이지?'." http://www.snpo.kr/bbs/board.php?bo_table=npo_aca&wr_id=2317&sfl=wr_4&stx=%EA%B0%80%EC%9D%B4%EB%93%9C%EB%B6%81(검색일: 2018.12.17).

서용원. 2018. "서류 통과해도 면접 합격 어려워" 인사담당자들이 뽑은 '광탈하는 자소서' 순위."http://www.wikitree.co.kr/main/news_view.php?id=377694(검색일: 2018.12.01).

손가영. 2015. "문화일보 기자 면접에 "건국일 언제냐" 사상검증 논란." http://www.mediatoday.co.kr/?mod=news&act=articleView&idxno=125842(검색일: 2018.12.01).

연세대학교 일반대학원. 2018. “2018학년도 후기 대학원 입학전형 모집요강 (일반전형).” http://graduate.yonsei.ac.kr/graduate/admission/general_fall_schedule.do(검색일: 2018.11.26).

전국경제인연합회. 2015. “우리나라 기업생태계, 대기업·중소기업 비중 분석.” http://www.fki.or.kr/publication/report/View.aspx?content_id=69d868e3-0626-4e1c-893c-25da35bb5620(검색일: 2018.11.27).

정해탁. 2015. 『면접관을 사로잡는 인터뷰 영어』. 파주: 다락원.

조철현. 2017. "[공무원시험 면접 칼럼] 국회직 면접의 최신 경향과 기출." http://psnews.co.kr/news/article.html?no=15620(검색일: 2018.12.01).

편형철 글로벌센터. 2017. “월드비전, 이렇게 입사했다. 취준님들의 궁금증을 뻥 뚫어줄 채용 꿀팁.” http://magazine.worldvision.or.kr/?p=3548(검색일: 2018.12.18).

행정안전부. 2018."2018.03.31기준 비영리민단간체 등록현황." https://www.mois.go.kr/frt/bbs/type001/commonSelectBoardArticle.do?bbsId=BBSMSTR_000000000058&nttId=63258(검색일: 2018.11.29).

Belbin. 2018. “The Nine Belbin Team Roles.” https://www.belbin.com/about/belbin-team-roles/(검색일: 2018.12.01).

행정안전부. 2018. “2018년 1분기 비영리민간단체 등록현황.” https://www.mois.go.kr/frt/bbs/type001/commonSelectBoardArticle.do?bbsId=BBSMSTR_000000000058&nttId=63258(검색일: 2018.12.19).

제2장 대학 / 학계

거인의 어깨에 서서 새로운 세계를 보다.

김한샘, 알렉스, 하요한

서론

'학계(學界)'는 '학문 연구 및 저술 작업에 종사하는 학자들의 활동 분야'(국립국어원 2018)로 정의되며, 교수와 연구원은 해당 영역 내에서 활동하고 있는 대표적인 직업이다. 학계는 정치학을 연구하고자 희망하는 학생 혹은 정치학도 양성에 관심을 갖고 있는 학생이 진출하는 분야이다. 하지만, 해당 분야 내 직업을 얻기 위한 절차가 어떠한지에 대한 정보가 산재하여 있기에 학계로 진출하고자 희망하는 학생은 혼란을 느낄 수 밖에 없다. 따라서 이번 장에서는 정치학계에 진학하고자 하는 많은 학생에게 학계에 대한 정보를 정리하여 제공하고자 한다. 연구원에 대한 정보는 다른 장에서 다뤄질 예정이기 때문에 본 장에서는 교수를 중심으로 정보를 제공하고자 한다.

이번 장은 다음과 같은 순서로 진행된다. 우선 정치학 교수가 되기 위한 과정을 대학원 시기, 대학원 이후의 시기, 교수 채용 선발 시기로 세분화하여 소개할 것이다. 그리고 교수(학자)에게 요구되는 자질이 무엇인지에 대해 논하고, 정치학 교수직의 향후 선망이 어떠한가에 대해 다룰 것이다. 아울러, 현직 정치학 교수들과의 소통 내역을 보여줌으로써 미래의 정치학도를 향한 현직 정치학 교수들의 진심 어린 조언을 독자 여러분과 공유할 것이고, 미국 박사 진학자와의 인터뷰 내역을 통해 정치학도의 꿈을 이루어나가고 있는 선배의 사례를 소개할 것이다. 본 장의 저자들은 이번 챕터를 통해 독자 여러분이 정치학 교수에 대해 조금씩 더 알아가는 것을 진심으로 희망한다.

I. 정치학 교수를 향한 긴 여정

본고에서는 전임교원이 되는 것을 전제로 정치학 교수를 향한 긴 여정을 소개하고자 한다. 우선 대학교 학부 과정을 마친 후 대학원으로 진학하여 석사 및 박사학위를 취득해야 한다. 이때 국내에서 대학원을 다닐지, 해외 대학원으로 유학을 다녀올지에 대한 선택이 필요하다. 박사학위를 취득하면, 필요에 따라 박사 후 연구원 과정이나 연구 교수 과정을 거칠 수 있다. 이후 교원 채용 선발 전형을 거치면서 전임교원으로 임용될지 여부가 결정된다. 이를 그림으로 정리하면 다음과 같다.

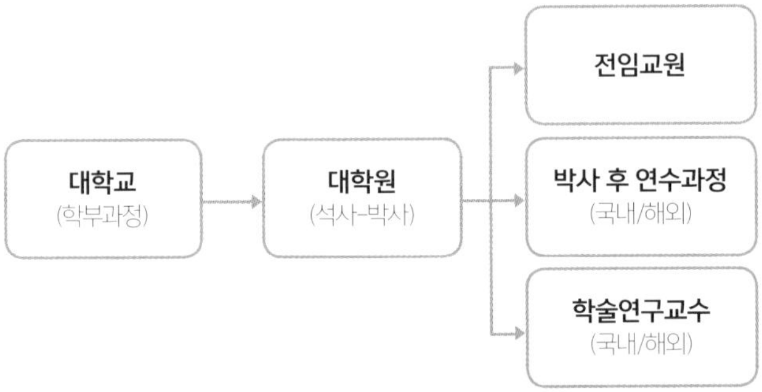

그림 2-1 교수가 되기까지의 과정

1. 긴 여정의 시작, 대학원

정치학 분야의 교수가 되기 위한 여정은 정치학과 또는 정치학 관련 계열의 학과가 있는 학위과정에 진학하면서 시작된다. 앞서 언급했듯이, 국내에 있는 대학원으로 진학할지 혹은 해외에 있는 대학원으로 진학할지에 대한 고민이 있을 수 있다. 자신의 연구분야를 고려하여 국내에서 학업을 하는 것이 좋을지 혹은 해외에서 학업을 하는 것이 좋을지 결정하기 바란다. 이러한 고민이 끝나면 원하는 대학원으로 진학하기 위해 어떤 과정을 거쳐야 하는지에 대해 알아봐야 한다. 이에 대해 국내 대학원과 해외 대학원 각각의 경우에 대한 입학 준비 방법을 소개하고자 한다.

1) 국내 대학원 입학

국내 대학원 입학의 경우 각 대학원별 선발 방식이 조금씩 상이하지만, 공통적으로 서류심사와 면접심사를 요구한다. 국내 대학원 입학 과정의 경우, 본 장의 저자들이 재학 중인 연세대학교 일반대학원 정치학과의 입학 과정을 사례로 제시하고자 한다.

표 2-1 국내 대학원 정치학과 입학 과정

서류심사 평가	구술 심사 평가	합격자 선발	등록절차
1) 대학 및 대학원 성적 2) 학업 및 연구계획서 3) 추가 제출서류 4) 학과별 평가 사항	1) 전공에 대한 지식 2) 전공에 대한 적성 3) 학문에 대한 열정 및 성실성 4) 학과별 평가 사항	서류평가 및 구술시험 평가항목을 종합하여 총점 성적순으로 선발	합격자 등록

출처: 연세대학교 일반대학원 2018학년도 9월입학 대학원 일반전형요강 17쪽

국내에 소재한 정치학 대학원 입학 전형의 첫 번째 과정은 서류심사 평가이다. 서류심사에서는 대학교 학부과정에서의 성적 제출을 요구하고, 경우에 따라 대학원 석사과정의 성적(해당 성적은 박사과정 입학 경우에만 요구) 제출도 요구한다. 또한, 대학원 진학 이후 어떠한 연구를 진행할 것인지에 대해 상세한 내역을 기술한 '학업 및 연구계획서' 제출도 요구한다. 추가 서류로는 공인 영어성적이나 전공과 관련된 서류 제출을 요구한다.

이 과정을 통과하게 되면, 구술 심사 평가 과정을 거치게 된다. 지원자는 구술 심사 평가 과정을 통해 정치학 전공에 대한 지식과 적성을 평가받는다. 아울러, 학문에 대한 열정과 성실성에 여부도 평가받게 된다. 이 과정에서 특이사항이 있다면, 연세대학교 일반대학원 정치학과의 경우 구술면접 직전에 수험생은 영어로 작성된 정치학 지문을 국문으로 번역하는 시험을 치게 된다는 것이다. 이는 지원자가 영어로 작성된 논문을 올바르게 이해할 수 있는 실력을 지니고 있는지 여부를 평가하기 위해서이다. 따라서 구술 심사 평가를 진행하기 전 영어 번역시험을 치게 되며, 영어 번역 시험과 구술면접을 모두 통과하게 되면 최종적으로 합격하게 된다.

2) 해외 대학원 입학

해외 대학원 입학의 경우 미국과 유럽에서의 사례를 제시할 것인데, 이는 수많은 한국인 유학생들이 미국과 유럽에서 공부하고 있기 때문이다. 2016년 4월 1일을 기준으로 미국 소재 대학원에서 유학 중인 한국인 학생 수는 총 17,605명이다. 같은 시점을 기준으로 대학원 과정을 위해 해외 유학을 떠난 한국인 학생 전체 수가 33,167명이라는 점을 고려한다면, 절반 이상이 미국으로 향했다고 할 수 있다. 유럽의 경우 같은 시점을 기준으로 총 6,925명의 한국인 학생이 대학원에서의 수학 목적을 위해 유학을 간 것으로 파악됐다(홍민희 2016). 따라서 해외 대학원 입학 부분에서는 미국과 유럽을 중심으로 정보를 제공하고자 한다.

(1) 미국

미국에 소재한 정치학 대학원의 경우 석·박사과정이 통합된 5년간의 학업을 요구한다. 전체 5년간의 과정 중 첫 2년은 교과 과목을 이수해야 하는 기간으로 진행되고, 그 다음 3년은 학위논문 작성 기간으로 진행된다. 학업 5년 차에 논문심사를 통과하면 박사학위(Ph. D.)를 취득하면서 졸업하게 된다(유학브레인 2018.12.02). 본 과정에 입학하는 데 있어 석사학위 보유 여부는 의무가 아니기 때문에 학사학위 보유자도 지원이 가능하다. 석사 과정을 이수하고 입학한 학생이라도 학사 과정만 마치고 입학한 학생과 동등한 입장에서 출발하기 때문에, 한국에서 정치학 석사학위를 이수하여 미국의 정치학 대학원에 입학한 사람도 5년 과정을 전부 이수해야 한다.

미국 대학원에 입학하기 위해서는 학교별 웹사이트에 접속해 온라인 접수(online application) 시기에 지원해야 한다. 온라인 접수 시기는 학교마다 상이하지만 대체로 9월부터 12월까지이며, 해당 시기 동안 각 학교에서 요구하는 각종 서류들을 제출해야 한다. 제출 서류 역시 학교마다 조금씩 다르나 기본적으로 요구하는 서류가 있다. 따라서 미국의 정치학 대학원 중 1위(2017년 기준)를 기록하고 있는 스탠퍼드 대학교(Stanford University)의 사례를 통해 살펴보고자 한다(US News 2018.12.02). 2019년 가을학기 입학을 위해 스탠퍼드 대학교 정치학 대학원(Stanford University Political Science Department)에서 요구하는 서류들은 다음과 같다.

표 2-2 스탠퍼드 대학교 정치학 대학원 입학 서류

서류심사 평가	제출 서류 목록
개인 과업 사항	a. Statement of Purpose (학업계획서) b. Recent Scholarly or Critical Paper (워드 20~35쪽 분량의 영문 연구물) c. CV/Résumé (필수 제출은 아니지만 제출하도록 권고됨)
개인 성적 사항	d. Official Transcript(s) (학부 성적표, 1년 이상 수학한 모든 곳에서의 성적표) <주의> 학부 동안 교환학생을 다녀온 경우, 교환학생 기간 동안의 성적표 제출이 요구될 수 있음 e. General GRE Score (모든 지원자) + TOEFL Score (비 영어권 출신에게 한정)
추천서 사항	f. At least 3 letters of Recommendation (교수 추천서)
전형료	g. Application fee: $125

출처: Stanford University Application Requirements

위에서 언급한 7가지 서류들 외에도 학교에 따라 Personal Statement(자기소개서), 재정보증서, 본인이 지원하고자 하는 분야의 교수님과의 사전 접촉 과정이 필요할 수도 있다.

이러한 서류들을 입학 지원 기간 동안 제출하면 이듬해 상반기에 합격 여부를 통보받게 된다(Stanford University 2018.12.18). 미국 유학이 확정되면 금전적 차원의 부담을 해소하는 목적에서 한미교육위원단(Fulbright), 한국고등교육재단, 관정 이종환 교육재단과 같은 기관들에 장학금 지원을 신청하거나(한국고등교육재단, 관정 이종환 교육재단 2018.12.03) 본인이 입학한 대학원이 제공하는 장학금에 대해 알아볼 수도 있다(Stanford University 2018.12.18).

(2) 유럽

유럽 내 국가들의 교육제도는 상대적으로 동질적인 양상을 지니고 있다는 특징이 있다. 이는 1999년 6월 이탈리아 볼로냐에서 유럽 내 29개국의 교육부 대표자들이 '볼로냐 선언'을 천명하면서 당사국들의 고등교육제도를 단일화하도록 약속했기 때문이다. 해당 선언에 따르면 2010년까지 실현하기로 한 목표는 '학생들의 취직 능력과 유동성을 위하여 참여 당사국들은 각국의 학위제도를 학사(3년), 석사(2년), 박사(3년) 과정으로 통일할 것', '학생들이 참여 당사국 소재 대학교/대학원에서 쉽게 유학할 수 있도록 국가 간 통일된 학점제도(ECTS: European Credit Transfer System)를 설치할 것', '학생과 선생의 유동성을 방해하는 요인을 축소할 것'이다(조상식2010). 2010년을 기준으로 볼로냐 선언에 가입한 유럽 국가들은 총 48개국이고, 유럽 연합 차원에서는 유럽 위원회(유럽 연합 집행위원회, European Commission)가 가입한 상태다(Bologna University 2018.12.23).

앞서 소개했듯이, 2016년 4월 1일 기준으로 대학원 과정을 위해 유럽으로 유학 간 한국인은 총 6,925명인데, 이들 중 1,765명이 영국 소재 대학원에서 학업을 수행하고 있다(홍민희 2016). 해당 수치는 2,527명을 기록한 독일에 뒤이어 두 번째로 높은데, 이는 영국에 순위가 높은 대학이 많이 분포하고 있기에 한국인 유학생들이 영국을 선호하기 때문이라 볼 수 있다. 이에 대한 사례로 유학생들이 선호한 대학교를 조사한 결과를 통해 알 수 있다. 유학생들이 선호하는 영국 소재 대학교에는 옥스퍼드 대학교, 케임브리지 대학교, 에든버러 대학교, 맨체스터 대학교, 런던 정치경제대학교 등이 있는데, 이들은 모두 세계 50위 안에 드는 학교이나(QS Top Universities 2018.12.02). 따라서 영국유학을 중심으로 정보를 제공하고자 한다.

한국에서 학사 학위를 취득한 학생이 영국의 대학원에서 석사 과정을 이수하기 위해서는 두 가지 진학 방법이 고려될 수 있다. 첫 번째 방안은 석사 과정으로 바로 진입하는 것이다. 그렇지만 해당 방법을 택할 경우 영어능력 부족 혹은 전공지식 부족 문제로 인해 학업 수행에 지장이 생길 수 있다. 그러므로 두 번째 방법인 영국의 여러 대학원에서 제공하는 1~2년 과정의 석사 예비과정(Pre-Master)을 먼저 이수하고 석사 과정으로 진학하는 것이 나을 수도 있다.

영국의 석사 과정에는 다음과 같은 두 가지 과정이 있다. 첫 번째는 '수업 석사(Taught Degree)'로 강의를 들으면서 재학하는 과정이다. 학생들은 평균적으로 12개월 동안 강의를 들으면서 졸업논문(석사학위 논문)을 준비해야 한다. 이러한 과정은 학부 때 배운 내용을 심화 학습하려고 하는 학생에게 적합하고, 과정 이수 시 Master of Science(MSc) 혹은 Master of Arts(MA)라는 학위가 수여된다.

두번째는 '연구 석사(Research Degree)' 과정이다. 해당 과정의 경우 학위취득까지 18개월에서 36개월의 시간이 소요되고, 이 기간에 학생은 자신의 연구를 수행하면서 지도교수로부터 졸업 논문 작성을 지도받는다. 이 과정은 추후에 박사 과정을 계획하고 있는 학생에게 추천하며, 과정 이수 시 Master of Philosophy(Phil)라는 학위가 수여된다.

입학 지원 시 영어 성적이 필요하며 대학마다 영어능력 시험 성적 기준이 조금씩 다를 수 있지만, 전반적으로 학사학위, 대학교 학부 성적 증명서, IELTS나 TOEFL 성적, 교수 추천서 2개, 학업계획서(Academic Statement) 혹은 연구계획서(Research Proposal), 이력서 등을 요구한다.

영국에서 박사과정을 이수하는 경우도 있다. 미국이나 한국에서의 박사과정과 달리, 유럽의 박사 과정은 다음과 같은 점에서 차이를 보인다. 우선, '볼로냐 프로세스'의 시행으로 인해 박사 과정이 3년밖에 걸리지 않는다. 미국 대학원의 경우 학생들은 5년간의 석·박사 과정 중 첫 2년간의 수업 과정을 거치면서 박사논문주제를 결정하지만, 영국 소재 대학원 박사 과정에 재학하는 학생들은 3년간의 과정 동안 수업 이수 없이 박사학위 논문만 작성한다. 이 때문에 박사 과정 지원 시, 학위 논문 주제를 정해야 입학이 가능하다.

또한, 영국 소재 대학원의 박사 과정은 학생의 자율성 측면에서도 차이를 보인다. 미국의 박사 과정 학생은 자신의 연구를 수행하면서 제한된 자율성만 갖는데, 이는 지도교수의 엄격한 지도가 빈번하게 병행되기 때문이다. 반면, 영국의 박사 과정 학생은 연구 수행에 있어 자율성이 상당히 높은 편인데, 이는 자신이 연구 진행을 주도하고 지도교수는 다만 조언만 제공하기 때문이라 할 수 있다.

입학 조건의 경우 대학마다 조금씩 다를 수 있지만, 일반적으로 학사 학위 증명서와 석사 학위 증명서, 대학교 학부과정 성적 증명서와 석사과정 성적 증명서, IELTS 혹은 TOEFL 성적 증명서, 교수 추천서 3개, 학업계획서(Academic Statement), 연구계획서(Research Proposal), 그리고 이력서를 요구한다. 아울러, 박사과정 지원 시 박사학위논문 주제가 미리 정해져 있어야 하므로 지도받고자 하는 교수님과의 사전 접촉이 매우 중요하다. 따라서 자신의 연구분야와 맞는 교수님에 대해 잘 알아보는 것이 중요하다.

영국을 제외한 유럽에서 학위과정을 이수하고자 하는 학생도 있을 것이다. 볼로냐 프로세스로 인해 대부분 유럽 국가의 고등교육제도는 동질적이지만, 비(非)영어권 국가 소재의 대학원을 다닐 경우 언어장벽에 직면할 수 있다. 다행히 요즘은 비(非)영어권 국가에서도 영어로 진행되는 석사 및 박사 과정이 존재하는 경우도 있기에 지원하고자 하는 학교에서 영어로 진행하는 학위 과정을 제공하는지에 대해 미리 탐색하는 것을 권한다. 또한 스위스와 같이 공식 언어가 여러 개인 국가는 지역에 따라 학업 진행에 요구되는 언어가 다를 수 있다는 점을 유의해야 한다. 스위스의 제네바 대학교나 로잔 대학교의 경우 불어로 학업이 진행되지만, 베른대학교나 취리히 대학교의 경우 독일어로 학업이 진행되는 점이 대표적인 사례다.

또한 박사과정 지원절차에 대해서도 유의해야 한다. 예를 들어 프랑스의 경우, 지원자는 박사 과정 지원에 앞서 논문지도 교수와의 사전 접촉 과정을 거치면서 본인의 연구계획서를 제출해야 한다. 이는 교수가 연구계획서를 승인해야 비로소 학생이 입학 지원 절차에 착수할 수 있기 때문이다. 이처럼, 유럽 소재 대학원의 지원 절차는 한국과 미국에서의 경우와 구별되는 점이 있기 때문에 지원자가 각별히 유의해야 한다.

2. 박사학위 취득 이후의 과정

국내 혹은 해외에서 박사학위를 취득한 이후 교수가 되는 방법으로 크게 세 가지 경로가 있다. 첫 번째는 '비정년 비 전임교원'(시간강사)으로 취업하여 전임교원이 되기 위한 경력을 쌓는 길이다. 비정년 비 전임교원 혹은 시간

강사는 교원의 직위를 유지하기 위해 1년 단위로 계약을 갱신해야 하는 교원으로 초빙교수, 객원교수, 강의전담교수, 산학협력교수 등이 이에 속한다.

두 번째는 연구소에서 일정 기간 근무한 후 학계로 진입하는 길이다. 이 방안을 택할 경우 근무 기간을 활용하여 자신의 연구 경력 및 연구 업적을 쌓을 수 있고, 일정 기간 근무 후에는 각 대학교에서 실시하는 교원 채용 전형에 지원하여 교수의 길로 나갈 수 있다.

마지막으로 '박사 후 연수과정'인 포닥(Post-Doctor)과정을 거치는 길이 있다. 박사 후 연수 과정은 박사학위 소유자의 연구 능력을 질적으로 향상하기 위해 실시되는 프로그램이다. 대한민국에서의 포닥 과정은 한국연구재단에서 시행되고 있으며, 해당 과정에는 '연구소에서 일하는 과정'과 '학술연구 교수 과정'이 있다.

'연구소에서 일하는 과정'은 국·내외 대학에서 박사학위를 취득한 지 5년이 지나지 않은 국내 국적 소지자를 대상으로 총 2회에 한해 연수를 할 수 있게끔 하는 제도이다. 해당 제도에 따라 연수생들은 대학원이 설치된 국내 대학 또는 국·공립 연구기관 및 정부출연연구소에서 근무할 수 있게 된다. 다만, 연수생은 자신이 박사학위를 취득한 대학에서는 해당 과정을 진행할 수 없다.

'학술연구 교수' 제도는 국내·외 대학에서 박사학위를 취득한 국내 국적 소지자가 이용할 수 있는 제도로, 이에 따라 선발된 자들은 고등교육법 및 특별법에 의해 설립된 대학(교)의 부설연구소(한국학중앙연구원 포함)에 소속되어 3년간 전임 연구교수로 근무하게 된다. 연구원 과정과 달리, 해당 제도의 경우 자신이 학위(학사, 석사, 박사)를 취득한 대학(기관)에서도 근무가 가능하다. 다만, 기관별 추천 가능 인원수가 무제한인 연구원 과정과 달리, 학술연구 교수 제도의 경우 대학(기관)당 5명 이내라는 인원수 제한 요건이 있다. 급여 측면을 보면, 연구원 과정의 경우 연간 3천 3백만 원을 받으며 일할 수 있고, 학술연구 교수의 경우 연간 3천 3백만 원의 인건비와 연구비 6백만 원을 받을 수 있다. 이를 표로 정리하면 다음과 같다.

표 3-1 포닥 과정 신청자격 및 주관연구기관

서류심사 평가	박사 후 국내연수과정(연구원 과정)	제출 서류 목록
지원대상	• 국내외 대학에서 박사학위 취득 후 5년이 경과하지 아니한 국내 국적 소지자(2013.1.1부터 연구 개시 전까지 취득 가능한 자 (총 2회에 한하여 수혜 가능) • 최근 5년 간 연구업적 논문 기준 2편이상	• 국내 외 대학에서 박사학위 소지자 중 국내 국적 소지자 • 고등교육법 및 특별법에 의해 설립된 대학(교)의 부설 연구소(한국학중앙연구원 포함) 소속 전임 연구교수로 3년 채용이 가능한 자 (총 1회에 한하여 가능) • 최근 5년간 연구업적 논문 기준 3편이상
주관연구기관	• 대학원이 설치되어 있는 국내 대학 또는 국공립 연구기관 및 정부출연연구소 • 신청자의 박사학위 취득 대학과 다른 대학(기관)이어야 함	• 고등교육법 및 특별법(한국학 중앙 연구원 포함)에 의거하여 설립된 대학(교) 부설연구소 • 신청자의 학위(학사, 석사, 박사)취득 대학(기관)과 동일 기관도 가능
추천 인원	기관별 추천 인원수 제한 없음	대학별 5명 이내

• 박사 후 국내 연수 및 학술연구교수의 경우, 취업자와 미취업자 모두 신청이 가능하나 취업자는 연수 개시와 동시에 퇴직하여야 하고 연수 개시에 문제가 없어야 함

• 편람, 사전편찬, 교재개발, 번역, 전람회, 연주회 등을 위한 과제는 지원대상에서 제외

출처: 한국연구재단 개인연구군

3. 교수 선발 기준 및 채용 전형

대학교의 전임교원이 되기 위해서는 교수 선발 채용 절차를 거쳐야 하는데, 이를 설명하기 위해 연세대학교의 사례를 제시하고자 한다(연세대학교

2018.12.23). 연세대학교 교원 채용 공고에 나타나 있는 교원 자격 요건은 세 가지다. 첫째, 지원 시점 기준으로 해당 학계(정치학계)의 박사학위 취득 후 연구 또는 교육경력이 1년 이상 있어야 한다. 둘째, 사립학교 교수 임용에 결격사유가 없어야 하고, 본교의 창립 정신을 존중해야 하며, 그 실현에 동참할 수 있어야 한다. 마지막으로, 소정 학점에 대한 영어강의 의무를 원칙으로 준수해야 한다.

이러한 자격 요건들을 갖춘 지원자는 3단계의 채용 전형을 거친 후에 교원으로 선발된다. '전공 영역 적합성 심사' 단계에서는 지원자의 전공분야가 모집대상 전공 분야와 일치하는지 여부가 심사된다. 두 번째 단계는 '학문적 우수성 및 전체 업적 심사' 단계이다. 해당 단계에서는 지원자의 학문적 우수성, 교육 및 연구능력, 연구실적 등이 해당 대학(원)의 교원업적평가 기준에 의거하여 종합적으로 심사된다. 해당 단계의 상위 후보자들에 한하여 마지막 단계로의 진행이 허용되고, 진행 여부는 개별적으로 통지된다. 마지막 단계는 '공개강의 및 면접'이다. 해당 단계에서는 지원자의 발표내용 및 발표능력, 학문적 발전 가능성, 대학에의 기여도, 교원으로서의 자질과 품위 등이 종합적으로 심사된다. 이러한 과정을 모두 통과한 지원자는 조교수로 임용되면서 전임교원으로 활동하게 된다.

Ⅱ. 교수(학자)에게 필요한 자질

교수의 필요한 자질에 대해 연세대학교 정치외교학과 김명섭 교수가 '한국외교사세미나' 수업 첫 시간에 언급한 '학자의 자세'를 참고하고자 한다.[1] 교수(학자)에게 필요한 자질에는 '비판적 사고와 탐구 정신', '성실함과 정직함', '인내심', '용기', '자기관리'가 있다.

1. 비판적 사고와 탐구 정신

교수(학자)는 학문의 발전을 위해 끊임없이 새로운 것을 발견해야 하기 때문에 기존 연구를 우상화하거나, 맹신하면 안 된다. 오히려, 기존의 연구가 온전한 진실을 전하고 있는지에 대해 끊임없이 의문을 제기하면서 어떤 부분이 잘못됐는지 혹은 미비한지 찾을 수 있어야 한다. 또한, 선행 연구가 없는 미개척 분야를 찾음으로 본인이 새로운 연구 영역을 개척할 수 있어야 한다. 이러한 점에 따라보면 기존의 사실을 의심하는 '비판적 사고'와 새로운 영역을 모색하는 '탐구 정신'이 교수(학자)가 지녀야 할 필수 자질이라 할 수 있다.

2. 성실함과 정직함

교수(학자)는 본인만의 연구를 진행하기에 앞서 현재까지 진행된 선행연

1 한국외교사세미나' 수업은 2018년 가을학기 동안 연세대학교 일반대학원 정치학과에서 진행되었다. 김명섭 교수님께서 수업 첫 시간인 9월 3일 월요일에 학자의 자질을 말씀하셨다.

구들을 철저하게 검토해야 한다. 이는 선행연구 검토를 통해 자신의 연구가 어느 지점에서부터 시작해야 하는지에 대해 파악할 수 있기 때문이다. 이때 교수(학자)는 해당 분야에 대한 선행연구를 검토하는 데 있어 철두철미해야 한다. 이는 충분한 선행연구 검토가 진행되지 않을 경우 자신의 연구 시작 지점을 잘못 설정할 수 있게 되고, 자신이 진행한 연구가 선행 연구와 겹치게 되면 표절 문제와 같은 연구 윤리 문제에 연루될 수 있기 때문이다. 이를 방지하기 위해 충분한 선행연구를 찾고, 읽어나가는 '성실함'이 필요하고, 선행연구와 자신의 연구 범위를 정확하게 구분하여 표기하는 '정직함'이 필요하다.

3. 인내심

교수(학자)는 본인만의 연구 업적을 진행하는 데 있어 '인내심'을 갖고 진행해야 한다. 이는 단기간에 연구가 이루어지지 않고, 오랜 시간이 걸릴 수도 있기 때문이다. 올바른 결과 도출과 검증에 소요되는 오랜 시간도 견딜 수 있는 끈기와 인내를 지녀야 한다.

4. 용기

교수(학자)는 본인의 연구 결과를 밝히는 것이 두려울 수도 있다. 기존 연구들과는 다른 양상의 결과를 보였거나, 주류 입장을 반박하는 입장의 결과를 도출했거나, 사회적으로 큰 파장을 일으킬 가능성이 있는 결과를 도출한 경우 이를 발표함으로 자신이 어떠한 비난에 직면하게 될지, 어떠한 사회적

불이익을 받게 될지에 대해 염려할 수 있다. 그렇지만, 학문의 발전과 진리 추구를 위해서는 두려워하지 말고 자신의 연구 결과를 공개해야 하는데, 이때 필요한 자질이 '용기'다.

5. 자기관리

교수(학자)는 연구를 진행하다 보면 오랜 시간 동안 책상에 앉아 있는 상태에서 컴퓨터 화면과 책을 바라보게 된다. 때에 따라 휴식 없이 연구에만 몰두할 수도 있는데, 자칫하면 건강이 상할 수 있다. 건강을 위해서는 규칙적 수면과 식사, 정기적인 운동이 필요하다. 한편, 연구와 휴식을 오갈 때 개인의 연구 리듬이 무너지지 않도록 유의해야 한다. 휴식 후유증으로 인해 연구 진행이 방해되지 않도록 유의해야 한다. 휴식과 연구 사이의 경계를 건강을 유지하며 오가기 위해서는 '자기관리'가 필수적으로 요구된다.

Ⅲ. 정치학 교수직에 대한 전망

정치학 교수직의 전망에 대한 회의적인 시각이 사회 전반에 퍼져 있는 것은 부정할 수 없는 현실이다. 특히 저출산으로 인한 학령인구의 감소는 대학의 구조조정을 야기할 수 있기에 학계 분야에 종사하고 있는 사람들에게 있어 위기로 인식된다. 통계청 자료를 보면 저출산 경향이 갈수록 심해지고 있다는 것을 알 수 있다. 2015년의 경우 한 해 동안 태어난 신생아 수가 43만

8천 명이었는데, 2017년이 되면 출생아 수가 35만 8천명으로 급감하게 된다. 2017년을 기준으로 대한민국의 전국 합계출산율을 산출해보면 1.05명으로 나오는데, 해당 수치는 한 국가의 인구수를 유지하기 위한 대체 출산율인 2.1명의 절반 값이다(통계청 2018). 출생아 수의 감소가 학령인구의 감소로 이어짐에 따라 문을 닫는 대학교가 늘어날 것이고, 이는 대학교 교원 채용 수요의 감소로 이어질 것이다.

지방대학에서 발생하는 정치학과 혹은 정치외교학과의 폐과 현상 역시 정치학 교수직의 미래를 암울하게 만들고 있다. 최근 들어 지방대학의 경우 정치외교학과의 통·폐합 현상이 발생하고 있다. 국가 경제가 어려워지고, 취업난이 심화함에 따라 학생들은 취업이 잘 되는 학과를 선호하게 되었다. 정치학 계열 학문의 경우 취업 준비와는 상대적으로 거리가 먼 학문이라고 인식되는 경향이 높기 때문에 해당 학문에 대한 학생들의 수요가 낮아지게 되었고, 이에 따라 여러 학교에서 해당 계열 학과에 대한 통폐합 조치가 증가하게 된 것이다. 이러한 점은 정치학 계열 교수직의 미래를 비관적으로 바라보게 하는 데 일조했다고 할 수 있다.

그렇지만, 정치학 교수직의 미래를 낙관적으로 바라보는 시각도 존재한다. 대전대학교의 윤대엽 교수는 "정치학의 경우 인간 행위 분석을 중점적으로 다루고 있기에 기계가 감히 범접할 수 없는 인간의 영역으로 남을 확률이 높고, 타 학문과의 접점이 많다는 점 덕분에 학문 간 융합 및 교류의 가능성이 높다"고 언급하며 정치학 교수직에 대한 수요는 미래에도 존재할 것이라 예측했다. 이에 대해서는 '윤대엽 교수와의 인디뷰'에서 자세히 서술하도록 하겠다.

Ⅳ. 인터뷰

1. 대전대학교 윤대엽 교수

연세대학교 일반대학원 정치학과에서는 2018학년도 가을학기 동안 '정치학과 진로개발' 수업을 진행하면서 수강생들이 각계 분야의 전문가들을 만나서 소통할 수 있는 시간을 갖도록 했다. 2018년 11월 7일에 진행된 수업에서는 대전대학교 안전융합학부에 재직 중이신 윤대엽 교수님께서 오셔서 수강생들과의 대화 시간이 진행됐다. 윤대엽 교수님께서는 연세대학교 정치외교학과를 졸업하신 후, 동 대학교 대학원의 정치학과에 진학하셔서 석사 및 박사 과정을 진행하셨고, 현재 대전대학교에 재직 중이시다.[2] 수강생들과의 소통 시간 동안 윤대엽 교수님께서는 '대학원 과정 이후의 진로', '정치학 분야의 미래 전망성', '미래 정치학도에 대한 권면', '해외 유학에 대한 견해'에 대해 말씀해 주셨다. 또한, 함께 참여하신 연세대학교 정치외교학과의 최연식 교수님께서도 미래의 정치학도를 향해 따뜻한 권고 말씀을 해주셨다. 두 분 교수님과의 소통 내역을 독자 여러분과 함께 나누고자 한다.

2 대전대학교 안전융합학부. "교수소개 윤대엽 교수." http://home.dju.ac.kr/safety/html/sub.htm?pgc=301020(검색일: 2018. 12. 23).

Q1 대학원 과정을 마친 후에는 어떠한 진로가 기다리고 있는지 궁금합니다.

박사학위를 취득한 사람임을 전제하고 논의를 시작해보겠습니다. 국내에서 박사학위를 취득하든, 해외에서 박사학위를 취득하든 간에 대학원에서의 과정을 마친 사람은 대체로 다음과 같은 진로로 나아갑니다. 학계로 바로 진입하여 비정년 비 전임교원(시간강사)부터 시작할 수 있거나, 박사 후 연구과정(Post-Doctor Study)에 들어가거나, 연구소에 채용되어 연구원으로 연구 경력을 쌓고 학계로 진입할 수 있죠.

Q2 대학원을 마친 후 바로 학계로 진입할 경우 비정년 비 전임교원이 된다고 하셨는데, 비 정년 비 전임교원에 대한 자세한 설명을 부탁드립니다.

한국 학계를 기준으로 대학교 교원이 어떻게 구성되어 있는지에 대해 말씀드려보겠습니다. 대학교 교원은 크게 '정년 전임교원', '비정년 전임교원', '비정년 비 전임교원'으로 나뉘고, 이들 중 첫 두 그룹은 전임교원으로 분류됩니다. '전임교원'은 교원 직위를 유지하기 위한 주기적 계약 갱신이 불필요한 교원을 일컫는데, 이들 중 '정년 전임교원'은 만 65세까지 전임 교원 직위가 보장됐고, '비정년 전임교원'의 경우 학과가 통폐합되거나 없어질 경우 정년이 보장되지 않습니다.

Q3 비정년 비 전임교원의 삶이 어떠한지에 대해 자세한 설명 부탁드립니다.

교원 체계에 대해 어느 정도 이해하신 것 같으니 이번에는 비정년 비 전임교원의 삶이 어떠한지에 대해 논해봅시다. 솔직히 말씀드리면 비 정년 비 전임교원으로 살아가기는 결코 쉽지 않습니다. 이는 '직업 안정성이 낮다는 것'과 '높지 않은 경제적 보수' 때문이라 할 수 있겠습니다.

비정년 비 전임교원의 경우 대학교에서 강의하기 위해 학교와 주기적으로 계약을 해야 하는 처지에 놓여 있습니다. 때에 따라 계약 자체가 어려울 수도 있거나 기존의 계약 관계를 갱신하는 것이 어려울 수도 있기 때문에 이들의 고용 안정성은 높지 않다고 할 수 있습니다.

또한 비정년 비 전임교원의 경제적 보수도 넉넉한 삶을 보장하기가 어렵습니다. 연세대학교의 경우 한 과목(3학점)당 매월 60만 원의 보수를 주고, 국립대학의 경우 한 과목(3학점) 당 42~46만 원의 보수를 줍니다. 비정년 비 전임교원들의 경우 한 학기 동안 한 학교에서 두 과목 이상을 가르치기가 쉽지 않기 때문에 여러 학교에서 한 과목씩 수업을 맡아 진행하는 경우가 많습니다. 따라서 이들은 여러 학교에서 한 학기 당 12학점(4과목, 3~4개 학교) 정도를 가르쳐야 하는 쉽지 않은 현실 속에서 살아갑니다.

Q4 일명 '(시간)강사법'이라 알려진 '고등교육법 개정안'에 의해 비정년 비 전임교원의 처지가 많이 개선됐는지에 대해 문의하고 싶습니다.

법의 개정으로 비정년 비 전임교원이 방학 중에도 임금을 지급받게 되었고, 채용 보장 기간이 한 학기에서 1년으로 늘었다는 것을 고려해보면 처우가 개선된 점도 있습니다. 그렇지만, 이로 인해 비정년 비 전임교원들을 위한 일자리가 많이 줄어들었기 때문에 이들의 구직 활동은 더 어려워지고 있습니다.

교수님 말씀을 들어보니, 대학원 과정을 마친 후 비정년 비 전임교원으로 바로 학계에서 일하는 것이 결코 만만하지 않군요. 이번에는 교수님과 정치학 분야의 미래에 대해 논해보도록 하겠습니다.

Q5 정치학이 최근 들어 위기를 맞이하고 있다고 하는데, 이에 대해 자세한 설명을 부탁드립니다.

'정치학의 위기'는 크게 두 가지 측면에서 나타나고 있습니다.

첫 번째는 '정치학 기피 현상'이라 할 수 있습니다. 이는 해가 갈수록 정치학과에 진학하여 공부하고자 하는 사람들의 수가 감소하고 있음을 의미합니다. 현재 우리 사회는 '정치학을 전공한 사람들이 자신의 전공을 살릴 수 있는 일자리를 찾기가 쉽지 않다'는 문제점을 지니고 있습니다. 정치학 관련 직종에서 매년 요구하는 인력 수보다 매년 졸업하는 정치학 전공자의 수가 많기 때문이라 사료됩니다. 수많은 정치학 전공자들이 취업난에 시달리는 것을 직시하게 된 대학생들은 정치학 공부에 대해 회의적으로 생각하기 시작했고, 취업이 잘 되는 다른 분야의 전공을 선호하게 되었습니다. 정치학 기피 현상이 심화함에 따라 서울의 주요 대학을 제외하고는 지방의 수많은 대학에서 정치학 계열 신입생을 뽑지 않게 되는 안타까운 일들이 발생하게 되었습니다.

두 번째는 '정치학 관련 직종에서의 인력 수요 감소'라 할 수 있습니다. 앞에서도 언급했듯이 정치학을 공부하고자 희망하는 학생의 수가 줄어듦에 따라 지방의 수많은 대학에서 정치학 계열의 신입생을 더 이상 선발하지 않게 되었습니다. 이러한 현상은 정치학 교수직 수의 감소를 동반하기 때문에 정치학 교수를 꿈꾸는 정치학 전공자들의 미래는 불투명해졌습니다. 출산율 저하에 따른 학령인구의 감소도 정치학 전공자들의 미래를 암울하게 만들고 있습니다. 매년 태어나는 신생아 수의 경우 1990년대 초반에는 60만 명 수준을 보였으나, 2010년대에 들어 40만 명 수준으로 감소하더니 앞으로는 30만 명 수준으로 감소할 것으로 전망됩니다. 2023년이 되면 대학입학정원보다 고등학교 졸업생 수가 낮아질 전망이라 부실 대학에 대한 구조조정이 실시될 예정이고, 이를 위해 올해 대학역량진단평가가 실시되기도 했습니다. 학령인구의 감소에 따른 대학 숫자의 감소는 정치학 교수직의 감소를 동반하기에 정치학 교수를 꿈꾸고 있는 정치학 전공자들의 마음을 매우 심란하게 하고 있습니다.

Q6 교수님의 말씀을 들어보니 정치학 전공자의 미래가 매우 암울해 보이는데 혹시 희망적인 전망이 있는지도 문의하고 싶습니다.

암울한 전망만 있는 것은 아닙니다. 앞에서도 언급했듯이 정치학은 인간의 행위를 연구하기 때문에 기계가 대체할 수 없는 인간의 영역으로 끝까지

남을 것입니다. 또한, 정치학은 타 학문과의 융합이 용이하기 때문에 정치학과 타 학문과의 학제 간 통합이 이루어지면 새로운 연구 영역을 창출할 가능성이 큽니다. 현재 정치학을 공부하는 사람이라면 앞으로 어떠한 분야가 전도유망할지 생각해보고, 해당 분야와 정치학을 융합시켜 보는 것이 어떤지에 대해 잘 판단해보시길 권합니다.

Q7 교수님께서 방금 말씀하신 바가 구체적으로 어떤 것을 의미하는지 예를 들어주셨으면 좋겠습니다.

연세대학교의 이태동 교수님 사례가 좋을 듯합니다. 이태동 교수님께서는 학부 과정을 연세대학교 정치외교학과에서 마친 후 서울대학교 환경대학원 환경계획학과에 진학하셨습니다. 교수님께서는 정치학이 접목될 수 있는 분야 중 환경 분야와 에너지 분야가 전도유망하리라 판단하셨기 때문에 용기를 내며 색다른 길을 선택하신 것입니다. 덕분에 교수님께서는 환경과 에너지 분야가 접목된 정치학의 영역을 개척하시면서 본인의 연구 영역을 확장하실 수 있었고, 다른 정치학도들과 구별되는 모습을 보이실 수 있었습니다. 이와 같이 정치학은 경제, 행정, 조직, 환경과 에너지 등과 같은 분야의 학문과 접목되면서 새로운 연구 영역을 개척할 수 있기에 여러분과 같은 미래의 정치학도들은 새로운 기회를 얻을 수 있을 것입니다.

Q8 교수님 말씀 덕분에 저희 심정이 어느 정도 편안해진 것 같습니다. 그렇다면, 정치학을 공부하는 학도들이 앞으로의 학업을 이어감에 있어 어떠한 사안이 중요한지에 대해 말씀해 주셨으면 좋겠습니다.

정치학을 공부하려는 학생이라면 자신이 앞으로 무엇을 연구할 것인지에 대한 분명한 연구 목표를 가지고 있어야 합니다. 연구 목표를 갖기 위해서는 정치학의 여러 세부 영역 중에서 자신이 어떤 분야에 관심이 있는지에 대해 알고 있어야 하고, 해당 분야에 대한 지식뿐 아니라 선행 연구가 어느 정도 진행되어 왔는지에 대해서도 인지하고 있어야 합니다. 이러한 바탕에서 '자신이 어떻게 해당 분야를 더 발전시켜나갈 수 있을까'에 대한 고민이 시작하는 단계에 도달했을 때 비로소 연구목표를 갖게 되었다고 할 수 있습니다. 정치학도로서 자신만의 연구 목표를 갖게 되는 것이 학문의 길을 걸어갈 때 가장 중요한 첫걸음이라 할 수 있겠습니다.

Q9 이번에는 정치학도에게 있어 유학이 꼭 중요한지에 대해서도 문의하고 싶습니다.

정치학 공부를 위해서는 무조건 미국에서 공부해야 한다는 생각이 강했습니다. 이는 당시 한국에서 정치학 공부를 위한 학문적 토양이 부족했기 때문이라 사료됩니다. 이러한 생각은 오늘날까지 이어져 현재 수많은 정치학도가 미국으로 유학 가기 위해 준비하고 있습니다.

사실 저는 미국으로 유학 가야만 하는 것이 정치학을 공부하는 모든 사람에게 적용되는 것은 아니라 생각합니다. 정치학에는 여러 가지 세부 영역이 있는데, 때에 따라 미국 유학이 불필요한 분야도 있습니다. 예를 들어 한국 정치와 관련된 분야나 한국 정치사상과 관련된 분야의 경우 국내에서 연구가 진행되어야 합니다. 본인의 연구가 어디서 진행되어야 바람직할지에 대해 생각해보지도 않은 채 무조건 미국 유학만을 생각하는 것은 더 이상 바람직하지 않다고 생각합니다. 따라서 미국 유학을 결정하기 전에 본인의 연구주제가 어디서 진행되는 것이 바람직할지에 대해 먼저 생각하셨으면 합니다.

Q10 교수님의 진심 어린 조언을 명심하겠습니다. 혹시, 최연식 교수님께서 첨언하실 사항이 있으시다면 부탁드립니다.

윤대엽 교수님께서 정치학과 다른 분야 간 통합의 중요성을 말씀해주셨는데, 저 역시 정치학과 인접 학문 간 융합의 중요성에 대해 논하고 싶습니다. 앞으로의 정치학도들은 정치학 하나만을 가지고 생계를 유지하기가 힘들 수도 있을 것입니다. 이는 윤대엽 교수님께서도 언급하셨듯이 정치학만 공부한 사람들을 위한 취업의 문이 나날이 좁혀지고 있기 때문이라 할 수 있습니다. 그렇지만 정치학은 다른 분야와 접목되기가 용이하다는 특징을 가지고 있기에 타 분야의 학문과 융합 된다면 정치학도들에게 새로운 기회를 제공할 것이라 생각합니다. 가령 사회복지학 혹은 교육학을 함께 공부한 정치학도의 경우 해당 분야의 학자들과 함께 책을 쓸 수도 있고, 해당 분야의 학자가 될 수도 있습니다. 즉, 직업 선택의 폭이 넓어진다는 것입니다. 물론, 이를 위해서는 정치학 분야에서의 학위 외에도 해당 학문 분야에서의 학위(석사 혹은 박사학위)도 취득해야 하기에 공부 기간이 길어질 수 있습니다. 그렇지만 이를 통해 자신의 강점을 개발하거나 연구 영역을 확장할 경우, 정치학도로서의 경쟁력을 키울 수 있기에 이는 분명 의미 있는 투자가 될 것입니다.

2. 미국 박사 진학자와의 인터뷰

Q1 왜 유학을 결심하게 되었는지 자세한 설명 부탁드립니다.

세상의 많은 문제의 원인을 알고 싶고, 그에 대한 해결책을 제시해 보고 싶다는 마음가짐은 지금에 와서 생각해보면 거만한 마음가짐이라고 생각하지만, 그러한 동기가 없었다면 석사의 길로 들어서지 않았을 것입니다. 다만 학사를 졸업할 때까지만 하더라도 더 공부하고 싶다는 근원적인 욕구만 있었지, 그 이상의 길이나 방법을 진지하게 생각해 본 적은 없었다는 결점은 조금 아쉽습니다. 실제로 더 연구하고 싶은 주제나, 방법론, 그리고 박사과정으로의 길을 결정하게 된 것은 이태동 교수님의 환경정치와 이연호 교수님의 한국의 정치경제를 배우면서였습니다. 조금 더 확실하게 잡힌 길과 방법론이 박사과정을 준비하는 지난한 과정에서 저에게 동기를 부여했다는 점은 중요했습니다. 또한, 제 세부 주제라고 할 수 있는 환경정치가 정치분야의 한 갈래로서 받아들여지는 곳에서 공부하는 것이 앞으로의 발전을 위해서도 더욱 중요하리라 생각했습니다. 어려운 과정을 거치게 만들 수 있는 동기, 그리고 자신에 대한 발전 가능성을 더욱 높여줄 수 있는 곳을 찾는 것, 그것이 저를 유학으로 이끌었다고 할 수 있습니다.

Q2 무엇을 공부하려고 하시는지 설명 부탁드립니다.

위에서 언급한 것처럼 정치학의 세부 분야 중에서도 환경정치에 집중하고자 합니다. 또한, 미시적으로는 환경정치에 대한 Public Policy적 관점을, 그리고 거시적 관점으로는 환경정치의 수준과 내용을 결정하는 요소들, 제도들을 분석하고 비교할 수 있는 틀을 제공하고자 하는 것이 연구자로서의 세부 목적입니다.

Q3 어떻게 준비하셨는지 설명 부탁드립니다.

준비는 두 단계로 진행되었습니다. 2017년 1월부터 약 4개월간은 영어 점수 준비에 집중했으며, 이후 6개월은 지원학교 검색과 관련 문서 준비, 그리고 지원서 접수에 심혈을 기울였습니다.

Q4 영어 점수

길게는 반년, 짧게는 4개월 내의 기간으로 미국의 대학원 입학 자격시험(GRE, Graduate Record Examination)과 토플 점수를 준비하게 됩니다. 많은 학교가 기본적인 최저기준을 가지고 있으며 토플은 최저 점수기준이 120점 만점 기준에 80점이지만 일반적인 수용 가능 기준은 100+라고 생각합니다. GRE는 총점 320~330을 최저 기준으로 잡는 학교들이 있으며 버벌 170점 만점에 160+, 라이팅 6.0 만점에 4.0+를 기준으로 삼는 것이 좋다고 생각합니다. 다만 학교에서 펀딩을 받음에 있어 조교의 기준으로 일정 이상의 토플 스피킹 점수를 요구하는 학교들이 있으므로, 토플 과목당 22점 이상을 받는 것이 중요하다고 생각합니다.

Q5 학교 검색은 어떻게 하셨나요.

필요한 영어점수 확보 이후 한 3개월동안 지원하고자 하는 학교 검색에 시간을 투자하였습니다. 물론 이 기간을 좀 더 편히 진행하고자 유학원에 손을 벌릴 수 있지만, 시간이 걸리고 좀 더 돌아가는 길이더라도 5년 전후를 다닐 학교를 직접 검색하는 것이 추후의 진행과정에서도 도움이 될 거로 생각합니다. 이 과정에서 20개 전후의 학교들을 1차로 추렸으며 이후 마지막 결정과정에서 10~15군데 정도의 학교를 쓰게 된다고 생각합니다.

어떤 학교들이 있는지에 대해서는 US ranking 사이트, NRC 랭킹을 참고하는 것이 좋고, 세부적인 요구사항이나 펀딩의 수준, 어떠한 교수님들이 있는가를 찾기 위해서는 각 학교 사이트를 유심히 살펴보며 정리할 필요가 있다고 생각합니다. 특히 학교마다 지원서 데드라인, 성적표의 공인인증 필요 유무, 추천서, 라이팅 샘플의 유무를 필수적으로 확인해야 합니다. 이 과정에서 자신이 중점적으로 보아야 할 것은 자신의 세부 주제와 맞는 교수님이 계시는지, 펀딩의 수준이 5년간의 박사 생활을 최대한 지원해 줄 수 있는 것인지라고 할 수 있습니다. 지원학교 교수님에게 미리 콘택트 메일을 드리는 문제는 찬성과 반대가 엇갈리지만 저는 일부 교수님에게 메일을 보낸 바 있습니다.

Q6 Writing Sample

많은 상위권 학교들은 10장 전후의 라이팅 샘플(writing sample)을 요구합니다. Writing sample의 경우 각종 학술대회 혹은 BK21+ 프로그램 참여시 작성했던 학술논문을 통해 확보됩니다. 학술논문이 영어로 작성된 경우 바로 제출하시면 되고, 한국어로 작성된 경우라면 이를 영문으로 번역한 후에 제출하시면 됩니다.

일부 학교들은 두 개 이상도 가능하다고 언급하지만 하나의 아티클을 더 정성스럽게 작성하는 것이 중요할 수 있습니다. 어떠한 샘플을 제출하는가에 대해서는 일반적인 수업에 쓴 리포트보다는 공식적인 검증 과정을 거친 아티클(석사논문 등)을 샘플로 내는 것이 중요합니다.

Q7 성적

학부 학점 기준이 물론 더 중요하며 많은 학교가 지원 시 최저 학점 기준을 가지고 있습니다. 일반적으로 4.0 만점에 3.3점을 최저 기준으로 제시합니다. 그러나 학점이 부족한 것이 합격에 영향을 주는가에 대해 답하라고 한다면, 너무 많은 요소들(그 시점 지원자들의 성적, 자신의 제출 문서들의 퀄리티, 그 시기에 들어올 수 있는 Quota, 자신의 원하는 교수님이 현재 박사과정을 받아줄 수 있는가 등)이 혼재하고 있기 때문에 일정 수준만 넘는다면 그리 걱정할 부분은 아니라고 답하고 싶습니다.

Q8 résumé / CV

CV에는 자신의 석사 / 학사 과정, 업무 경험 / 출판 경험 / 수상 경험 / 기타 능력이나 활동 경력 등을 기술하시면 됩니다. 가장 간단하게 작성할 수 있는 문서이지만 인터넷 상에 올라와있는 여러 CV 샘플을 보면서 자신 특유의 경력을 잘 보여줄 수 있는 문서를 작성하는 것이 중요합니다.

Q9 추천서

일부 학교들은 두 분 정도의 추천서를 요구하게 되지만, 많은 상위권-중위권 학교들이 교수님 세분의 추천서를 요구하게 됩니다. 자신이 10~15군데의 추천서를 쓴다고 가정한다면 사실 세분 교수님에게만 부탁드리기엔 조금 무리가 있을 수 있습니다.

Q10 Statement of Purpose, Personal Achievements/Contributions

영어 성적이나 학점, 라이팅 샘플이 서로 비슷하다는 가정이라면 입학 여부에 가장 중요한 판단 기준이 되는 것은 SOP라고 불리는, 자기소개서+논문계획서 개념의 문서입니다. 다른 서류들은 지원서 기간 이전까지 준비되는 것이 일반적이지만 SOP만큼은 지원 데드라인 몇 시간 전까지 계속 수정했던 기억이 납니다. 대체로 1. 세부 분야에 자신이 더 공부하고자 하는 이유, 또는 그에 대한 배경(박사과정 그 자체를 가고자 하는 이유가 아닌 점을 유의) 2. 그 목적을 이루고자 자신이 학사, 석사과정에 있어 준비했던 것들 3. 자신이 다른 지원자들에 비해 가지고 있는 강점 4. 추후 박사과정 속에서 자신이 연구하고자 하는 주제에 대한 계획과 박사과정 후 이루고 싶은 것(연구자인지, 교수직인지) 5. 자신이 이 학교에서 같이 연구하고 싶은 연구자, 또는 이 학교를 선택하게 된 이유 등을 포함해서 적게 됩니다. 일부 학교들은 Personal Statement와 Achievements로 나누어 자신이 이루어낸 성과와, 개인적인 배경을 따로 서술하여 제출하는 것을 요구합니다.

대부분의 학교가 페이지나 글자 수의 제한을 두고 있으며 가장 타이트한 경우 500자, 긴 경우 1,500자이거나 3페이지 이내로 쓴 것을 요구하므로 길고

장황하게 쓰기보다는 간결하게 쓰는 것이 중요합니다. 또한, SOP의 경우 지원 과정에서 '복붙(복사해 붙여넣기)'에 가장 민감한 부분이므로, SOP 샘플이 실려있는 많은 책과 인터넷 게시글을 참고하되, 이와 똑같이 쓰지 않는 것이 중요합니다. 한순간에 한꺼번에 적기보다는 기간을 넓게 잡고 지속해서 수정해 가고, 다른 지원자들과 같이 보면서 의견을 교환할 수 있는 시간을 가지는 것이 좋습니다.

Q11 팁

학교들의 판단 과정은 크게 두 가지로 나뉩니다. 첫 번째는 지원서가 들어오는대로 판단하여 결과를 통보하는 Rolling Basis이며, 두 번째는 결과를 발표하는 데드라인을 설정한 후 발표날 Declined, Waitlisted, Accepted 등을 통보하는 것입니다. 첫 번째 과정을 거치는 학교는 많지 않으며, 두 번째 과정은 빠르면 2월, 늦어도 3~4월에는 결과발표가 납니다. 첫 번째 과정의 경우 두 번째 과정을 시행하는 학교보다 조금 더 일찍 학생을 모집하는 경우에 시행하니 진학을 위한 일정 수준의 자격을 갖춘 경우 지원해보는 것을 추천합니다.

라이팅 샘플을 작성하는 일과 SOP를 수정하는 일은 한순간에 끝난다기보다는 오랜기간 동안 이루어지는 일에 마음의 여유를 가지고 진행하는 것이 좋으며, 석사과정을 진행하면서 라이팅 샘플을 준비하는 것도 하나의 방법입니다.

학교가 직접 주는 funding 이외에 외부 funding을 이용하는 것이 좋습니다. 왜냐하면, 미국 박사 진학과정에 있어 '펀딩을 줄 정도로 이 학생이 우수한가'라는 생각을 가질 수 있게 하기 때문입니다. 따라서 외부 funding을 적극적으로 활용하는 것을 추천드립니다.

만약 박사과정을 지원하면서 현재부터 준비할 것이 무엇이냐고 질문한다면 외부 활동(Presentation), 출판(Publication), 자신의 원하는 과목만이 아닌 다양한 수업을 듣는 것 총 세 가지라고 하고 싶습니다. 하지만 하지만 어떠한 분야에 집중하고 싶은지, 졸업 후에는 어떠한 일을 하고 싶은지, 그리고 박사과정이 자신에게 맞는 길인지를 파악해가는 것이 선결 과제라고 생각합니다.

V. 결론

정치학도는 학계로 진입하기 위해 기나긴 인고의 과정을 거쳐야 한다. 국내 혹은 해외 대학원에서 석사 및 박사 과정을 이수하여 박사학위를 취득해야 하고, 때에 따라 박사 후 과정을 거친 후에 교원 채용 절차를 밟아야 한다. 또한 정치학도는 자신이 꿈꾸고 있는 학계의 전망이 마냥 밝지만은 않다는 점을 각오해야 한다. 출산율의 감소는 학령인구의 감소로 이어지고 있고, 취업 위주의 대학 교육 정책은 정치외교학과(또는 정치학과)의 존속 여부에 의문을 제기하면서 지방 소재의 대학교에서는 정치학 관련 학과가 없어지는 상황이 발생하고 있다. 이러한 양상은 정치학 관련 분야의 신규교원 임용 감소에도 영향을 미치면서 정치학도의 학계 진출 가능성 유무는 나날이 어려워지고 있다.

그렇지만 '다른 학문 분야와의 접목이 비교적 용이하다'는 정치학의 특성에 입각하여 타 학문 분야와의 '학제 간 접근'을 통해 정치학의 연구 영역을 확장한다면, 정치학 학계의 전망이 밝아질 수 있다. 이러한 가능성을 높이기 위해서는 정치학 분야뿐만 아니라 다양한 분야의 학문을 배워야 할 것이다. 또한, 정치학도는 '비판적 사고와 탐구 정신', '성실함과 정직함', '인내심', '용기', '자기관리'와 같은 학자의 자질을 갖춤으로 자신을 성장시켜야 할 것이다. 이는 학자로서 살아가기 위해서는 다섯 가지 자질을 갖추는 것이 바람직하기 때문이다.

이 글의 저자들은 2019년 1월을 기준으로 정치학 대학원 석사 과정에 재학중에 있는 정치학도들이다. 본문에서의 내용은 저자들이 꿈꾸고 있는 진로와 깊이 관련되어 있기에 저자들은 작성에 있어 심혈을 기울일 수밖에 없었다. 우리들의 노고가 독자 중 정치학도를 꿈꾸는 자에게 큰 도움이 되길 진심으로 희망한다.

참고문헌

관정 이종환 교육재단. "장학생 선발 국외 지원 안내."

http://www.ikef.or.kr/selection/way(검색일: 2018. 12. 03).

국립국어원. "표준국어대사전."

http://stdweb2.korean.go.kr/search/List_dic.jsp(검색일: 2018. 12. 01).

대전대학교 안전융합학부. "교수소개 유대엽 교수."

http://home.dju.ac.kr/safety/html/sub.htm?pgc=301020(검색일: 2018. 12. 23).

연세대학교. 2018. "2019학년도 전임교원 초빙 공고." https://www.yonsei.ac.kr/sc/recruit/notice02.jsp?mode=view&article_no=162722&board_wrapper=%2Fsc%2Frecruit%2Fnotice02.jsp&pager.offset=10&search:search_category:category=104&board_no=329(검색일: 2018. 12. 23).

연세대학교 일반대학원. 2018. "2018학년도 9월입학 대학원 일반전형요강."

http://graduate.yonse I .ac.kr/graduate/admission/general_fall_schedule.do(검색일: 2018. 12. 22).

유학브레인. "미국 대학원의 정의."

http://www.uhakbrain.com/미국대학원의-정의/(검색일: 2018. 12. 02).

조상식. 2010. "볼로냐 프로세스와 독일 고등교육개혁." 『교육의 이론과 실천 15권 3호』 한독교육학회, 193-215.

통계청 인구동향조사. 2018. "시군구/합계출산율, 모의 연령별 출산율."

http://kosis.kr/statHtml/statHtml.do?orgId=101&tblId=DT_1B81A17&vw_cd=MT_ZTITLE&list_id=A21&seqNo=&lang_mode=ko&language=kor&obj_var_id=&itm_id=&conn_path=MT_ZTITLE (검색일: 2018. 12. 23).

통계청 지역통계 총괄과. 2018. "출생아 수(시도/시/군/구)."

http://kosis.kr/statHtml/statHtml.do?orgId=101&tblId=DT_1YL20681&vw_cd=MT_GTITLE01&list_id=101&seqNo=&lang_mode=ko&language=kor&obj_var_id=&itm_id=&conn_path=MT_GTITLE01 (검색일: 2018. 12. 23).

한국고등교육재단. "장학사업 해외유학 장학제도." http://www.kfas.or.kr/ScholarShip/ScholarShip0201.aspx(검색일: 2018. 12. 03).

한국연구재단. "개인연구군." https://www.nrf.re.kr/biz/info/info/view?biz_no=83(검색일: 2018. 12. 23).

한미교육위원단. "대학원 장학 프로그램." http://www.fulbright.or.kr/grant/graduate(검색일: 2018. 12. 03).

홍민희. 2016. "2016년 국외 한국인 유학생 정보공개."

http://moe.go.kr/boardCnts/view.do?boardID=350&boardSeq=64732&lev=0&searchType=null&statusYN=W&page=1&s=moe&m=040103&opType=N(검색일: 2018. 12. 02).

ALMA MATER STUDIORUM UNIVERSITÀ DI BOLOGNA. 2018. "Bologna Process."

https://www.unibo.it/en/international/agreements-and-networks/bologna-process(검색일: 2018. 12. 23).

QS TOP UNIVERSITIES.

https://www.topuniversities.com/universities/level/postgrad/subject/politics/region/europe (검색일: 2018. 12. 02).

Stanford University. 2018. "Application Requirements." https://politicalscience.stanford.edu/academics/graduate-programs/doctoral-program/how-apply (검색일: 2018. 12. 02).

Stanford University. 2018. "FAQ for Prospective Ph.D. Students."

https://politicalscience.stanford.edu/graduate-program/phd-admissions/faq-prospective-phd-students#prospective-students(검색일: 2018. 12. 18).

US News. 2017. "Best Political Science Schools."

https://www.usnews.com/best-graduate-schools/top-humanities-schools/political-science-rankings (검색일: 2018. 12. 02).

제3장 연구원 분야

끊임없이 '물음표'를 던지는 사람들

노미진, 최은진

I. 연구원이란?

우리는 살아가면서 끊임없이 크고 작은 결정을 내린다. 그리고 어떤 결정을 내려야 더 좋은 결과를 도출할 수 있을지 고민한다. 이는 국가 기관 및 기업도 마찬가지다. 국가와 기업 내 최종 결정자들은 정책이나 기업 운영에 관한 결정을 내리며 "어떻게 해야 국가를 잘 운영할 수 있을까?" 혹은 "기업 이윤을 극대화할 수 있을까?"를 고민한다.

이번 장에서 살펴볼 연구원(研究員)은 최종 결정자와 함께 이 문제들을 두고 머리를 맞대어 고민하는 사람들이다. 연구원의 사전적 의미는 연구에 종사하는 사람으로, 연구사안과 관련된 다양한 자료를 조사하고, 문제에 대해 끊임없이 고민하며, 상황에 대한 해결 방안을 모색하는 사람을 뜻한다.

연구원이라는 직업은 인문사회계 분야보다 이공계 분야에서 수요가 많은 편이기에 인문사회계 분야에 다양한 연구원이 있음에도 사회과학도들의 진로선택에서 상대적으로 주목받지 못했다. 그 때문에 기존 사회과학 분야 연구원에 대한 정보는 매우 제한적이었다. 이를 보완하고자 이번 장에서는 정치학 전공자들이 관심 가질 만한 다양한 연구직을 소개한다. 특히 연구원의 소속에 따라 크게 '연구소' 소속 연구원과 '리서치사' 소속 연구원으로 구분함으로써, 연구원이라는 직업을 다양한 각도에서 조명해보고자 한다.

Ⅱ. 연구소 소속 연구원

1. 연구소 소속 연구원의 분류

연구소는 주로 국내외로 일어나는 정치 문제에 대한 정책 지향적으로 연구 및 분석, 자문을 제공하는 역할을 한다. 일반적으로 우리나라의 연구소를 설립 주체에 따라 국가, 지방자치단체, 기업, 정당, 독립 연구소 등 크게 다섯 형태로 나누고 있다(강원택 외 2006). 따라서 이 장에서는 다섯 가지의 연구소를 크게 두 가지로 묶어 '국책연구기관'과 '민간연구기관'으로 설명하고자 한다. 국책연구기관과 민간연구기관은 모두 설립목적이나 연구 분야에 대해서 차이가 있지만, 국가의 정책 수립과 집행에 영향을 끼친다는 점에서 공통점이 있다. 다만 국책연구기관은 정부 또는 지방자치단체 주도의 연구소라고 볼 수 있고, 민간연구기관은 국가기관이 아닌 기업, 정당, 독립 연구소로 묶어 정리할 수 있다. 추가로, 대학부설연구소도 있으나 이를 독립적인 연구소로 보기는 어려워 이 책에서는 제외한다(기획재정부 2014). 그렇다면 사세히 국책연구기관과 민간연구기관에 대해 살펴보자.

출처: 필자 개별 조사

그림 3-1 연구소 소속 연구원의 분류

1) 국책연구기관의 연구원

국책연구기관은 크게 '정부 주도 국책연구기관'과 '지방자치단체 주도 국책연구기관'으로 구분하여 볼 수 있다. 먼저 정부 주도 국책연구기관은 대표적으로 국무총리 산하의 경제·인문사회연구회 소속의 정부출연연구기관을 예로 들 수 있다. 경제·인문사회연구회는 경제·인문사회 분야의 정부출연연구기관을 지원·육성하고 체계적으로 관리함으로써 국가의 연구사업정책 지원 및 지식산업발전에 기여를 목적으로 설립되었다(경제·인문사회연구회 1999). 경제·인문사회연구회 소속 정부출연연구기관은 개발, 국제정책, 과학

기술정책, 교육 계발 등 총 26개 분야로 구성되어 있다(경제·인문사회연구회 1999).

위의 분야들 가운데, 정치학 전공자로서 향후 진입 가능한 연구소의 세부 분야를 파악하고 집중하기 위해 한국경제매거진 한경비즈니스의 '2018 대한민국 100대 싱크탱크' 총괄표를 참고하여 좀 더 세밀하게 정리하고자 한다. 그 이유는 국내 연구소를 대상으로 100대 싱크탱크를 선정하는 것은 한경비즈니스의 조사가 유일하기 때문이다. 특히 한경비즈니스의 '대한민국 100대 싱크탱크 총괄표'는 국내 연구소를 경제·산업, 정치·사회, 외교·안보, 여성·노동, 환경 등 5개 부문으로 나누어 부문별 전문가인 교수 또는 연구원들이 설문을 통해 각 연구소의 대외 영향력, 연구의 질, 연구 역량을 평가하기 때문에 국내 연구소의 부문과 평가기준을 제시해준다는 의의가 있다(한국경제매거진 2018.01.31).

따라서 이 장에서는 한경비즈니스의 싱크탱크 총괄표를 차용하여 크게 정치·외교 분야와 비정치·외교 분야로 분류하여 연구소를 소개하고자 한다. 정치·외교 분야로서는 정치·사회 및 외교·안보와 관련된 연구소이며, 반면 비정치·외교 분야로서는 경제·산업, 여성·노동, 환경으로 구분하였다. 아래의 표 3- 1은 정부 주도로 설립된 주요 국책연구기관을 정치·외교 분야와 비정치·외교 분야로 나누어 정리한 것을 나타낸다.

표 3-1 정부 주도 국책연구기관의 분류

연구기관	상위 기관	분야	세부 분야	기관위치
한국보건사회연구원	경제·인문사회연구회 소속 정부 출연연구기관	정치·외교분야	정치·사회	세종
한국행정연구원	경제·인문사회연구회 소속 정부 출연연구기관			서울
동북아역사재단	교육부			서울
통일연구원	경제·인문사회연구회 소속 정부 출연연구기관		외교·안보	서울
국가안보전략연구원	국가정보원			서울
국립외교원 외교안보연구소	국립외교원			서울
한국국방연구원	국방부			서울
대외경제정책연구원	경제·인문사회연구회 소속 정부 출연연구기관	비 정치·외교분야	경제·산업	세종
산업연구원	경제·인문사회연구회 소속 정부 출연연구기관			세종
한국개발연구원	경제·인문사회연구회 소속 정부 출연연구기관			세종
한국노동연구원	경제·인문사회연구회 소속 정부 출연연구기관		여성·노동	세종
한국여성정책연구원	경제·인문사회연구회 소속 정부 출연연구기관			서울
한국환경정책·평가연구원	경제·인문사회연구회 소속 정부 출연연구기관		환경	세종

출처: 필자 개별 조사

기획재정부에 따르면 지방자치단체 주도 국책연구기관으로는 광역자치단체가 한국개발연구원(KDI)을 모델로 하여 운영하는 연구원들이 있다. 그 종류로는 서울연구원, 부산발전연구원, 인천발전연구원, 대구·경북연구원, 대전발전연구원, 광주발전연구원, 울산발전연구원, 경기개발연구원, 경남발전연구원, 충남발전연구원, 전남발전연구원, 충북발전연구원, 강원발전연구원, 제주발전연구원으로 총 14개의 연구소가 있다.[1] 지방자치단체 주도 국책연구기관의 특징으로 국가의 발전보다는 지방정부의 정책 결정 또는 집행을 제언하고 지역발전의 연구를 목표로 한다(기획재정부 2014). 그리하여 지방자치단체 주도 국책연구기관이 지방정부의 정책에 대한 종합적인 연구를 진행하기 때문에 정치·외교 분야, 비 정치·외교 분야로 나누기에는 명확하지 않아 이 책에서는 논의에서 제외하였다.

2) 민간연구기관의 연구원

민간연구기관은 크게 '기업이 설립한 민간연구기관', '정당이 설립한 민간연구기관', '독립 민간연구기관'으로 구분할 수 있다. 첫 번째 '기업이 설립한 민간연구기관'은 대표적으로 삼성경제연구소, LG경제연구원, 현대경제연구원 등이 있다. 좀 더 추가하자면 전국경제인연합회(전경련) 소속의 한국경제연구원이나 자유경제원도 넓은 의미에서는 기업이 설립한 민간연구기관의 범주에 포함할 수 있을 것이다. 기업이 설립한 민간연구기관의 연구 활동은 소속 기업의 경영과 직접 연관이 있는 거시경제 전망, 경제 동향 등을 위주로 이루어지는데, 최근 들어 정치·사회·문화 등 더 넓은 영역으로 그 활동 범위를 넓히고 있다(기획재정부 2014). 아래의 표 3-2는 기업이 설립한 주요 민간

1 전북연구원은 전라북도의 현안 등 정책 과제에 대한 연구용역을 주로 수행하여 지방자치단체 주도의 연구소로 보일 수 있지만, 재단법인으로서 설립되었기 때문에 위의 목록에서 제외한다.

연구기관을 간략히 정리하였다.

표 3-2 기업 설립의 민간연구기관의 분류

기업 설립의 민간연구기관	상위 기관	분야	세부 분야	기관위치
삼성경제연구소	삼성	비 정치·외교분야	경제·산업	서울
현대경제연구원	현대			서울
LG경제연구원	LG			서울
SK경영경제연구소	SK			서울
한국경제연구원	전경련			서울
자유경제원	전경련			서울

출처: 필자 개별 조사

두 번째로, '정당이 설립한 민간연구기관'의 경우 현재 중앙선거관리위원회에 등재된 연구소 현황에 따르면 총 8개의 연구소가 있다.[2] 정당 설립의 민간연구기관은 정당의 정책개발에 관한 연구주제가 대부분이며 각 정당의 정치적 통제로부터 비교적 자유롭지 못하다. 또한 기본적으로 '정당 설립의 민간연구기관'은 정당 조직의 일부로 인식되기 때문에, 외부 연구자를 폭넓게 유치하기가 쉽지 않다는 단점이 있다(기획재정부 2014). 아래 표 3-3을 통해 우리나라 주요 정당들이 설립한 민간연구기관을 살펴보자.

2 정책연구소는 정당법 제38조와 정치자금법 제28조에 따라 설치되었다(국가법령정보센터 2018).

표 3-3 정당 설립의 민간연구기관의 분류

정당 설립의 민간연구기관	상위 기관 (정당)	이사장	분야	세부 분야	기관위치
민주연구원	더불어민주당	이해찬	정치·외교분야	정치·사회	서울
여의도연구원	자유한국당	김병준			서울
바른미래연구원	바른미래당	손학규			서울
민주평화연구원	민주평화당	정동영			서울
정의정책연구소	정의당	손호철			서울
민중정책연구원	민중당	이상규			서울

출처: 필자 개별 조사

세 번째 '독립적으로 설립된 민간연구기관'은 연구소의 상위기관이 없이 재정적이나 조직 운영 측면에서 독립된 형태이다. 특히 운영자금의 경우는 주로 기부금으로부터 쓰이기 때문에, 상대적으로 연구의 독립성과 자율성을 보장받는다. 아래의 표 3- 4를 통해 독립적으로 설립된 민간연구기관을 몇 가지 소개한다.

표 3-4 독립적으로 설립된 민간연구기관의 분류

독립적으로 설립된 민간연구기관	분야	세부분야	기관위치
참여연대 부설 참여사회연구소	정치·사회	참여사회 모델 제시	서울
여시재		기반연구, 동북아협력, 신문명도시, 한반도미래	서울
동아시아연구원	외교·안보	외교안보, 여론분석, 경제충격, 정책개발, 민주주의, 거버넌스, 동맹변환 연구	서울
아산정책연구원		한반도의 평화와 통일, 번영을 위한 국제적인 여건조성, 공공외교와 유관 분야 전문가 육성 등	서울
세종연구소		안보연구, 남북한 관계, 지역연구, 국제정치경제	경기 성남
제주평화연구원		동아시아 다자 협력, 세계평화지수, 군축 비확산, 대북정책에 대한 소통 증진	제주
한국전략문제연구소		안보전략 및 정책, 국제정세, 군사전략	서울
동반성장연구소	경제·산업	동반성장을 위한 정책 대안	서울
노동환경건강연구소	여성·노동	정부 노동정책, 노동법 제도 개선 취약계층 노동자 및 대책활동	서울
에너지기후정책연구소	환경	에너지 전환 담론과 모델 개발, 지역 에너지 자립 체계 구축 방안	서울

출처: 각 기관 홈페이지 참조

2. 연구소 소속 연구원(研究員)의 업무

연구소 소속 연구원은 국내 및 국제정치와 정치제도, 국제관계에 대한 비판 및 대안 제시를 목표로 하여 '정치문제 분석 및 연구', '정치연구 자문', '정치연구 발표'의 세 가지 업무를 담당하게 된다.

먼저 '정치문제 분석 및 연구'는 정치 문제에 대한 제반 사항을 여러모로 분석하고 정치 이론을 정립하고 발전시켜 연구하는 것을 의미한다. 두 번째 '정치연구 자문'은 당대의 정치제도와 정치 관행을 관찰하여 연구한 것을 바탕으로 정부, 정당 및 기타 단체에 자문하는 것을 말한다. 특히 실제 행정, 정당제도, 정부와 기업의 관계, 국제 사회 관계 등의 제반 문제 및 해결방안을 대부분 제언한다. 마지막으로 정치연구 발표는 정치문제 연구를 바탕으로 정부, 정당 및 기타 단체가 이용하기에 적합한 형식으로 연구 결과를 발표하는 것을 의미한다.

연구소 소속 연구원의 주요 업무는 연구소의 설립목적과 성격 또는 소속 부서의 연구주제에 따라 차이를 보인다. 심지어 연구소 내의 직급에 따라 연구원의 실질적인 업무는 상당히 다르다고 볼 수 있다. 연구소마다 직급체계가 크게 상이하고 논의될 부분이 많지만[3] 이 장에서는 연구소 소속 연구원을 크게 두 가지로 '행정연구원',' 석· 박사급 연구원'으로 분류하여 연구원의 업무에 대해 간략히 소개하고자 한다.

1) 행정연구원[4]의 업무

행정연구원은 기본적으로 연구기관의 행정업무의 전반을 담당한다. 국책 연구기관의 행정연구원의 경우, NCS(국가직무능력표준) 기반 채용 직무 설명자료에 기반을 둔 업무를 담당한다. 일반적으로 연구소의 행정연구원이 담당하는 업무는 크게 네 가지로 '예산집행 및 관리', '인사 및 임용', '행사 기

---

3 예컨대 한국국방연구원의 경우, 석사급 연구원이 연차가 쌓이면 연구과제 책임을 맡고 정책보고서 작성에도 참여한다. 하지만 통일연구원의 경우, 석사급 연구원은 연구과제에 책임을 맡기 보다는 박사급 연구위원의 역할을 보소하는데 수 역할을 맡는다.

4 이 장에서는 행정원, 행정연구원 등의 용어가 다양하지만, 용어에 대한 혼동을 줄이기 위하여 "행정연구원"으로 통일하여 작성하였다. 또한 행정연구원을 연구직으로 간주하지 않는 시각도 존재하나, 이는 기본적으로 연구원(研究員)의 사전적 의미에 따라 동일한 범주에 포함되는 것으로 작성하였다.

획', '연구성과 관리'가 있다.

첫 번째는 예산집행 및 관리이다. 예산집행 및 관리의 경우 행정연구원이 직접 1년의 예산을 그전 해에 한꺼번에 받고, 1년 동안 운용하며 관리한다. 이에 따라 행정연구원은 연구에 필요한 예산을 받기 위해 연구계획서를 작성하고, 분과별 심의위원회를 거쳐 최종 예산이 확보되기까지 검토를 거치게 된다. 이러한 과정을 통해 확보된 예산은 비목별로 규정에 맞도록 집행한다. 1년 예산을 사용한 후에는 구체적으로 예산을 사용한 명세와 연구 내용을 실적보고서로 상위 기관에 보고하게 된다.

두 번째는 인사 및 임용이다. 행정연구원은 박사급 연구원, 석사급 연구원, 행정연구원 등을 대상으로 인사업무 및 임용, 퇴직 업무를 규정에 맞게 수행한다. 인사 및 채용의 경우 연구소를 운영하면서 가장 중요한 연구 인력을 담당하기 때문에 중요한 부분으로도 볼 수 있다. 추가로 연구소의 규모가 클수록 연구인력이 많기 때문에 인사 및 행정업무를 처리해야 하는 시기를 놓치지 않는 것도 매우 중요하다.

세 번째는 행사 기획이다. 연구소는 행사 기획을 주로 심포지엄, 학술회의, 세미나 등의 형태로 진행한다. 연구소는 연구소 행사를 통해 연구과제 결과를 내·외부적으로 공유하고 향후 연구방향을 설정하기 위해 정기적으로 행사를 개최한다. 특히 학술회의 및 세미나를 진행할 때 사용하는 연구비에도 적법한 절차와 규정이 있기 때문에, 행사를 담당하는 행정연구원은 이 부분을 명확히 숙지하여 차질이 없도록 준비한다. 행사 이후에는 행사 결과보고를 통하여 문제없이 잘 개최되었는지를 자체적으로 점검한다.

마지막으로 연구성과 관리이다. 연구소는 연구결과로서 논문 및 학술지 등을 발간하는데, 이때 행정연구원은 연구성과를 직접 보여주는 연구논문과 학술지 등을 정확한 데이터로써 관리하는 것이 매우 중요하다.

2) 석·박사급 연구원

석·박사급 연구원은 일반적으로 연구를 직접 수행하는 연구인력으로 석사학위 이상 소지 또는 이와 동등한 자격을 보유한 연구원이다. 여기서 박사급 연구원의 경우, 연구를 직접 수행할 뿐만 아니라 연구 프로젝트의 책임자로서 박사학위 이상 소지 또는 이와 동등한 자격을 보유한 연구원을 말한다. 석· 박사급 연구원은 주로 네 가지 업무를 담당하는데 '연구 프로젝트 관리', '경영기획', '자료 활용', '연구 결과 종합'을 진행한다(통일연구원 2018).

첫 번째 '프로젝트 관리'는 연구소의 중장기 발전목표에 부합하는 연구사업을 기획하고, 연구지식과 역량 등을 적용하여 연구 프로젝트 완수를 목표로 한다. 두 번째 '경영기획'은 연구기관의 경영목표를 효과적으로 달성하기 위한 연구사업을 기획하고 인적·물적 자원을 관리함으로써, 최적의 성과를 산출할 수 있도록 기관의 의사결정을 체계적으로 지원하는 업무를 말한다. 세 번째 '자료 활용'은 연구수행을 목적으로 수집된 자료를 연구목적에 맞게 활용하고 필요하면 연구분야와 관련하여 국내외 전문가와 협력하여 연구과제를 진행한다. 네 번째 '연구 결과 종합'에서는 연구원이 수집된 연구자료를 분석하여 연구 결과를 도출하고, 이를 바탕으로 관련 정책의 문제점을 분석하며 연구 결과 확산을 위해 추가적인 개선방안을 제안한다.

1. 연구소 소속 연구원이 되려면?

1) 연구소 소속 연구원이 되기 위해 필요한 소양과 자질

일반적으로는 연구원은 주로 연구업무를 수행하기 때문에 높은 관심과 적극성, 통찰력, 논리력, 폭넓은 사고 등을 필요한 소양과 자질로 요구한다(교육부 2018). 그러나 연구소의 채용공고 및 모집 요강은 연구원에게 필요한 소양과 자질을 구체적으로 명시하지 않고 있어 지원자들이 어려움을 겪고 있다. 따라서 '언어능력', '창의력', '통찰력'을 연구원에게 필요한 세 가지 소양과 자질로 선별하여 간략히 정리하고자 한다.

먼저 연구원에게 '언어능력'이란 우수한 작문 능력과 윤문 및 교정능력을 일컫는다. 일반적으로 연구원은 연구과제에 대한 결과를 보고서로 제출하고 평가받기 때문에 이를 뒷받침할 우수한 작문 능력이 필요하다. 특히 보고서는 학위논문의 형식보다 짧고 간결하게 서술하는 경우가 많기 때문에 윤문 및 교정능력도 요구된다. 더 나아가 연구원에게는 국어능력뿐만 아니라 제2·3 외국어 능력이 요구된다. 사실 보고서 작성을 국문뿐 아니라 영문으로도 작성되는 경우가 빈번하기 때문이다. 그리고 연구과제의 자료조사를 위해 영어 및 제2·3 외국어를 사용하여 일하는 경우가 많음으로 업무에 어려움을 겪지 않을 만큼 충분히 외국어 능력을 배양하는 편이 좋다.

두 번째 연구원에게 '창의력'이란 창의적인 정책 아이디어를 제언하는 것을 의미한다. 연구원은 다양한 정치적 사안에 대해 정책을 연구하고 제언하므로, 창의적인 정책 아이디어를 제시할 수 있어야 한다. 만약 창의적인 정책 제언이 어렵다면, 연구원으로서 최소 그 정책의 제목이라도 많은 사람의 이목을 사로잡을 만한 것을 제안할 수 있는 창의력이 필요하다. 특히 국책연구기관 연구원의 경우 정부의 정책을 조력하는 경우가 많음으로, 정부의 정책에 창의적인 아이디어를 제안하여 크게 기여한다면 연구원으로서 큰 명예를 얻을 것이다.

세 번째 연구원에게 '통찰력'이란 현 정치적 사안에 대한 깊은 이해와 고차원적인 분석능력을 의미한다. 어찌 보면 연구원에게 가장 필요하면서도 핵심 자질이 '통찰력'이다. 연구원이라는 이름처럼 정치적 사안에 대해 연구능력이 필요한데, 이를 제너럴리스트(Generalist)와 같이 분석하고 진단하는 차원을 넘어서서 스페셜리스트(Specialist)로서 자신의 전공 분야에 대해 다각적이면서도 고차원적으로 정치 문제를 분석하고 구체적으로 대안과 전망을 제시해줄 수 있어야 할 것이다.

2. 연구소 연구원이 되기 위해 준비해야 할 사항

정치학 전공자로서 연구소 소속의 연구원이 되기 위해서는 무엇을 준비해야 할까? 연구소마다 각각의 다른 지원자격과 모집요강이 존재하지만, 이 책에서는 통일연구원의 경우를 참고하여 간략히 설명하고자 한다. 그 이유는 통일연구원이 정부주도 국책연구기관(정부출연연구기관)이면서도 정치, 외교 부문의 연구소이기 때문에 정치학 전공자들이 많은 관심을 가질 것으로 예상되기 때문이다. 따라서 통일연구원의 지원자격 요건 및 채용방식을 통해 연구소 소속 연구원이 되기 위해 준비해야 할 사항을 알아보자.

3. 지원자격 요건

일반적으로 연구소의 연구원에게 요구되는 지원 자격은 크게 세 가지로 '학사 이상의 학위과정', '우수한 공인 외국어 성적', '연구관련 자격증'이 있다. 첫째로 '학사 이상의 학위과정'은 행정연구원, 석사급 연구원, 박사급 연구원의 직급을 막론하고 공통으로 요구된다. 또한 연구소의 분야와 모집부서의 성격마다 차이가 있지만, 사회과학 전공 중에서도 보통 정치학 전공을 우대하는 경향이 있다. 그러나 행정연구원의 경우 행정학, 경영학, 경제학, 회계학 전공도 선호하므로 부·복수전공으로 학사과정을 같이 이수하는 것이 채용에 유리할 수 있다. 그리고 행정조교와 같은 사무경험이 있다면 채용에 있어 긍정적으로 평가될 것이다.

반면 석·박사급 연구원의 경우, 대학원에 진학하여 관련분야의 석사 또는 박사 학위를 취득하는 것이 필요하다. 특히 대학원에서 연구 프로젝트에 참여하거나 연구보조원(RA)으로 근무하면서, 관련분야에 대한 다양한 연구경력을 쌓는다면 채용에 더욱 유리할 것이다. 둘째로 '공인 외국어 성적'은 일반적으로 정책연구원 모집요강에서 '영어 및 제2 외국어 능통자'로만 명시되어 있을 뿐 구체적인 기준점수는 알 수 없다. 이에 지원자들은 어느 정도로 공인 외국어 성적을 준비해야 하는지 난감할 수 있다. 따라서 본고에서는 공인 외국어 성적을 성공적으로 준비하기 위하여 공무원 인사제도에서 공인외국어성적이 가장 까다로운 '외교관 후보자 선발시험의 공인 어학 성적 요건'을 참고해 영어 및 제2 외국어 성적을 준비하는 것을 첨언한다.

자세한 내용은 아래 표 3-5 2018년도 외교관 후보자 선발시험의 영어 능력검정시험 기준 점수를 참고할 것을 추천한다. 또한 제2 외국어의 경우에는 연구소의 모집부서와 전공분야에 따라 각기 요구하는 어학 성적이 다르므로 사이버국가고시센터를 통해 외교관후보자 선발능력시험의 제2 외국어 능력검정시험 기준 점수표 등을 참고한다면 좋을 것이다. 참고하는 것을 추천한다.

표 3-5 2018년도 외교관후보자 선발시험의 영어능력검정시험 기준점수

	TOEFL			TOEIC	TEPS	G-TELP	FLEX
	PBT	CBT	IBT				
영어 기준 점수	590	243	97	870	800	88 (level 2)	800

출처: 인사혁신처 사이버국가고시센터 참조

마지막으로 업무관련 자격증의 경우, 사실 연구소의 연구원에게 필수적으로 요구되는 국가공인자격증은 없다. 그러나 '사회조사분석사 자격증'과 '통계 관련 자격증'이 있다면 연구과제 및 조사 분석력을 증명할 수 있기에 더할 나위 없이 좋을 것이다. '사회조사분석사 자격증'은 정당, 지방자치단체, 중앙정부 등 각종 단체의 여론조사 등에 대해 계획수립, 조사수행, 결과분석 및 보고서 작성을 목표로 한다. 사회조사분석사 자격증은 1급과 2급으로 구성되어 각종 연구기관의 부서에서 매우 선호하는 만큼 준비하여 획득하는 편이 좋다. '통계 관련 자격증'은 사회과학에서 자주 사용하는 통계 프로그램인 SPSS, STATA, R 등과 관련한 자격시험을 말한다. 통계 관련 자격증을 통해, 연구분석 능력을 고양할 수 있을 것이다. 위의 자격시험과 관련한 자세한 사항은 한국산업인력공단의 Q-Net을 통해 확인하기를 추천한다(한국산업인력공단 2018).

4) 채용방식

(1) 통일연구원의 행정연구원 채용방식

통일연구원은 정부 주도 국책연구기관으로서 「국가직무능력표준(NCS)을 활용한 블라인드 채용」 방식을 따르고 있다. 통일연구원의 행정연구원 채용단계는 크게 3단계로, '1단계 서류전형', '2단계 필기시험', '3단계 심층면접'으로 구성된다(통일연구원 2018). 먼저 1단계 서류전형의 경우, 블라인드 입사지원서 및 자기소개서를 제출한다. 지원자들은 블라인드 입사지원서 및 자기소개서를 작성하기 전에 「통일연구원 NCS 기반 직무기술서」를 찾아보며 직무분야에 대해 자세히 이해할 필요가 있다. 그중에서도 직무수행내용, 필요지식, 필요기술 등을 중점적으로 살펴보고, 기관에서 원하는 인재상을 파악해 지원서 문항에 녹여내야 합격 가능성을 높일 것이다. 2단계 필기시험은 크게 두 가지 '직업기초능력'과 '직무수행능력'으로 구성되며, 시험문제는 「NCS 기반 직무기술자료」에 근거하여 출제된다. 무엇보다도 '필요지식'과 '필요기술'란에는 각 능력 단위별 평가 기준이 상세히 적혀 있다. 위의 역량들이 고스란히 NCS 직업기초능력평가 문제로 출제되는 것이므로 자세히 읽고 대비해야 한다(이도희 2018). 마지막 3단계 심층면접은 행정연구원의 채용방식과 다시 비슷하게 진행된다. 면접문제는 '직업기초능력', '직업상황', '행동중심' 세 가지를 중심으로 출제된다. 먼저 '직업기초능력'은 NCS에 공지된 10개 영역에 대한 평가이다. '직업상황'은 직무수행 현장에서 일어날 수 있는 특정 상황을 문항에 반영하는 것을 말한다. '행동중심'은 직무수행 현장에서의 실제 행동 양식을 측정하는 것을 목표로 한다. 전반적으로 「NCS 기반 직무기술서」를 통해 지원하고자 하는 직무분야를 이해하고, 이에 맞게 준비한다면 합격의 문을 두드릴 수 있을 것이다.

(2) 통일연구원의 석사급 연구원의 채용방식

통일연구원의 석사급 연구원의 채용방식은 전체적으로 행정연구원과 비슷한 방식이다. 채용단계는 '1단계 서류심사', '2단계 실기 또는 필기시험', '3단계 면접전형'으로 구성된다. 1단계 서류심사는 행정연구원과 같이 「국가직무능력표준(NCS)을 활용한 블라인드 채용」 방식을 따르고 있어서, 지원자는 블라인드 입사지원서 및 자기소개서 등을 제출해야 한다. 특히 서류작성 시에는 「통일연구원 NCS 기반 직무기술서」를 활용하여 연구자료 분석에 대해 우수한 능력이 있음을 드러내는 것이 중요하다. 반면 2단계 실기 또는 필기시험에서는 행정연구원과 달리 논술형 시험으로 진행된다. 특히 외국어 및 논술시험을 통해 지원자의 국어 및 외국어 능력을 평가하고, 채용분야에 대한 전문성을 평가하는 것이므로 꼼꼼히 준비해야 할 것이다. 3단계 심층면접의 경우에는 행정연구원과 동일한 방식이므로 위의 내용을 다시 한번 확인하길 제안한다.

(3) 통일연구원의 박사급 연구원의 채용방식

통일연구원의 박사급 연구원의 채용단계는 1단계 서류전형', '2단계 연구발표', '3단계 심층면접'으로 진행된다. 박사급 연구원도 행정연구원의 채용과 유사하게 「통일연구원 NCS 기반 직무기술서」가 있기 때문에, 이를 통해 지원하고자 하는 직무분야를 꼼꼼히 이해할 필요가 있다. 1단계 서류전형의 경우, 블라인드 입사지원서 및 자기소개서뿐만 아니라 연구수행계획서, 연구실적목록 등을 제출한다. 또한 박사학위 논문과 심사대상 연구실적 논문 또는 저서 3개 등을 첨부하여 '관련분야의 연구를 직접 수행하고 통솔할 수 있는가'에 대한 등의 능력을 평가한다. 2단계 연구발표의 경우, 본인의 박사논문 발표 및 전공 분야에 대한 현황과 전망 등에 대해 자세히 발표한다. 특히 채용하는 분야에 대해 심층적인 질문이 주어질 가능성이 높음으로 착실히 대비해야 할 것이다. 3단계 심층면접은 관련분야의 언어를 사용하여 진행하는 경우가 많다. 예를 들면 지원자의 전공분야가 미국정치라면 영어로 면접을 진행하고, 중국정치라면 중국어로 면접이 진행될 가능성이 높다. 추가로 지원자의 전공분야가 비교정치 또는 지역정치가 아니더라도, 일반적으로 영어면접의 가능성이 매우 높기 때문에 이에 맞는 실전 면접준비가 필요할 것이다.

4. 직업으로서 연구소 소속 연구원
(통일연구원 이기태 부연구위원과의 인터뷰)

우리는 지금까지 연구소 소속 연구원을 알아보았다. 연구소 소속 연구원의 분류, 업무, 직업 시작 방법 등을 알아보며 여러분은 '정치학을 전공한 이후, 만약 연구소 소속 연구원으로서 일하게 된다면 어떠할까'라고 한 번쯤 진지하게 생각해 보았을 것이다. 또한, 우리가 지금까지 알아봤던 연구원 소속의 연구원의 모습이 실제 직업으로서 과연 동일할까? 마지막 챕터에서는 '직업으로서 정책연구소의 연구원은 어떠한가'에 대한 궁금증을 해소하기 위해 이기태 통일연구원 평화연구실 부연구위원을 만나 인터뷰를 진행했다. 인터뷰 대상을 설정함에 통일연구원의 연구위원과 인터뷰를 진행한 이유는 정치학 전공자이면서도 정부 주도 국책연구기관의 연구원으로서 재직 중이시기 때문에 주 독자층에게 가장 수요가 높다고 예상했기 때문이다. 따라서 이기태 통일연구원 평화연구실 부연구위원과 함께 직업으로서 연구소 소속 연구원 생활을 알아보자. 아래의 내용은 인터뷰를 진행한 것을 재구성했다.

Q1 통일연구원의 평화연구실 부연구위원으로서 구체적인 업무는 어떤 것이 있습니까?

저는 통일연구원 평화연구실에서 부연구위원으로서 일본 안보정책, 동아시아 국제관계에 대해 중점적으로 연구하고 있습니다. 경제·인문사회연구회 소속의 정부출연연구기관인 통일연구원의 연구위원으로서, 주로 연구분야와 관련한 정부정책을 제언하고, 1년간 수행하는 연구과제에 충실히 임하고 있습니다. 연구과제에 대한 결과는 단행본으로 출판되는데 1년에 2~3편 정도를 책임 및 공동연구자로 참여합니다.

Q2 업무의 강도 및 직업 안정성은 어느 정도입니까?

업무강도는 연구원 입직 이후에도 연구위원 원내평가를 진행하는 점에서, 단순히 적은 업무량은 아니라고 생각합니다. 연구위원 원내평가로써 업무평가의 경우, 주로 연구분야에 대한 연구실적을 중점으로 기존 출간했던 연구보고서 및 현안분석 Online Series, 정기간행물 등을 평가합니다. 업무평가의 경우, 동료 연구위원들로부터 상호평가로 이루어지기 때문에 원만한 관계 구축이 요구될 수 있습니다. 무엇보다도 정책 입안 보고서 작성 형식이 '개조식'이 많기 때문에, 이는 학술논문 방식과 달라 많은 연구위원은 처음에 보고서 작성에 어려움을 겪곤 합니다. 특히 핵심단어와 문장만으로 전체 정책 제안 내용을 함축적으로 담아내야 하기 때문입니다.

직업안정성의 경우, 통일연구원이 경제·인문사회연구회 소속의 정부출연연구기관이라서 정년 60세로 고용이 보장되어 있다는 점은 매력적이지만, 대학 정년인 65세보다 짧다는 점에서 아쉬운 점도 있습니다. 그렇지만 박사급 연구위원은 엄정한 심사를 통해 은퇴 이후에도 최대 3년 동안 연구과제에 참여할 수 있도록 연구활동을 장려하는 부분도 있음으로, 긍정적인 직업안정성을 가지고 있습니다.

Q3 보수, 복지 등 근무여건 및 환경은 어떻습니까?

요즘 '워라벨(work-life balance: 일과 개인의 삶 사이의 균형)'이라는 말이 유행이듯 일과 삶의 균형을 중요하게 생각하는 사람들이 많습니다. 통일연구원은 연구위원마다 편차는 있지만, 저 같은 경우에 워라밸의 관점에서 보자면 좋은 근무환경에서 연구를 수행하고 있습니다. 먼저 연구소의 근무 시간은 오전 9시부터 오후 6시까지이지만 연구위원의 연구활동에 최대한 자율과 편의를 제공하고 있습니다. 연구기관마다 상이하겠지만 통일연구원은 업무시간에도 비교적 자유롭게 연구할 수 있도록 지원합니다. 연구분야와 관련된 학술회의 발표 및 참관, 외부활동도 사전에 연구원에 신고를 하면 충분히 가능합니다. 추가로 통일연구원은 원장 승인 아래 대학교에서 한 학기에 한 과목을 강의할 수 있습니다. 비교적 워라밸이 지켜지는 근무여건 외에 보수의 구체적인 액수는 말씀드릴 수 없지만, 경제·인문사회연구회 소속의 정부출연연구기관 중에서 적은 편에 속한다고 알고 있습니다. 하지만 일반적으로 연구기관의 임금과 업무량이 비례하는 경우가 많다는 점도 고려해볼 만합니다. 또한 연구기관마다 다르지만, 연구위원에게 개인 연구실을 제공해주기에 비교적 쾌적한 환경에서 연구를 진행할 수 있습니다.

Q4 해당 직업을 권장할 만한 직업의 장점은 무엇입니까?

통일연구원은 경제·인문사회연구회 소속의 정부출연연구기관이므로 연구위원의 연구성과가 실제 정책입안에 활용되어 도움이 되는 경우가 많습니다. 그리고 정부출연연구기관의 연구원으로서 정부부처에서 근무하는 공무원과 협력해서 진행하는 과제도 많습니다. 만약 연구위원 이후 정부부처에 파견을 가시거나 청와대에서 근무를 희망하신다면, 통일연구원에서의 연구위원 경험은 좋은 발돋움이 될 수 있다고 생각합니다. 또한 요즘 공공기관의 지방이전 계획에 맞추어 경제·인문사회연구회 소속의 정부출연연구기관들이 지방으로 많이 이전하고 있습니다. 하지만 저희 통일연구원은 통일부 및 다른 정책연구기관과의 정책 연계성 측면에서 서울에 근무지를 두고 있다는 점이 나름대로 장점이라고 생각합니다.

Ⅲ. 리서치사 소속 연구원

보통 사회과학 분야에서 '연구원' 하면, 연구소를 가장 먼저 떠올리기 쉽다. 하지만 리서치사에서도 사회 전반에 대한 다양하고 폭넓은 조사들을 진행하고 있으며, 연구원에 대한 수요도 많은 편이다. 지금부터는 다소 생소하게 들릴 수도 있는 '리서치사 연구원'에 대해 알아보자.

1. 조사 분야 별 회사 분류

리서치사의 조사 분야는 크게 마케팅(Marketing)조사와 사회(Social)조사로 나뉜다. 대부분의 업체는 두 가지 분야를 모두 다루고 있으며, 일부 소규모 업체들의 경우 마케팅 혹은 사회조사만을 집중적으로 진행한다. 마케팅조사는 각 산업 분야의 기업을 클라이언트로 두고 있으며, 마케팅 전략에 맞춰 '제품', '가격', '유통', '광고' 측면에서 전략 수립 및 성과 측정을 위한 다양한 조사를 진행한다. 사회조사 연구원은 정부 및 공공기관, 언론사, 민간 연구기관을 클라이언트로 두고 있으며 정치 현안, 선거 등에 대한 대중 의견 파악을 위한 여론조사와 전반적 사회 지형 파악을 위한 사회 조사(예: 인구 총조사(Census), 한국종합사회조사(KGSS)[5])를 진행한다(고용노동부 외 2015).

표 3-6 조사 분야 별 회사 분류

분야별	회사명
마케팅&여론조사	칸타 코리아, 닐슨 코리아, 한국리서치, 입소스, 마크로밀 엠브레인, 한국갤럽, 나이스알앤씨, 리서치 앤 리서치, 와이즈인사이트, 리서치랩, 컨슈머 인사이트, 메가리서치, 글로벌리서치, 메트릭스 코퍼레이션, 마켓링크, 유니온리서치, 케이스탯리서치, 코리아데이타 네트워크, 코리아 리서치센타, 서울마케팅 리서치, 트랜드리서치, 트루이스, GRI 리서치, PMI, 현대리서치
마케팅	오픈서베이, 움트, 리서치아후스봄, 리서치허브, 인사이트코리아, 지엠아이, GFK코리아, Toluna, 서베이샘플링코리아, 아이앤아이마케팅
여론조사	한국사회여론연구소, 디오피니언, 에이알씨그룹

출처: 필자 개별 조사

2. 리서치사 연구원의 업무

리서치사 연구원은 클라이언트의 의사결정에 필요한 다양한 조사를 진행하고, 조사 결과를 종합적으로 분석함으로써 클라이언트가 더 바람직한 결정을 내리도록 도와주는 역할을 담당한다.

리서치사 연구원은 크게 마케팅(Marketing)조사 연구원과 사회(Social)조사 연구원으로 나뉜다. 일반적으로 연구원의 업무 프로세스는 크게 '클라이

5 KGSS는 매년 전국표본조사를 통하여 한국사회의 구조와 변화 및 국제비교 연구에 광범위하게 사용될 수 있는 신뢰도 높은 사회과학 통계 원 자료(raw data)를 창출해 이를 누구나 편리하게 이용할 수 있도록 무상으로 제공해 주는 공익적 목적의 사회기초 자료 조사 사업이다(김지범 외 2016).

언트 미팅', '조사 기획', '조사 진행(실사)', '데이터 분석', '보고서 작성', '조사 결과 발표'와 같은 6단계로 구성된다.

1) 클라이언트 사전 회의(Kick-off Meeting)

클라이언트가 당면한 상황을 파악하고, 클라이언트의 Business Question이 무엇인지 확인하는 단계다. Business Question은 '무엇에 관한 의사 결정이 이뤄져야 하나?'에 대한 질문으로, 대부분의 클라이언트는 이를 명확하게 인지하지 못한다. 이에 다양한 각도에서 질문함으로써 클라이언트의 Business Question을 함께 찾고, 이에 기반해 Research Question을 정해야 한다.

2) 조사 기획

클라이언트 미팅이 종료된 후에는 Business Question 및 Research Question에 기반해 조사를 기획한다. 조사 기획 단계에서는 일반적으로 조사 방법과 조사 표본 구성인 샘플 수, 구성비(성별, 연령, 지역, 등), Screening 조건 등을 결정한다. 그리고 선택한 방법에 따라 조사 진행을 위한 제반 준비를 한다(ex. 설문지/가이드라인 작성).

접근방법에 따라 분류해 보았을 때 리서치사에서 진행하는 조사는 정량조사가 약 80% 정도로 주를 이루며, 정성조사가 나머지 20%를 차지한다. 접근방법 별 리서치사에서 진행하는 조사 유형은 아래와 같다.

표 3-7 접근방법 별 조사유형

정량 조사	(1) 전화 조사: 간단한 설문지를 이용해 10분 이내의 짧은 내용을 조사한다. (2) 개별 면접 조사 (F2F): 면접원의 직접 방문을 통해 수집, 분석하는 방법이다. (3) 온라인 조사: 인터넷을 이용해 구조화된 설문 조사를 진행한다. (4) Gang Survey: 응답자를 특정 장소에 모은 후 응답자의 태도 및 반응을 조사한다. (5) HUT (Home Usage Test): 응답자가 시제품을 실제 상황에서 소비하도록 안내한 후, 이용 태도를 측정한다. (6) Diary조사: 응답자가 매일 자신들의 이용 현황을 기록하도록 하는 것으로, 생활시간, 시청률 조사 등에 활용된다.
정성 조사	(1) FGD(Focus group discussion): 4~8명의 참석자와 모더레이터가 한 자리에 모여 좌담회 진행하는 방식이다. 참여자들의 상호 토론을 통해 다양한 아이디어나 답변 도출할 수 있다. (2) IDI(In-depth interview) 심층면접: 1:1 인터뷰를 진행한다. (3) Home visit: 조사 전반이 소비자의 집에서 이루어진다. 집에서 실제로 제품이 어떻게 사용되는지 통찰력을 얻는 것이 목적이다. (4) Store visit: 매장에서 조사가 이뤄지며, 소비자의 관심, 주의 등의 측면에서 제품별 차이를 조사한다. (5) Creative workshop: 창의적 소비자, 클라이언트 팀, 외부전문가들의 역동적 상호작용을 통해 새로운 아이디어 창출 및 컨셉 개발 작업을 진행한다. (6) 생체 정보 기반 조사(Eye Tracking/Face Reading): 소비자의 시선 이동을 추적해 주목도를 정량적으로 분석하거나, 표정을 안면인식 기술로 측정한다.

출처: 한국리서치. "조사기법." 자료 재구성.

3) 실사 단계

실사 단계에서는 조사 전반이 제대로 진행되고 있는지 주기적으로 관리 감독하고, 이에 대해 클라이언트에게 보고해야 한다. 조사 응답자들이 조사 설계자가 의도했던 방향과 다른 방식으로 질문을 인지하거나, 애초에 설계자가 가정했던 상황과 실제 상황이 달라 설문 문항이 무의미해질 가능성이 있음으로, 중간 결과를 틈틈이 확인하는 것이 중요하다.

4) 데이터 분석

정량 데이터는 수집된 설문 결과를 검증하는 QC(Quality Control)팀과 결괏값을 입력하는 Coding팀, 그리고 데이터를 가공해주는 DP(Data Processing)팀을 거친 후, 수치화된 데이터로 만들어져 연구원에게 제공된다. 연구원은 데이터를 살펴보고 해당 수치를 정리 및 분석함으로써 각 수치가 지닌 의미를 헤아려보고, 이에 기반해 Business Question 및 Research Question에 대한 답안을 마련한다.

5) 보고서 작성

조사 기획 단계에서 설정했던 Business Question과 Research Question에 대한 해결 방안을 조사한 데이터에 기반해 정리한다.

6) 결과 발표

보고서를 클라이언트에게 제출한 후 이에 대한 프레젠테이션을 온/오프라인을 통해 진행한다. 발표 후 클라이언트로부터 받은 피드백을 반영해 최종 결과 보고서를 작성한다.

3. 리서치사 연구원이 되려면?

1) 리서치사 연구원이 되기 위해 필요한 소양과 자질

리서치사 연구원은 소비자 또는 시민들의 생각과 행동을 다양한 시각에서 관찰하고 이해하는 능력이 필요하다. 그리고 수집한 자료를 체계화하고 분석할 수 있는 능력과 통찰력도 중요하다. 조사결과를 고객에게 보고서나 프레젠테이션 형태로 전달할 수 있는 역량도 필요하며, 정해진 기간 내에 프로젝트를 수행해야 하므로 집중력, 인내심, 성실함도 있어야 한다. 대외적으로는 조사 프로젝트를 의뢰한 고객을 상대하고 대내적으로는 프로젝트와 관련된 실무자들과 긴밀히 협력해야 하므로 원만한 대인관계 및 의사소통 능력도 필요하다. 또한 다국적 기업이나 해외의 고객과 의사소통을 할 수 있는 외국어 능력과 소비자의 요구를 파악하는 능력이 중요하다.

2) 리서치사 연구원이 되기 위해 준비해야 할 사항

회사마다 지원자격 및 채용절차의 세부 내용이 조금씩 다르긴 하지만, 이 책에서는 Kantar, Neilson, IPSOS, 한국리서치, 마이크로밀엠브레인 등 업계 주요 5개사의 지원자격 요건과 채용 방식을 기준으로 리서치사 채용을 위해 필요한 준비 사항 전반을 알아본다.

(1) 지원자격 요건

최소한 대졸 이상의 학력이 요구되며, 석사 이상의 학위를 소지할 경우 취직에 더 유리하다. 전공에 대한 제한은 없지만, 경영학, 통계학, 경제학, 사회학, 심리학 전공자가 상대적으로 많은 편이며, 정치학, 행정학 등 다른 사회과학 분야의 전공자도 있다.

지원자격 요건에 'Fluent in both spoken & written English'를 내건 경우가 많다. 어학점수와 별개로 영어로 이메일을 작성하거나, 통화하는 등 업무 수행에 지장이 없는 수준의 어학실력이 필요하다.

(2) 채용 방식

채용 절차는 회사마다 조금씩 다를 수 있으나, 일반적으로 '서류전형', '필기전형', '면접전형' 총 3단계로 구성된다. 서류 전형에서는 국/영문 이력서 및 자기소개서를 함께 요구하는 경우가 많다. 필기 전형에서는 어학 능력 검증을 위한 영한 번역 및 한영 번역 시험을 주로 진행하며, 때에 따라서는 논술 고사를 병행한다. 면접 전형은 인성 면접과 영어면접, 발표(PT) 면접으로 구성되며, PT 면접에서는 통계 자료를 주고 제한 시간 내에 이를 분석해 발표하는 과제를 주로 제시한다. 전반적 채용 절차에서 어학 실력을 평가하고자 하는 부분이 포함되어 있으므로 영어로 자유롭게 쓰고, 말해보는 연습하는 것이 중요하다.

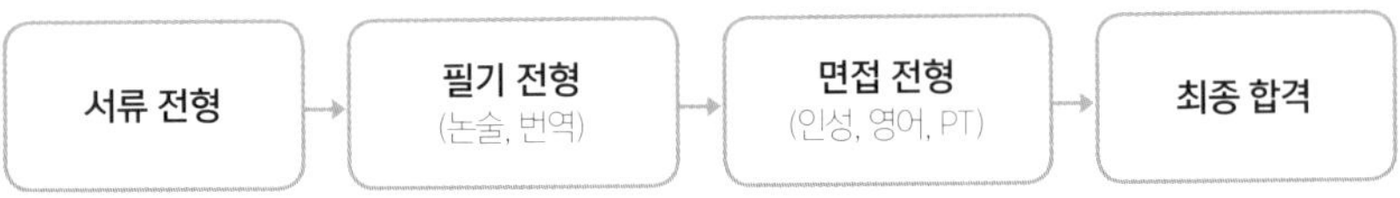

출처: 필자 개별 조사

그림 3-2 리서치회사 채용 절차

3) 정치학 전공과 연관성 및 전공의 이점

정치란 '가치'를 권위적으로 배분하는 과정(Easton 1953)이며, 정치학은 이 과정을 연구하는 학문이다. 그 때문에 정치학도들은 '사회에 대한 지속적인 관심'에 기반해 사회 현상을 비판적으로 바라보는 법에 대해 지속해서 학습한다.

리서치사 연구원은 클라이언트가 지향하는 가치들이 실현될 수 있도록 매개하는 역할을 담당하는 가교다. 그 때문에 클라이언트의 목표가 되는 '소비자' 혹은 '시민'이라는 이름으로 구성된 사회 구성원에 대한 관심과 이들의 행위를 다각도에서 바라보고 이해할 수 있는 인재를 필요로 한다. 이런 측면에서 보았을 때 '리서치 연구원'은 정치학도들이 자신들의 성향을 잘 살릴 수 있는 분야 중 하나라고 볼 수 있다.

4. '직업'으로서 리서치사 연구원 (IPSOS 정진우 Research Manager과 인터뷰)

이 섹션에서는 IPSOS에 재직 중인 정진우 Research Manager를 만나 직업으로서의 리서치사 연구원에 대해 인터뷰를 진행한 것을 재구성했다.

Q1 업무의 강도 및 직업 안정성은 어느 정도입니까?

일반적으로 리서치사 연구원의 업무 강도는 높은 편이다. 의뢰되는 조사들이 대부분 기한이 넉넉하지 않아 마감 기간이 다가오면 야근이 잦다. 또한 클라이언트의 갑작스러운 사정에 맞춰 기존 일정이 변경되는 경우도 종종 있다. 주로 사무실에서 컴퓨터를 활용해 보고서를 작성하는 것이 주 업무이기에 육체 노동은 적은 편이나, 본인이 직접 심층 인터뷰를 진행하거나, 조사 진행을 관리 감독하게 될 경우 출장이 잦을 수 있다.

리서치사 연구원의 평균 근속 연수는 7년 정도로 다른 직업에 비해 짧은 편이다. 높은 업무 강도로 인해 1~2년 차 신입사원 퇴사율이 높기 때문이다. 하지만 업무에 적응한 대리급 이후부터는 비교적 안정적으로 업을 이어가는 편이다. 특이 사항이 있다면, 마케팅 연구원의 경우 담당하던 클라이언트에게 제의를 받아 클라이언트사 마케팅 팀으로 이직하는 경우가 적지 않게 발견된다.

Q2 보수, 복지 등 근무여건 및 환경은 어떻습니까?

리서치사에서 일반 사원들의 연봉 대략 3,600만 원 정도로 생각된다. 일반적 중소기업에 비해서는 높은 편이지만, 대기업에 비해서는 다소 낮은 수준으로 볼 수 있다.

표 3-8 조사 분야 별 회사 분류

분야별	소득 하위 25%	중위값	소득 상위 25%
일반 사원	3,023만 원	3,692만 원	4,327만 원
관리자급	6,426만 원	7,394만 원	9,180만 원

출처: 워크넷. "한국직업정보시스템. (검색일: 2018.12.02). 자료 재구성

복지는 회사에 따라 다를 수 있으나, 일반적으로 대부분의 리서치사들이 상시고용자 1,000명 미만인 중소기업에 해당하기에 상대적으로 복지에 대한 유인책이 적어 공기업 대비 더 풍부한 복지 정책을 제공하고 있지는 않은 실정이다.

Q3 리서치사 연구원이라는 직업의 장점은 무엇입니까?

연봉이나 복지 측면에서 리서치사가 특별히 우수한 조건을 제공하지 못함에도 불구하고 '리서치사 연구원'이 매력적으로 다가올 수 있는 이유는 조사 분야에 대한 전문성을 축적할 수 있다는 점과 다양한 분야에 대한 지적 호기심을 충족시킬 수 있다는 것에 있다.

의뢰된 조사들을 진행하며 다양한 방법론을 반복적으로 경험, 검증된 데이터를 만들어내고, 이를 객관적으로 분석하는 능력을 키움으로써 '데이터 분야에 대한 전문성'을 키울 수 있다. 또한 조사 때마다 각각 다른 분야의 새로운 문제를 주기에, 사회에 대한 관심을 놓치지 않고 다양한 분야에 대한 지식 축적을 할 수 있어 지적 호기심을 충족시키기에 좋다.

5. 향후 리서치 업계의 전망

수요 측면에서 보았을 때, 마케팅 리서치 분야의 경우 향후 축소될 가능성이 높다. 세계 경제가 본격적으로 저성장시대에 접어들며 기업들이 비용 절감을 위해 조사를 외주에 맡기기보다 내부적으로 해결하는 경향이 강해졌고, 기업 내부의 빅데이터(ex. 판매 데이터, 채널 내 Traffic 데이터 등) 분석에 기반한 예측이 더 정확한 경우가 많아졌기 때문이다. 반면 사회조사의 경우 정책결정 과정에 대중의 의견을 반영하려는 요구가 높아짐에 따라 특정 현안이나 정책 입안을 위한 조사가 향후 더 증가할 가능성이 높다. 그렇기에 사회조사 분야가 마케팅조사 분야보다 수요가 좀 더 안정적으로 지속할 것으로 예측된다.

내부적으로 보았을 때, 설문지에 기반한 조사들의 한계성이 지속해서 언급되는 가운데, 기존에 존재하는 데이터를 활용한 분석이 더 정확하다는 평가가 이어짐에 따라, 면대면 조사와 같은 고전적 조사에 대한 의존도가 높은 리서치 업체의 경우 사라질 가능성이 커졌다. 설문지에 기반한 면대면 조사(F2F), 심층면접조사(IDI)와 같은 기존 조사 방법이 완벽하게 사라지지는 않겠지만, 기존의 조사법의 한계를 극복할 수 있는 Face Reading, Eye-tracking 등 신기술을 활용한 조사법을 통해 전문성을 유지하는 기업만이 생존할 수 있을 것으로 예측된다. 또한 전문적 통계서비스를 요구하는 시장흐름에 발맞춰 단순 통계분석에서 벗어나 전문지식에 기반한 컨설팅능력에 대한 요구가 점차 더 커질 것으로 보이며, 이를 위해서는 각 분야에서 변화하는 시장상황과 다양한 사회변화에 깊은 관심을 가질 필요가 있다.

Ⅳ. 4차 산업 혁명, 연구원 그리고 정치학

오늘날 4차 산업 혁명시대에서 세계 환경은 빠르게 변화하고 있으며, 변화의 방향성 역시 예측하기 어렵다. 이러한 환경에서 '현상에 대한 정확한 분석에 기반해 문제점을 찾아내는 것'은 매우 중요하다.

앞서 상술한 것처럼, 연구원은 사회 현상에 대해 끊임없이 "물음표"를 가지는 사람들이다. 이들은 비판 의식에 기반해 사회 현상 속에서 끊임없이 문제점을 찾아내고 이에 천착함으로써 해결 방안을 찾는다. 마찬가지로 정치외교학은 사회 현상을 정치 이론 및 사회과학적 방법론에 기반해 분석함으로써 국내외 문제에 대한 해결 방안을 연구하는 학문이다.

인공 지능이 인간의 역할을 대체할 것이라는 우려가 커지고 있지만, 그럼에도 불구하고, "무엇을 질문해야 하는가"를 결정하는 것은 여전히 인간의 고유한 역할이다. 물음표가 중요해지는 '시대', 물음표를 던지는 것이 업인 연구원과 좋은 물음표를 만드는 법을 공부하는 정치학도는 그 결을 같이한다. 이것이 바로 4차 산업 혁명 시대에 정치학도가 연구원이라는 직업을 눈여겨봐야 할 이유 아닐까.

참고문헌

경제·인문사회연구회. 1999. “설립목적 및 연혁.” https://www.nrc.re.kr/kor/page.do?menuIdx=563 &bbscd=0(검색일: 2019.02.20).

경제·인문사회연구회. 1999. “소관 연구기관 소개.”

https://www.nrc.re.kr/kor/page.do?menuIdx=575&bbscd=0(검색일: 2019.02.20).

고용노동부. 2015. 『한국직업전망2015』. 서울: 진한엠엔비.

고용노동부 직업훈련포털. 2016. “조사전문가.” http://www.hrd.go.kr (검색일: 2018.12.01).

교육부 진로정보망 커리어넷. “정치학연구원.” http://www.career.go.kr/

교육부·한국직업능력개발원. 2014. 『미래의 직업세계(직업편 4권) -보급판』. 세종: 한국직업능력개발원.

국가법령정보센터. 2018. “정치자금법.” http://www.law.go.kr/(검색일: 2018. 12. 02).

국가법령정보센터. 2018. “정당법.” http://www.law.go.kr/(검색일: 2018. 12. 02).

김지범·김솔이·김하영. 2016. 『한국종합사회조사』. 서울: 성균관대학교출판부.

김중진·박상철·이윤선. 2018. 『직업별 정성적 전망 및 고용변동 요인분석 (2008-2018)』. 충북: 한국고용정보원.

마이크로밀엠브레인. 2019. “채용절차” http://www.embrain.com/recruit (검색일: 2019.01.24).

윤세환. 2012. “2012 리서치업계 주요이슈와 전망: 리서치의 영역과 컨설팅 서비스 영역이 만나는 접점 더욱 광범위해질 것.” 『광고계 동향』 255, 16-37.

이노희. 2018. “28일 공공기관 NCS필기 A매치… 정답은 ‘직무설명서’에 있다.” 『캠퍼스 잡앤조이』 (4월 5일).

이재묵·송샘·차보경·한국외국어대학교 정치외교학과 다문화 시대 찾아가는 시민학교 팀. 2018. 『다문화 시대, 찾아가는 시민학교』. 파주: 이담북스(이담Books).

서울대학교 정치외교학부 외교학전공. 2012. 『한국의 국제정치학도, 일본 근대회를 만나다: 서울대생들의 규슈와 도쿄이야기』. 서울: 서울대학교출판문화원.

잡코리아. 2019. “닐슨코리아 채용” http://job.incruit.com/entry/openempcoreview (검색일: 2019.01.24).

잡코리아. 2019. “입소스 채용” http://job.incruit.com/entry/openempcoreview (검색일: 2019.01.24).

잡코리아. 2019. "칸타코리아 채용" http://job.incruit.com/entry/openempcoreview (검색일: 2019.01.24).

중앙선거관리위원회. 2018. "정책연구소 현황." https://www.nec.go.kr/(검색일: 2018. 12. 02).

최진우. 2011. 『MT 정치외교학』. 서울: 청어람(장서가).

통일연구원. 2018. "통일연구원 행정원(무기계약직) 공개채용 공고." http://www.kinu.or.kr/(검색일: 2018. 12. 17).

한국경제매거진. 2018. "2018 대한민국 100대 싱크탱크." http://magazine.hankyung.com/ (검색일: 2018. 12. 01).

한국고용정보원 워크넷. 2017. "시장 및 여론조사전문가." http://www.work.go.kr/consltJobCarpa (검색일: 2018. 12. 02).

한국산업인력공단. 2018. "사회조사분석사." http://www.q-net.or.kr/(검색일: 2018.12.17).

제4장 국회 정치 분야

국회입법조사처와 국회보좌직

조해지, 박규태

I. 국회

1. 국회의 역할 및 부처: 국회입법조사처, 국회사무처, 국회예산정책처, 국회도서관

국회는 입법, 사법, 행정부 중 하나의 권력기관으로서 국회의원을 더불어 다양한 부처로 이루어져 있다. 국회의원들뿐만 아니라 입법과정을 돕기 위한 많은 입법기관과 위원회도 존재한다. 국회에서 일하고자 하는 사람은 이런 기관들의 종류와 역할, 기능에 대해서 충분히 이해하고 어떤 부서가 자신에게 맞는지 찾아야 할 것이다.

국회는 국민으로부터 위임받은 권력을 가진 국가의 중추적 기관이다. 한국의 국회는 1948년부터 오늘날까지 70여 년 동안 권력분립원칙에 따라 입법권을 행사해왔다. 국회는 헌법에 근거한 핵심적인 법률제정권을 가지고 있으며 이를 통하여 국민의 자유와 권리, 사유재산에 대한 중요한 내용을 법률로 정하였다. 국회는 입법기관임과 동시에 국민을 대표하는 기관으로서 효율성과 전문성이 중요시된다. 국민의 의사를 반영한 법안의 질적 향상을 위해 국회법에 따라 국회입법조사처, 국회사무처, 국회도서관, 국회예산정책처를 설립하였다.

국회입법조사처는 국회의 독립적인 기관으로 국회가 정책·입법 조사 분석 기관으로서 사법부와 행정부 간의 효과적인 견제와 균형을 유지하는 것을 돕는 중요한 역할을 한다(윤은기 2016). 국회입법조사처의 주요업무는 크게 두 가지로 나눌 수 있다. 첫째, 국회의원과 위원회가 입법정보와 정책에 대하여 조사·분석 요청한 자료를 제공한다. 둘째, 주요현안이 될 수 있는 정책과제나 입법을 예측하고 조사·분석하여 사전에 보고서로 발간한다. 더 나아가 입법조사회답, 입법 및 정책개발 지원, 자료수집과 보급, 연구 활동 지원, 해외입법동향 등 입법부의 행정통제 역할을 전문으로 지원한다.

국회예산정책처는 국회의 국가 예산·결산 심의를 지원한다. 국회의 재정통제권을 관리하는 주요한 기관으로서 비당파적이고 중립적인 사람들을 필요로 한다. 국회예산정책처는 예산안·결산 및 기금분석, 국가 재정운용 및 거시경제동향 분석·전망, 세제분석 및 세수추계, 국가 주요 사업 및 정책에 대한 분석·평가 등을 통해 국회의 재정통제 기능 강화에 기여하고 있다(국회 2018). 더 나아가 국회의원과 위원회에서 요청한 정책과 법안에 대한 조사·분석요구도 처리한다. 국회예산정책처장을 중심으로 기획관리관, 예산분석실, 추계세제분석실, 경제분석국 등 크게 네 부서로 나뉜다. 기획관리관은 총무담당관, 정책총괄담당관, 기획예산담당관을 포함하고 있다. 예산분석실은 사업평과심의관과 예산분석총괄과, 산업예산분석과, 사회예산분석과, 행정예산분석과, 경제산업사업평가과, 사회행정사업평가과, 공공기관평가과를 포함한다. 추계세제분석실은 조세분석심의관과 추계세제총괄과, 경제비용추계과, 사회비용추계과, 행정비용추계과, 소득법인세분석과, 재산소비세분석과를 담당한다. 마지막으로 경제분석국에는 경제분석총괄과, 거시경제분석과, 산업고용분석과, 연구전략분석과를 산하에 두고 있다.

국회사무처는 제헌국회 때 설립되었으며 국회에서 가장 오래된 주요 기능 부서이다. 법률안, 청원 등의 접수·처리부터 국회의 회의, 법안 및 예산결산 심사, 국정감사·조사 지원, 국회의원의 의회 외교활동 지원, 국회방송(NATV) 및 국회 홍보에 이르기까지 입법 및 의정활동의 핵심적인 지원업무들을 수행한다(국회 2018). 국회사무처는 사무총장을 중심으로 입법차장과 사무차장이 일을 돕고 있다. 입법차장은 법제실, 의사국, 방송국, 경호기획관(의회경호담당관, 의회방호담당관), 국회민원지원센터장을 산하에 둔다. 사무차장은 기획조정실, 국제국, 관리국, 의정연수원, 인사과, 운영지원과를 산하에 두고 있다. 홍보기획관과 감사관은 사무총장이 관리한다. 또한 국회사무처는 국회기록보존소, 총무과와 각 상임위원회 및 특별위원회도 함께 포함한다. 위원회 또한 국회운영위원회, 법제사법위원회, 정무위원회, 기획재정위원회, 교육위원회, 과학기술정보방송통신위원회, 외교통일위원회, 국방위원회, 국토교통위원회, 행정안전위원회, 문화체육관광위원회, 농림축산식품해양수산위원회, 여성가족위원회, 산업통상자원중소벤처기업위원회, 특별위원회, 예산결산특별위원회, 보건복지위원회, 환경노동위원회, 정보위원회, 윤리특별위원회 등 의회의 역할을 위하여 그 수가 다양하다.

국회도서관은 도서·논문·멀티미디어 자료 등 각종 관련 자료들을 국회의원들과 국민들에게 제공한다. 더 나아가 관련 지식을 수집·정리·가공하며 조사·번역을 지원하고, 정책연혁정보서비스, 인터넷자원DB 구축 등의 서비스를 통하여 국회의원과 위원회의 입법 활동을 돕는다(국회 2018). 또한 국회의원의 질의에 대한 답변과 외국어 자료를 번역하여 입법과 국정심의 활동도 지원한다. 국회의원의 요구가 없어도 국정심의와 입법 활동에 도움이 될 자료들을 연구하고 분석하여 여러 가지 형태의 간행물을 발간하여 관계기관과 학계에 배포한다.

2. 필요한 소양과 자질

국회는 국민으로부터 받은 권리를 실현하는 민주주의의 장이다. 국회의원들은 자신의 신념과 국민들의 대의를 받들어 국가와 국민들이 발의한 법안들을 상정하고 통과시켜 정책을 만드는 일을 한다. 그러한 국회의원들을 돕기 위해선 객관적이고 사실에 기반을 둔 정보를 전달하는 것이 중요하다. 따라서 가치 중립적인 판단과 정보수집능력이 중요한 소양과 자질이다. 또한, 지속적으로 자료수집 및 조사에 관심을 두고 정책을 개발할 역량을 가진 인재를 필요로 한다. 아래에서는 국회에서 일하기 위해 갖춰야 할 역량 및 취업방법에 대해 설명한다.

3. 기본 응시자격

국회채용의 기본적인 응시자격은 다음과 같다.

「국가공무원법」 제33조의 결격사유에 해당하지 않는 사람

※ 「국가공무원법」 제33조의 결격사유

1. 피성년후견인 또는 피한정후견인
2. 파산선고를 받고 복권되지 아니한 자
3. 금고 이상의 실형을 선고받고 그 집행이 종료되거나 집행을 받지 아니하기로 확정된 후 5년이 지나지 아니한 자
4. 금고 이상의 형을 선고받고 그 집행유예 기간이 끝난 날부터 2년이 지나지 아니한 자
5. 금고 이상의 형의 선고유예를 받은 경우에 그 선고유예 기간 중에 있는 자
6. 법원의 판결 또는 다른 법률에 따라 자격이 상실되거나 정지된 자
   - 6의 2. 공무원으로 재직기간 중 직무와 관련하여 「형법」 제355조 및 제356조에 규정된 죄를 범한 자로서 300만 원 이상의 벌금형을 선고받고 그 형이 확정된 후 2년이 지나지 아니한 자
   - 6의 3. 「형법」 제303조 또는 「성폭력범죄의 처벌 등에 관한 특례법」 제10조에 규정된 죄를 범한 사람으로서 300만 원 이상의 벌금형을 선고받고 그 형이 확정된 후 2년이 지나지 아니한 사람
7. 징계로 파면처분을 받은 때부터 5년이 지나지 아니한 자
8. 징계로 해임처분을 받은 때부터 3년이 지나지 아니한 자

※ 「국회공무원 임용시험규정」등 관계법령에 의하여 응시자격을 정지당하지 아니한 사람

※ 남자의 경우 병역을 필하였거나 면제된 사람

출처: 국회 2018

1) 입법고등고시(5급)

입법고시는 대한민국 국회사무처에서 실시하는 입법부 일반직 5급 공무원 공개경쟁채용시험이다. 1차에서는 PSAT, 2차는 논술·서술형 시험을 보고, 마지막 3차에서 면접을 보고 합격과 불합격을 가린다. 2000년 이래 선발하는 인원이 연간 13~25명에 불과하며 선발예정인원은 기관 사정에 따라 변경된다. 합격자의 근무예정기관은 국회사무처, 국회예산정책처, 국회입법조사

처이다. 사서직 합격자의 근무예정기관은 국회도서관이다. 일반행정직, 법제직, 재경직 등 세 개 직류를 선발하고 있으며 1차부터 3차까지 걸친 시험과정을 통해 선발한다.

표 4-1 입법고등고시의 종류

<table>
<tr><th>분야별</th><th>소득 하위 25%</th><th>제2차시험(논문형)</th></tr>
<tr><td>일반행정</td><td rowspan="4">언어논리영역
자료해석영역
상황판단영역
헌법
영어(영어능력검정시험으로 대체)
한국사(한국사능력검정시험으로대체)</td><td>필수(4): 행정학, 행정법, 경제학, 정치학
선택(1): 정책학, 지방행정론(도시행정 포함), 정보체계론, 조사방법론(통계분석 제외), 민법(친족상속법 제외)</td></tr>
<tr><td>법제</td><td>필수(4): 헌법, 민법, 형법, 행정법
선택(1): 상법, 형사소송법, 민사소송법, 세법</td></tr>
<tr><td>재경</td><td>필수(4): 경제학, 재정학, 행정법, 행정학
선택(1): 회계학, 통계학, 국제경제학, 상법, 세법</td></tr>
<tr><td>사서</td><td>필수(4): 도서관경영론, 자료조직론, 정보검색론, 참고봉사론
선택(1): 사회과학서지, 행정법, 경제학, 정치학</td></tr>
</table>

출처: 국회 입법고시 시험정보

2) 공개채용(8급, 9급)

9급 공무원 공채는 일반직 경위, 속기, 사서, 직렬과 일반직 기술직군(기계, 전기직, 토목직, 건축직, 전산직 등)이 있다. 전 직렬 모두 다섯 과목에 과목당 20문제, 오지선다형으로 출제된다. 단, 기술직군은 매년 뽑지 않고 자리가 날 때만 공고하여 선발한다. 경위직은 업무의 특성상 실기시험을 치른다. 시험과목은 국어, 영어, 헌법, 한국사와 경호학 개론이다. 사서직은 국어, 영어, 헌법, 정보학개론, 한국사 과목을 응시한다. 한국사의 도입과 함께 합격선도

올라갔다. 속기직은 국어, 영어, 헌법, 한국사, 행정학 개론이 시험과목이다.

3) 특별공개채용

국회사무처, 국회예산정책처, 국회도서관, 국회입법조사처는 채용을 필요로 할 때마다 날짜를 정해두지 않고 '채용'사이트에 필요한 인력을 모집한다. 공개채용이지만 특정한 국가시험을 거치지 않고 채용사이트를 통하여 개별적으로 1차 서류전형에 지원하고 1차 합격자만 면접을 보고 최종합격을 결정한다. 국회예산정책처의 경우 국회예산정책처장 후보자 공개모집 공고 뿐만 아니라 임기제공무원, 한시임기제공무원(7급), 개방형직위(사업평가심의관), 자료분석지원요원(RA), 기간제근로자(인턴)등의 채용을 한다.

국회예산정책처의 일반임기제(5급)나 주무관(일반임기제 7급)의 경우 몇 가지 응시자격요건을 충족해야 지원 가능하다. 아래의 표를 참고하면 학위기준, 공무원경력기준, 민간경력기준 그리고 자격증기준에 따른 요건들이 기재되어 있다. 주무관(일반임기제 7급)의 경우 공무원경력기준의 요건은 '공무원 7급(상당) 이상으로 2년 이상 관련직무분야 경력이 있는 사람'이며 민간경력기준에서는 '관련직무분야에서 3년 이상 경력이 있는 사람, 정규직 또는 상근직으로 근무한 경우가 아니더라도 관련직무분야 활동 실적이 있는 경우에는 경력포함 가능'이라고 기재되어 있다. 주무관(전문임기제 마급)의 경우, 관련 분야 학사 이상의 학위 소지자의 요건을 추가하여 공무원경력기준에서는 '공무원 9급(상당) 이상으로 2년 이상 관련직무분야 경력이 있는 사람'이며 민간경력기준에서는 '관련직무분야에서 2년 이상 경력이 있는 사람(민간경력기준), 정규직 또는 상근직으로 근무한 경우가 아니더라도 관련

직무분야 활동 실적이 있는 경우에는 경력포함 가능'하다. 기간제근로자(인턴)의 경우 학사 재학 이상이면 누구나 응시자격요건에 충족된다.

국회도서관의 경우 시간제전문임기제공무원(정보검색, 열람봉사, 데이터 정비), 무기계약직, 무기계약근로자(기록물 이관·정리 및 보존), 일반임기제(독일어권 법률, 자료조사, 프랑스어 정보검색), 전문경력관 나군(자료조사담당, 데이터분석담당, 데이터분석 및 웹디자인), 전문경력관다군(전산정보담당), 시간제일반임기제(안내서기보, 사서서기보) 등을 비롯한 직무를 공고한다.

표 4-2 예산분석관·추계세제분석관(일반임기제 5급)의 응시자격요건

구분	응시자격요건
학위기준	관련직무분야 박사학위 소지자 또는 석사학위 소지 후 4년 이상 경력이 있는 사람
공무원경력기준	공무원 5급(상당) 이상으로 2년 이상 근무한 경력이 있는 사람
민간경력기준	관련직무분야에서 9년이 이상 또는 공무원 5급에 상당하는 관리자로 3년이상 근무한 경력이 있는 사람
자격증기준	공인회계사 자격증 소지 후 4년 이상 관련분야에서 근무 또는 연구한 경력이 있는 사람

출처: 국회예산정책처 2018년 채용공고

2. 직무 및 급여

임기제 공무원의 경우 부처마다 직무내용들이 다양하고 세분화 되어있다. 자료분석지요원(RA)은 기획예산담당관실(행정지원)에서 근무하며 채용일로부터 2018년 12월 31일(업무시작일은 상관없음)까지 기간을 정해두었다. 이 직위에서는 예산분석, 경제 분석 및 사업평가 관련 자료 및 정보의 검색·수집 등을 통하여 분석·평가 업무 등을 지원하거나 인사·예산·홍보업무 등을 보조한다. 그러나 일정 기간을 정하여 채용하는 것으로 공무원이 아닌 근로자로 정하였기 때문에 일시적이다. 근무시간은 주 5일 근무(09:00-18:00)이며 보수는 한 달에 160만 원이다. 여기에는 국민연금, 건강보험, 고용보험, 산재보험 가입이 포함되어 있다. 이들의 보수는 일반임기제(7급)의 경우 상한액이 55,740천 원부터 하한액 26,748천 원이다(2017년 기준). 전문임기제(마급)의 상한액은 44,219천 원으로 하한액은 명시되어 있지 않다.

표 4-3 임기제 공무원의 직무내용

구분	응시자격요건
예산분석실 **산업예산분석과** (일반임기제5급)	• 기술정보방송통신위원회·농림축산식품해양수산위원회 및 산업통상자원중소벤처기업위원회 소관 예산안·기금운용계획안·결산, 기금결산에 대한 분석·연구 • 사항과 관련된 예산안·기금운용계획안·결산 및 기금결산에 대한 거시적·총량적 분석 • 위 위원회 소관 국가주요사업에 대한 분석·평가 및 성과관리 평가 지원 • 위 사항에 관하여 국회의 위원회 또는 국회의원이 요청하는 조사·분석에 대한 회답 등
추계세제분석실 **행정비용추계과** (일반임기제5급)	• 예산 또는 기금상의 조치가 수반되는 국회운영위원회·법제사법위원회·외교통일위원회·국방위원회·행정안전위원회·정보위원회·윤리특별위원회 및 특별위원회 소관 법률안 등 의안에 대한 소요비용의 추계 • 위 사항과 관련된 의무지출소요 장기 전망 • 법안비용추계 관련 정책·제도 및 기법에 대한 분석·연구 및 개발 • 위 사항에 관하여 위원회 또는 국회의원이 요청하는 조사·분석에 대한 회답
예산분석실 **경제산업사업평가과** (일반임기제6급)	• 교육문화체육관광위원회·보건복지위원회 및 환경노동위원회 및 여성가족위원회 소관 예산안·기금운용계획안·결산·기금결산에 대한 분석·연구 • 위 사항과 관련된 예산안·기금운용계획안·결산 및 기금결산에 대한 거시적·총량적 분석 • 위 위원회 소관 국가주요사업에 대한 분석·평가 및 성과관리 평가 지원 • 위 사항에 관하여 국회의 위원회 또는 국회의원이 요청하는 조사·분석에 대한 회답 등
예산분석실 **공공기관평가과** (전문임기제나급 / 일반임기제6급)	• 공공기관의 주요사업에 대한 분석·평가, 성과관리 평가 및 예산·결산 및 재무현황에 대한 분석·평가 • 예산안·기금운용계획안·결산 및 기금결산에 대한 거시적·총량적 분석 • 공공기관 주요사업의 집행에 대한 점검·평가 • 공공기관관리(공공기관 신설, 민영화 등) 등 관련 제도에 대한 분석·평가 • 위 사항에 관하여 국회의 위원회 또는 국회의원이 요청하는 조사·분석에 대한 회답 등

출처: 국회예산정책처 2018년 채용공고

표 4-4 임기제공무원 연봉한계액

구분	기본연봉		수당
	상한액	하한액	
일반임기제 (5급)	78,105천 원	44,393천 원	7,988천 원
일반임기제 (6급)	68,233천 원	34,377천 원	6,373천 원
전문임기제 (나급)	72,112천 원	48,050천 원	7,988천 원

출처: 국회예산정책처 2018년 채용공고

3. 직업의 안정성과 어려움

입법고등고시와 공개채용(8급, 9급)으로 채용된 경우 일반공무원의 신분으로 정년이 보장되어 있어 안정적인 고용을 기대할 수 있다. 일반공무원은 주 40시간을 일하게 되며 공무원 연금의 혜택이 있다. 그러나 일반임기제나 한시임기제 공무원은 특별공개채용처럼 일반공무원과는 다른 구조를 가지고 있다. 일반임기제 공무원은 주로 전문지식이나 전문 기술이 요구되는 업무에서 일정 기간 임기를 정하여 일반직으로 임용하는 공무원이다. 2013년부터 공무원의 직종체계가 일반직 중심으로 재편성되면서 기능직과 계약직이 폐지되고 이를 보완하기 위하여 임기제 공무원 제도가 도입되었다. 과거의 계약직은 보수 등급으로만 구분이 되었으며 계약기간 중에도 신분이 보장되지 않았고 언제라도 계약을 해지될 수 있었다. 반면, 임기제 공무원은 사무관·주무관과 같은 동일한 직급 명칭이 부여되고 임기 동안 법이 정한 상에 해당하지 않는 한 면직되지 않는 등 직위가 보장된다.

한시임기제공무원(시간선택제공무원)의 경우 육아나 다른 이유로 경력이 단절되어 정상적인 근무가 힘든 사람들을 채용하는 경우가 많다. 대신 이들은 주 20~35시간을 일한다. 일반임기제와 한시임기제공무원 둘 다 연봉제로 국민연금 가입이 가능하다. 다만 두 종류 간의 확실한 구분은 없고 국회 채용시스템 사정에 따라 선택적으로 선발한다.

2018년 국회예산정책처의 채용공고기준에 따르면, 일반임기제(7급)의 경우, 최초 근무기간은 1년이며, 근무실적 등을 고려하여 총 근무기간 7년의 범위에서 연장할 수 있고 성과가 탁월한 경우 추가로 5년의 범위에서 연장할 수 있다. 전문임기제(마급)의 경우에도 최초 근무기간은 1년이며, 근무실적 등을 고려하여 총 근무기간은 5년의 범위에서 연장이 가능하며 기간이 정해져 있다. 하지만 이들의 업무가 실질적으로 성과와 실적이 두드러지게 나타나는 것은 아니라 일반공무원에 비해 직업안정성이 낮다. 대학원을 막 졸업한 석·박사의 경우 관련분야의 전문지식이 요구되는 임기제공무원에 적합하지만 계약직이라는 단점이 있다.

국회에서 일하는 것은 모든 현안이 국민이나 국가의 이익에 직결되는 문제이므로 고도의 전문적 지식이 필요하며 각 집단 간 집단과 개인, 개인과 개인과의 관계에서 이해관계가 충돌되는 현안이 발생할 때 가치 중립적으로 조사, 연구가 이뤄져야 할 것이다. 또한, 국회의 발전 전략은 위원과 위원회에 정보를 제공할 수 있도록 독립적인 조직으로 개선되어야 한다. 전문적인 지식과 정보체계 구축을 통하여 국회의 입법정보 제공의 서비스를 개선하고 입법의 적시성과 효과성에 근거하여 다양한 정책적 측면으로 국회의원과 위원회의 입법 정책개발 역량을 강화할 수 있도록 지원해야한다. 이러한 국회 공무원은 입법 정책과 관련된 사항들을 전문적으로 조사·분석하여 국민의 대표기관인 국회가 입법과 정책개발에서 효율적인 입법부의 역할로 자리매김 할 수 있도록 도와준다.

4. 정치학 전공자와 미래 전망

정치는 인간의 일상생활에 큰 영향을 미치며 인간의 삶과 가장 밀접한 관계를 가지고 있는 학문이다. 더 나아가, 정치학은 사회, 문화, 경제, 복지 등 국회가 다루는 영역과 크게 관련이 있다. 또한, 국회는 정치과정이 실현되는 곳이므로 민주주의 정치과정을 공부해온 정치학 전공자에게는 학문과 이론이 현실로 펼쳐지는 공간이다.

이론으로 배웠던 것들을 실질적으로 활용해보고 싶은 정치학 전공자는 국회에서 일하는 것이 희망 직업 중 하나일 것이다. 국회 공무원은 대학에서 배웠던 지식의 연장선으로 공익과 정의를 위한 일을 할 수 있다. 특히 정치학을 더 깊이 공부하기 위해 대학원에 진학한 정치학도들에게는 전공과 관련된 일을 하며 공익과 국가를 위해 일을 하는 것은 상당히 큰 만족감을 가져다줄 것이다. 국가의 최고기관에서 일한다는 자긍심과 조사·연구한 현안들이 입법과정에 적극적으로 활용된다는 것은 뜻깊은 일이 될 것이다. 또한 준공무원으로서의 신분 보장을 받을 수 있으며 임기제 공무원의 취직요건 또한 석·박사 학위 소지자를 우대하고 있다. 즉 모집분야에 대해서 경력과 전문성을 가지고 있는 지원자를 필요로 한다. 정치학도들은 환경, 사회, 경제, 정치적으로 밀접한 학문을 공부하였기 때문에 각 부서와 위원회의 주요 사업과 정책평가를 하는 것도 수월할 것이다.

민주주의는 정당정치이고 그런 정당들이 모여 활동하는 곳이 바로 국회이다. 국회의원과 위원회에 정책과 입법에 필요한 정보를 전달하는 것은 매우 중요한 역할이다. 이러한 지원이 없다면 어떠한 정책이나 입법도 전문성을 가지지 못할 것이며 국민의 요구와 지지와는 전혀 다른 결과가 도출될 수 있다. 국민과 사회가 요구하는 것들은 점점 더 다양해지고 복잡해지고 있다. 그러므로 다양하고 넓은 전문성을 가진 조사·연구가 더욱 필요할 것이다. 정책과 입법은 계속해서 필요할 것이기 때문에 민주주의가 후퇴하지 않는 한 국회에서 필요로 하는 국회입법조사처나 국회예산정책처, 사무처, 도서관 같은 곳의 미래전망은 계속해서 밝을 것이다.

Ⅱ. 국회 보좌직

1. 소개

보좌직은 국회의원의 3대 역할인 행정부 감사, 예산 및 결산 심사, 법안 제정 및 개정을 지원하기 위한 의원 보좌직원으로 정의된다(서인석 2012). 2018년 5월 국회 사무처 인사과에서 발표한 "제20대 국회 - 의원 보좌직원 임용 등 안내(2018)"에 따르면, 보좌직은 각 국회의원 당 4급 보좌관 2명, 5급 비서관 2명, 6.7.8.9급 비서 각 1명 등 총 8명으로 구성되어 있으며, 국회의원 1인당 최대 2명의 국회 인턴 채용이 가능하여 총 10명의 보좌진을 채용할 수 있다.

국회의원 300명(지역구 253명, 비례대표 47명)의 의원실 특성에 따라 업무에 차이가 있지만, 보좌직이 담당하고 있는 공통적인 업무는 크게 7가지로 구분된다(경향신문 2007). 첫 번째 보좌직의 핵심 업무는 국정 감사이다. 국정 감사란, 국회가 국정 전반에 대해 조사를 하는 것이다. 이때 보좌관의 역할은 의원이 효율적으로 감사활동을 할 수 있도록 소속된 상임위 산하단체에 자료를 요청하고, 제출된 자료와 개별 수집한 자료를 정리해서 보고 드리는 업무이다. 뿐만 아니라 보도자료 작성 및 질문지 작성 등의 업무와 의원이 본회의 등 각종 의정활동에서 정부 관계자에게 제시할 질의서 작성도 요구된다. 두 번째 업무는 법 개정 및 제정을 위한 국회의원 발의 법안을 작성하는 업무이다. 주로 의원과 법안의 내용을 상의해 아웃라인을 만든 후 법제처에 전달하는 업무로, 보좌진은 법안을 만드는 과정에서 필요한 여론수렴 및 전문가들과의 법안 수정 과정을 지원한다. 세 번째 업무는 정책 제안이다. 국회의원이 상임위나 세미나 등 각종 활동에서 더 나은 정책을 제안할 수 있도록 자료를 수집하고 정리한다. 네 번째는 보도자료 작성이다. 언론기관에 보낼 보도 자료와 시민단체를 포함한 각종 단체에 의원의 입장을 전달하는 문건을 작성하는 업무이다. 의원에 대한 긍정적인 기사 보도는 차기 의원 선거에서 중요한 역할을 할 수 있기 때문에 보도자료 작성 및 배포는 의원 사무실에서 가장 중요한 업무 중 하나다. 다섯 번째는 선거 관련 업무이다. 대통령선거 및 지방선거 총선을 위한 공약개발, 홍보물 제작, 선거기획업무등의 일을 지원한다. 총선은 의원직 연장과 직접적 연관이 있으므로 이 업무는 총선 기간에는 높은 집중도가 요구된다. 여섯 번째는 의원 업무 수행이다. 소속된 의원과 일정을 같이하면서 스케줄 관리, 기록, 운전 등을 담당한다. 마지막 일곱 번째는 의원과 사무실 직원의 업무와 일정 및 의원 사무실을 관리하는 것이다. 이때는 홈페이지, 후원회를 관리하기도 하며 입법 및 정책과 관련된 민원과 지역 민원을 조사 및 점검하는 업무도 한다.

2. 필요한 소양과 자질

위에서 살펴본 업무로 보아 보좌진에게 다양한 업무수행 능력은 필수적이다. 효율적으로 업무를 수행하는 보좌진이 되기 위해서는 4가지의 자질이 요구된다(이진수 2015).

첫째, 정치에 대한 관심이다. 정치에 관심이 없다면, 업무 진행에의 다양성과 직무 잠재력에 큰 영향을 미친다. 정치에 대한 관심은 업무 이해도와 직결되며, 이는 정책수립에의 능동적으로 참여로 이끌 수 있고 이를 통해 큰 보람과 성취감을 얻을 수 있다. 또한, 자신의 정치적 성향에 맞게 의원을 선택하는 것이 중요하다. 둘째, 앞으로 나서기보다 뒤에서 분석하고 지원을 선호하는 자질이 요구된다. 보좌직은 보완적 존재로 국회의원의 부족한 부문을 채우고 장점을 두드러질 수 있도록 지원해주는 직업이기 때문에 말과 행동도 중요하지만, 뒤에서 논리적인 사고로 글을 작성하는 것이 중요하다. 셋째로 꼼꼼하고 빠른 판단력이 요구된다. 보좌직 업무는 국회의원의 바쁜 스케줄과 함께 상당한 업무량이 요구되기 때문에 모든 업무를 처리하기 위해서는 빠른 결정과 꼼꼼한 일 처리가 필수적이다.

3. 보좌직의 구체적 업무

보좌직이 담당하는 구체적인 업무 현황을 서인석(2015)을 인용해 아래와 같이 설명한다.

표 4-5 보좌직 업무현황

분야별	소득 하위 25%	제2차시험(논문형)
국회 고유 업무	상임위 활동 (국정감사, 상임위, 인사청문회, 입법 및 예·결산 심사)	자료요구 및 질의서 작성, 보도자료 작성 및 배포
	본회의	대정부질문 작성, 5분 발언, 긴급현안질의 법안 관련 찬반 의견 개진
	입법	제·개정안 발의 제안설명서 작성
	예·결산/예·결산 특별위원회	질의서 작성 및 지역구 관련 예산챙기기
	토론회/공청회/세미나/간담회/출판기념회	섭외, 인쇄물 제작, 장소 예약, 인원 동원 등
	SNS	홈페이지 관리, 문자발송, 트위터, 페이스북, 웹진 편집, 동영상 촬영
	기타	후원회 조직 및 관리 후원금 모금(중앙 및 지방지)기자 관리, 선관위 신고, 재산신고, 정책자료집 발간, 일정관리, (지역주민 등) 국회 견학 안내, 축사/격려사 작성, 기고문/발제문/인터뷰/토론·특강 자료 등 작성, 의원연구단체 활동, 재경향위회/ 동창회 등 관리
지역 관련 업무	지역 조직 및 인맥관리	의정보고서 제작 및 배포, 의정보고회, 당원 교육·연수, 경조사 챙기기, 주요 행사/일정 챙기기/ 이메일과 연락처 관리/ 지방정부 및 지방의원과의 유대 관계, 각종 사회직능단체 관리, 지역 현안 챙기기
	선거	선거 기획, 공약개발, 홍보물 제작등
	공약관리	질의서 작성 및 예산 당국과 협의, 지방정부와 논의, 예산 챙기기
	민원	동별 현안 및 개별 민원 처리
	홍보	국회에서 의정활동 성과 및 지역 예산 확보 등을 지역 언론 및 주민들에게 홍보(문자 홈페이지 등), 지방지 관리
정당 관련 업무	당대표/최고의원/정책위의장/ 정조위원장/사무총장/대변인 등의 주요 당직	행사 및 일정관리, 말씀자료 작성

출처: 서인석 2015, 103-104

4. 필요한 능력과 경험

보좌직은 별정직으로 채용 시기가 따로 정해져 있지 않으며, 수시채용방식으로 국회 홈페이지에 올라오는 형식으로 진행된다. 채용공고마다 모집분야와 인원, 자격요건, 주요업무, 근무조건, 제출서류, 전형방법 제출기간 등이 상이하기 때문에 하나로 정형화하기 어렵다. 그러나 일반적으로 필요한 사전적 능력을 살펴보면 아래와 같이 정리할 수 있다(서인석 2015).

(1) 논리적 글쓰기

국정감사, 예·결산 심사, 인사청문회의의 질의서를 비롯해 5분 발언, 대정부 질문, 정책 자료집, 보도자료 작성. 각종 기고문까지 업무의 80~90%가 서류와 글쓰기로 구성된다. 이러한 많은 양의 글쓰기 업무의 대부분은 공문서의 성격을 갖기 때문에 논리적으로 수미일관하게 완결적 구조를 갖춰서 작성하는 글쓰기 능력을 준비하는 것이 중요하다.

(2) 선거 경험

선거 관련 경험이나 선거 홍보와 관련된 경력은 채용과정에서 우대를 받을 수 있다. 특히 총선을 앞둔 국회의원들이 가장 많이 요구하는 능력이다. 과거 총선을 앞둔 국회 홈페이지에 게재된 의원 채용공고를 보면 '선거 경험자 우대'라는 말이 꾸준히 등장하고 있다. 선거와 관련하여 가장 대표적인 활동은 총선이나 지방의회 선거와 관련해 선거캠프에서 활동한 것이다. 대통령 선거와 관련해 캠프에서 활동했거나 혹은 외곽조직에서 선거를 지원한 것도 우대 사항이 될 수 있다. 또 다른 대표적인 선거 업무는 선거과정에서의 홍보 관련 물품 제작이나 홍보논리 개발 등이다. 선거기획 업무를 할 수 있는 능력, 복잡한 선거회계를 담당할 수 있는 경험이나 자격, 전화홍보 경험은 선거 과정에서 필요한 경험으로 인정받을 수 있다.

(3) 사이버 업무

2012년 4.11 총선을 석 달 앞두고 중앙선거관리위원회는 온라인 선거운동을 허용하고, 헌법재판소는 "인터넷 선거운동을 규제해서는 안 된다"고 판결한 이후 인터넷과 소셜네트워크를 통한 선거운동은 더욱더 중시되고 있다. 후보자 홈페이지, 블로그 관리, 트위터와 페이스북 등의 소셜 네이트워크 서비스 활동 관리 능력이 중요하고, 사이버 업무를 통한 선거 경험이 있다면 경력을 어필하는데 큰 도움이 될 수 있다. 나아가 동상 촬영, 편집 및 제작, 웹진 편집, 파워포인트와 엑셀 등을 다룰 수 있는 능력이 있다면 큰 장점으로 부각될 수 있다

(4) 인쇄물 제작

의원실 업무에는 인쇄물 제작 업무가 상당 부분 차지한다. 대표적인 인쇄물 제작 업무로는 '의정보고서'가 있다. 이 외에도 정기국회 활동 보고서와 같은 질의서와 피감기관 답변을 함께 묶은 책자, 세미나 자료집, 각종 초청장 등 수 많은 인쇄물 작업이 있다. 잡지, 신문과 같은 인쇄물 편집 및 제작 경험이 있다면 업무에 큰 도움이 될 수 있다.

(5) 특정 상임위원회와 관련된 전문성

일차적으로 표현하면 특정 전공이 될 수 있다. '입법'은 국회의 3대 역할 중 하나로 일반적으로 적용될 수 있는 전문성은 '법학'이다. 그러나 이것은 단순한 측면으로 이해한 점이고, 관련 기관에서 인턴이나 아르바이트를 한 것이 큰 어필이 될 수 있다. 또한 보좌진은 전공 및 학벌보다는 순발력과 글쓰기 능력이 중시되는 만큼,

해당업무 및 소속 의원실 업무에 필요한 전문성을 기르는 것이 중요하다.

5. 보좌직의 보수 및 처우

표 4-6 2018년도 국회의원 보좌직원 보수 지급기준 (단위:원)

구분	4급상당 (21호봉)	5급상당 (24호봉)	6급상당 (11호봉)	7급상당 (9호봉)	8급상당 (8호봉)	9급상당 (7호봉)
월 평균	6,823,590	6,017,380	4,171,690	3,598,420	3,147,850	2,789,970
연 급여	81,883,120	72,208,560	50,060,360	43,181,120	37,774,280	33,479,680

상여금 등 내역

구분	지급월	지급액
정근수당	1월, 7월	각 본봉의 0%(1년미만)~50%(10년이상) *근무연수에 따라 1년당 5%씩 증가
정근수당가산금	매월	5~10년: 5만원, 10~15년: 6만원, 15~20년: 8만원, 20~25년: 11만원, 25년이상: 13만원
명절휴가비	설날, 추석	각 본봉의 60%(연 120%)

기타 수당(해당 공무원의 별도 신청에 의하여 지급)

구분	비고
가족수당(매월)	•지급액: 배우자 4만원, 배우자 외의 부양가족 2만원(단, 둘째 자녀는 6만원, 셋째 이후 자녀는 10만원) •지급요건: 해당 공무원과 주민등록표상 세대를 같이 하며, 실제로 거주를 같이 할 것(단, 배우자 및 자녀의 경우 예외이며, 배우자와 세대 및 거주를 같이 하는 직계 존속도 인정)
자녀학비보조수당 (분기별: 2,5,8,11월)	•지급대상: 고등학생 자녀가 있는 국회의원 및 국회공무원 •지급액: 수업료+학교운영지원비(분기별 상한액 한도) *한도: 서울시 내 국공급학교 평균액 (혁신처에서 정함) •신청시 해당연도분 지급 (매년 1회 신청 필요) •재학사항에 변동이 생긴 경우(휴학, 전학, 자퇴 등) 입증서류와 함께 변동신고를 해야 함

출처: 의회아카데미 2018

보좌직의 보수는 공무원 중 높은 급여에 속한다. 공무원 신분에서 최고호봉 수준으로 대우해주고 있다. 밑의 표는 2018년도 국회의원 보좌직원 보수지급기준을 보여준다(의회아카데미). 4급 보좌관(연 급여기준) 약 8,188만 원, 5급 비서관 약 7,220만 원, 6급 비서 약 5,006만 원, 7급 비서 약 4,318만 원, 9급 비서 약 3,347만 원이다. 인턴 약 2,081만 원의 보수가 지급된다(의회정책아카데미 2018). 이는 월정급여 외에 상여금(의원 보좌직원은 정근수당 및 명절휴가비, 인턴은 명절휴가비)이 포함된 금액이다. 이외에 별도로 가족수당, 자녀학비보조수당을 지원까지 포함하면 그 금액은 더 증가한다.

6. 고용안정성

경향신문(2012)에서 진행한 보좌직 인터뷰에 따르면 국회의원이 진행하고 있는 대부분의 업무 참여로 업무강도가 강하며, 특히 국정감사 기간에는 시작하기 몇 달 전부터 끝날 때까지 따로 출퇴근 시간이 없을 정도로 업무강도가 상당히 높다고 설명하고 있다.

보좌직의 직업 안정성과 관련해 일반인들의 통념은 불안하다는 것이다. 보좌직은 종종 '고소득 비정규직'이라는 타이틀로 불리며 높은 업무 강도와 4년마다 직장 이동을 고민해야 하는 불안정한 신분 때문이다. 2011년까지 국회의원을 하고 사퇴를 한 모 의원은 1년에 10여 명의 보좌직을 바꾼 전례도 있다. 과거 의원 보좌직이 9명인 것을 고려한다면, 이는 보좌직 전체를 국회의원 마음대로 바꿨음을 의미한다(아시아경제 2012).

하지만 직업안정성에 대한 답들은 부분적으로만 옳다. 국회의원은 낙선됐다고 보좌관이 바로 실직자가 되는 것은 아니다. 오히려 당사자는 의원이다. 의원은 낙선하면 끝이고 시간상으로 최소한 4년 이상 기다려야 국회의원이 될 기회가 주어지지만, 보좌직은 국회의원 총수가 줄어들지 않는 한 새롭게 당선된 의원이 들어와 그 수는 변함없이 유지된다. 보좌관으로서 갖춰야 할 역량이나 능력 등 기본적인 것을 갖춘 후 경험을 쌓은 보좌직들의 자리 이동은 흔한 일이다. 심지어 여·야 가리지 않고 의원실을 넘나들기도 한다. 물론 능력과 경험을 갖춰야 한다는 전제 조건이 깔려있지만, 이에 부합하는 능력이 있는 보좌진들은 의원실을 바꿔가며 10년 넘게 근무하는 수가 상당하다(서인석 2012).

7. 보좌직의 장단점

보좌직의 장점은 높은 수준의 보수 및 처우이다. 한국경제연구원(2017)에 따르면, 2017년 기준 근로소득세를 납부한 임금근로자 1,519만명의 연봉을 분석한 결과 전체 근로자의 평균 연봉 은3,475만 원으로 나타났다. 2017년 연봉 금액별 근로자 수 분포를 퍼센트로 분석한 결과, 상위 10%의 연봉은 6,746만 원 이상, 상위 20%는 4,901만 원 이상, 상위 30%는 3,900만 원 이상, 상위 40%는 3,236만 원 이상 집계되었다. 9급 비서 연봉 3,347만 원은 전체 근로자의 평균 연봉과 비슷한 수준 및 상위 40%에 속하고, 7급(4,318만 원)은 상위 30%, 6급(5,006만 원)은 상위 20%에 해당하며 5급(7,220만 원)과 4급(8,188만 원)은 우리나라 근로자 전체에서 상위 10%에 해당하는 연봉을 받고 있다. 이를 통해 보좌진은 고소득 직군에 속한다고 할 수 있다.

보좌직 업무의 어려운 점은 이전 항목에서 설명했듯이 직업의 불안정성이다. 보좌관이 자주 바뀌는 의원실은 보좌관 세계에서 블랙 리스트로 통한다고 한다. 월간조선(2009) 인터뷰에 따르면, 당시 박병철 한나라당 보좌진협의회 회장은 "물론 보좌관이 실력이 안 되면 교체돼야 하는 것이 마땅합니다. 하지만 보좌진을 지나치게 자주 교체하거나, 의원의 성격이 괴팍하면 금방 의원회관에 입소문이 나죠. 보좌관들끼리 정보를 공유합니다. 여야 막론하고 10여 명의 블랙 리스트가 존재하는 것으로 알고 있습니다."라고 설명하고 있다. 의원이 인사권을 쥐고 있는 만큼, 그 힘은 절대적이지만, 능력과 경험을 갖춘다면 직업 안정성엔 큰 지장이 되지 않을 수 있기 때문에 극복할 수 없는 단점은 아니다.

또 다른 단점은 여성 보좌직의 비율이다. 2014년 12월 말 기준 국회사무처 자료(서인석 2015)에 따르면, 인턴을 제외한 국회에 등록된 보좌진 수는 총 2,041명이다. 여기서 1,515명(74.2%)이 남성이고 526명(25.8%)만이 여성이다. 산술적으로 약 1 /4가 여성으로 나타나는데, 급수별로 구분하면 그 차이는 더 크게 나타난다. 아래의 2014년 12월 말 보좌진 직급별 성별 현황표를 보면(서인석 2015), 4급 보좌관은 약 6%, 5급 비서관은 약 17%, 6급 비서 약 20%, 7급 비서 약 38%, 9급 비서 약 75%로 피라미드 형식을 띠고 있다. 높은 급수일수록 남성이 차지하는 비율이 높았으며 여성의 비율은 현저히 줄어들고 있음을 파악할 수 있다.

또한, 서인석(2015)은 여성 의원의 증가에도 여성 보좌직은 증가하지 않는다고 주장한다. 여성 의원의 숫자는 16대가 시작된 2000년 대에 16명에서, 17대 국회에 39명, 20대 국회에서 51명으로, 비록 아직도 남성의 수가 절대적인 양을 차지하고 있지만, 수가 점진적으로 증가한다는 점이 고무적이다. 하지만 이에 비해 여성 보좌진 비율은 16대 24%, 17대 21%, 18대 26%. 19대 25%로 크게 개선된 점을 찾을 수 없다.

표 4-7 2014년 12월 말 보좌진 직급별 성별 현황 (단위:명)

구분	남	여	합계
보좌관(4급)	545 (93.6%)	37 (6.4%)	582
비서관(5급)	485 (83.3%)	97 (16.7%)	582
비서(6급)	230 (79.9%)	58 (20.1 %)	288
비서(7급)	182 (61.9%)	112 (38.1%)	294
비서(9급)	73 (24.8%)	222 (75.2%)	295
합계	1,515 (74.2%)	526 (25.8%)	2,014

* -(휴직 직원 포함) 출처: 서인석 2015, 213

8. 미래의 전망

보좌직의 미래전망은 다양한 분야에서 부각되고 있다. 가장 대표적인 분야로 선출직, 즉 정치권으로의 진출이다. 국회의원의 업무 지원을 통해 누구보다 높은 국정이해도를 갖추고 있으며, 실무에 필요한 능력을 정확히 파악하고 있다는 점에서 많은 보좌관 출신들이 정계로 진출하는 경우를 어렵지 않게 찾아볼 수 있다(서인석 2012). 두 번째는 선거 기획이나 홍보물 제작 또는 여론조사 또는 정치 컨설팅 사업이다. 나아가 지방의회 의원들의 질의서를 작성해주는 대행 사업에도 종사하는 경우가 많다. 마지막으로 보좌진 아카데미와 입법컨설팅, 입법정보서비스이다. 보좌직의 업무를 그대로 반영시켜 훗날 보좌직을 꿈꾸는 이에게 교육을 제공하는 사업을 제공하고, 각 기업 및 기관의 입법 컨설팅 및 입법정보서비스를 제공하는 분야로 나아갈 수 있다.

예전의 보좌직 특채는 국회의원의 친·인척을 통해서 채용되는 경우가 많았다. 하지만 정치 수준이 향상됨에 따라 높은 전문성을 보유한 채용이 늘고 있다. 석·박사 채용이 점차 늘고 있으며, 특히 기재위, 정무위, 예결위 같은 전문성이 필요한 분야의 보좌직은 상당한 고급인력으로 구성되어있다. 이러한 능력위주의 채용은 공개채용 증가로 이어지고 있고, 이러한 정황으로 보아 보좌직은 더욱더 전문성을 요구하고 다양한 스펙트럼을 가진 사람을 채용할 가능성이 커졌다(서인석 2015). 이에 따라 다양한 분야의 전문성이 높은 사람들의 유입으로 향후 보좌직의 폭넓은 발전 가능성을 기대할 수 있다.

9. 정치학 전공

정치학 전공의 최대 이점은 정치의 높은 이해도이다. 보좌관의 소양 및 자질에서 필수적인 요소로 정치 관심과 이해도가 꼽힌다. 국회 업무, 정당 관련 업무, 정책 제안, 선거 관련 업무 등 전반적인 업무를 지원하는데 정치 관심과 높은 이해도 없이는 효율적인 업무 수행이 불가능하다. 또한 국회의원이 다른 의원과의 인간관계, 계파 관계를 모두 파악해야 의원의 정치적 판단을 예측할 수 있고 이에 필요한 정무 보좌가 가능한데, 이 또한 정치학을 전공한 학생들이 가진 높은 정치 이해도는 큰 도움이 된다.

보좌관 업무의 특성상 국회의원이 필요한 업무 지원으로 업무강도가 불규칙하고 높은 편이다. 특히 국정감사 기간에는 출퇴근 시간이 따로 없고 밤새는 업무가 빈번하다(경향신문 2012). 정치학도들은 전공지식을 현실정치에 적용 및 실현할 수 있고, 국회 업무는 정치학 전공생들의 전문성이 가장 잘 발현될 수 있다 직종 중 하나이다. 여기서 발생할 수 있는 열정과 성취감은 높은 강도의 업무를 즐기고 지속하는데 큰 이점이 될 수 있다.

Ⅲ. 결론

우리나라는 성문 헌법으로 국민주권 원리를 선포하고 국민의 기본권리를 엄격하게 보장하고 있는 근대 국가로, 삼권분립에 기초하여 사법권은 법원, 행정권은 정부 그리고 입법권은 국회에 부여함으로써 각자의 권한을 서로 독립적으로 행사할 수 있도록 허락하고 있다. 주권자인 국민은 정치에 직접 참여하지 않고 선출한 대표자를 통해 국회를 구성, 입법 및 정책 업무를 실행한다. 이렇게 국회는 국민으로부터 위임받은 권력을 입법, 재정, 일반 국정, 외교에 사용한다. 국민의 대표 기관이라는 사명감과 함께 국가의 미래가 달린 일을 하는 국회에서 사명감을 갖고 성취감을 느낄 수 있는 미래의 '국회인'에게 조금이나마 도움되는 정보를 전달하는 것이 프로젝트의 목표이다.

이번 챕터는 국회를 크게 국회입법조사처와 보좌진으로 나누어 분석했다. 분야별 필요한 소양과 자질, 업무능력, 보수와 처우, 고용안정성, 직업의 장단점, 미래전망 및 정치학 전공과 연관성 등을 살펴보았고 다른 업무능력, 직업에 필요한 자질 등을 알 수 있었다. 두 분야가 공유하는 근본적 공통점은 국회에서 종사하며 정치에 직, 간접적으로 참여한다는 것이다. 국회에서 현재 정치과정에 일어나는 현상을 빠르게 이해하고 정당 관계의 높은 이해도와 함께 국회의원 및 위원회에 정책과 입법에 필요한 정보를 전달하는 것이 주요 업무능력이다. 정치학은 이러한 업무능력을 갖추기 위한 최적화된 전공 중 하나로, 민주주의, 권력구조, 선거, 한국정치, 정당 관계, 정책 등 폭넓은 지식이 실질적 업무에 큰 도움이 될 수 있다. 정치학 전공자 또는 정치학을 공부하고 싶은 학생들에게 국회에서의 일은 한 번쯤 고민해 보았을 것이다. 국회는 그만큼 정치를 대표하는 기관 중 하나이고 현실정치를 경험할 수 있는 곳이다. 이 글을 통해 국회에 종사를 희망하는 전공자 및 학생, 나아가 일반적으로 국회 업무에 관심이 있는 사람들에게 큰 도움이 되길 바란다.

참고문헌

경향신문. 2007. “현장에서 만난여성 국회의원 보좌관 정주영씨”

http://news.khan.co.kr/kh_news/khan_art_view.html?art_id=200710040948351(검색일: 2018. 11. 22).

국회. 2018, “국회조직도.”http://www.assembly.go.kr(검색일: 2018. 10. 24).

국회예산정책처. 2018. 채용정보. https://www.nars.go.kr/(검색일: 2018. 12. 16).

민형열·김상겸. 2013. 국회의 입법절차 개선방안에 관한 연구. 비교법연구 제13권 2호.

서인석. 2012.『새로 쓴 국회 보좌진 업무 매뉴얼』. 심인.

서인석. 2015.『국회 보좌관에 도전해라』. 심인.

신희섭. 2013. “왜 정치학공부를 하는가? (1)” 법률저널.

윤은기. 2016. “국회 입법조사처의 기능과 역할 개선: 입법부의 효과적인 행정통제 관점에서.” 의정논총 제11권 제1호.

이장희. 2011. “의회와 입법절차 – 입법기능과 입법절차의 상관관계를 중심으로.”고려대학교 고려법학 제 61호.

이진수. 2015.『보좌의 정치학』. 호두나무.

임명현. 2002. “입법관리의 실태 및 효율화방안.”법제연구 제27호.

임중호. 2006. “입법과정의 개선 및 발전방향.”공법연구 제34집 제3호.

조정찬. 2010. “입법환경의 변화와 입법절차상의 개선방안.”월간 법제 제10권 2호.

아시아경제. 2012. “비정규직 국회의원 보좌관 연봉은 고소득” http://www.asiae.co.kr/news/view.htm?idxno=2012012210524673107(검색일: 2018. 11. 18).

의회정책아카데미. 2018. “여의도광장: 2018년도 국회의원 보좌직원 보수 지급기준”. http://www.assembly.ac/com_02/443(검색일: 2018. 11. 24).

한국경제연구원. 2017. "17년 근로자 평균연봉3,475만원"

http://www.kerI.org/web/www/news_02?p_p_id=EXT_BBS&p_p_lifecycle=0&p_p_state=normal&p_p_mode=view&_EXT_BBS_struts_action=%2Fext%2Fbbs%2Fview_message&_EXT_BBS_messageId=355255(검색일: 2018. 11. 20).

제5장 지방 정치 분야

광역자치단체장 및 광역의원

문승준, 유참슬

서론

'정치'라는 말을 들었을 때 무엇이 가장 먼저 떠오르는가? 아마 많은 사람들이 국회에서 보이는 여야 의원들 간의 정쟁, 청와대와 국회의 기 싸움 등 매스컴을 통해 때로는 화려하게, 때로는 처절하게 비추어지는 '중앙'정치의 모습을 머릿속에 그릴 것이다. 그리고 같은 맥락에서 직업으로서 '정치인'을 생각한다면 역시나 대통령, 혹은 국회의원이 가장 먼저 떠오를 것이다.

하지만 정치인을 꿈꾸는 대학생, 혹은 대학원생들에게 졸업 후 근 미래의 진로를 물었을 때, 국회의원 혹은 대통령이 될 것이라고 대답을 하는 학생은 거의 없을 것이다. 일단 대한민국 공직선거법 제2장 16조에 따르면, 선거일 기준 만 40세 이상의 국민에게만 대통령 피선거권이 주어진다. 현재 학업에 있는 20, 30대 학생들은 대통령 선거에는 출마조차 할 수 없다. 물론 대한민국 국민이라면 만 25세부터 국회의원 선거에 출마할 수 있으며, 실제로 김영

삼 전 대통령은 26세 5개월의 나이로 여의도 정계에 입성하기도 했다. 하지만 소수의 특수한 사례로 국회의원이 대한민국 청년들에게 가지는 직업적인 가치를 일반화할 수는 없을 것이다.

지난 2016년 4월 13일에 시행된 20대 국회의원 총선거의 당선자들을 기준으로, 국회의원들의 평균연령은 55.5세에 달한다. 29세의 김수민 당선자(비례대표)가 유일한 20대이며, 20, 30대가 3명밖에 안 되지만, 60, 70대는 80명이 넘는다(중앙선관위 2018). 그뿐만 아니라, 이들의 평균 재산은 40억 원이 넘으며, 후보자 등록 시 직업으로 국회의원 혹은 정치인을 적은 당선자들이 200명이 넘는다(한국경제 2016). 정치인을 꿈꾸는 대한민국 청년들에게, 국회의원은 사회초년의 직업으로의 계획보다는 인생의 중·후반부를 위한 인생의 목표에 가깝다.

정치인을 꿈꾸는 청년들에게 지방정치는 기회의 영역이다. 1991년 지방선거가 부활하고 1994년 통합선거법이 제정된 이후 우리나라는 1995년부터 광역단체장, 기초단체장, 광역의원, 그리고 기초의원 등을 뽑는 전국동시지방선거를 시행하고 있다. 앞서 언급하였듯, 국회의원 300명 중 20, 30대 '청년' 의원의 비율은 고작 1%에 불과하다. 하지만 지난 2018년 6월에 있었던 제7회 전국 동시 지방선거를 기준으로 광역의회(시·도의회) 의원과 기초의회(시·군·구) 의원의 경우 청년 의원 비율이 각각 약 5.6%와 6.6%를 차지하고 있다(중앙선거관리위원회 2018). 지방자치법 제1장 1절 1조에 따르면, 지방자치법의 목적을 "지방자치행정을 민주적이고 능률적으로 수행하고, 지방을 균형있게 발전시키며, 대한민국을 민주적으로 발전시키려는 것을 목적으로 한다."고 설명하고 있다. 지방자치제도를 통해 중앙과 지방의 균형발전을 꾀하듯, 지방정치는 정치의 주변에만 머무르고 있던 청년들을 정치의 중심으로 성장하게 하는 기회를 제공해줄 것이다. 이렇듯 지방자치를 발판 삼아 청년 정치인의 꿈을 이루는 것, 책과 논문의 글 속에서만 존재하던 정치를 현실에 적용해보는 것은 정치학도에게 아주 매력적인 직업이 될 것이다. 이에 본 지방정치장에서는 광역자치단체장과 광역의회의원을 중심으로 직업으로서 정치인을 살펴보고자 한다.

I. 광역자치단체장

정치학을 전공한 사람이라면, 항상 받는 질문이 있다. "졸업하고 정치할 생각이야?" 광역단체장을 꿈꾼다면, 당신의 대답은 단연코 "YES"가 될 것이다. 우리가 사는 지역은 시·군·구의 기초자치단체와 도·광역시·특별시와 같은 광역자치단체(廣域地方自治團體)로 구분된다(지방자치법 제2조). 그리고 광역자치단체장은 선거로 선출되어 중앙정부를 제외한, 각각 지역별 가장 큰 행정조직인 광역자치단체를 운영하는 역할을 한다. 서울특별시장이나 도지사처럼 그 지역 다수의 지지를 받은 사람들은 정치인으로서 한 국가의 원수인 대통령 후보로서 고려되며 하마평에 오르기도 한다. 광역자치단체장은 어떤 일을 하는 자리일까? 어떻게 될 수 있을까? 정말 좋은 직업일까?

광역지방자치단체장은 지방자치단체인 광역자치단체의 정책을 기획 및 결정하고, 이러한 정책을 위한 조례의 토대 및 예산을 기획하여 궁극적으로 광역자치단체의 복리후생과 발전을 주도해야 할 막중한 책임을 가진 자리라고 정의할 수 있다. 그리고 외국에서 온 요인들을 접견하거나 국외 출장 시에는 광역지방자치단체의 주민을 대표하는 역할을 하고 있다.

광역자치단체장은 행정을 총괄하는 선출직 공무원이자 정치적 업무를 전담하는 정무직 공무원이다. 이에 해당하는 예로써, 서울특별시장, 세종특별자치시장, 제주특별자치도지사, 각 도의 도지사, 각 광역시의 광역시장이 있다. 광역자치단체장은 지방선거에 의하여 해당 지역 유권자들의 평등·보통·직접·비밀 선거로 선출된다. 선거일 현재 계속하여 60일 이상 당해 지방자치단체의 관할 구역 안에 주민등록이 되어 있는 주민으로서 25세 이상의 국민은 그 지방의회의원 및 지방자치단체의 장의 피선거권이 있다(공직선거법 제16조). 그리고 광역자치단체급의 시장이나 도지사 선거는 광역자치단체 내 당해 3분의 1 이상의 광역자치 시 또는 도내의 자치구 또는 시와 군에 나누고 주민등록이 되어 있는 선거권자의 수를 50명 이상으로 한 1천 명 이상 2천 명 이하의 추천을 받아야 한다(공직선거법 48조). 그리고 광역자치단체장의 선거는 5,000만 원의 기탁금이 필요하다(공직선거법 56조). 자치단체의 관할 주민은 임기 4년의 자치단체장을 선거를 통해 직접 뽑을 수 있지만, 세 번 연임 이후 연이어 출마할 수 없다(지방자치법 59조).

광역자치단체장은 선거를 통해 당선된 정무직 공무원으로서 일반적인 공무원들과는 다르지만 이에 상응하는 의전 대우가 있다. 제주특별자치도지사, 세종특별자치시장, 각각 지역의 도지사들과 광역시장들에게는 차관급의 대우를 하는데 이는 국회의원과 같다. 그러나 예외적으로 서울특별시장은 대한민국 수도 서울의 광역자치단체장이기 때문에 여타 광역자치단체와 달리 장관급 의전을 받는다. 또한 서울특별시장은 당파 색과 무관하게 대한민국 국무회의 의장(대한민국 대통령)이 필요하다고 인정할 경우 국무회의에 참석할 수 있다.

1. 광역자치단체장, 어떤 일을 하는 직업이며 어떤 능력이 필요한가?

지방자치법에 따르면 광역자치단체는 대략 여섯 가지 범주의 일을 할 수 있다. 첫째, 지방자치단체의 구역·조직 및 행정 관리 등에 관한 사무, 둘째, 주민의 복지증진에 관한 사무, 셋째, 농림·상공업 등 산업진흥에 관한 사무, 넷째, 지역개발 및 주민 생활 환경 시설의 설치·관리에 관한 사무, 다섯째, 교육·체육·문화·예술 진흥에 관한 사무, 여섯째, 지역민방위 및 소방에 관한 사무 등을 맡아서 할 수 있다. 광역자치단체장은 광역자치단체의 장으로서 이와 같은 사업·사무를 전담하고 책임지며, 소요되는 경비는 자체의 수입 또는 국고보조금 등으로 충당한다. 구체적으로 광역자치단체장은 실질적으로 정책의 입안 및 결정을 하고 총괄하되, 산하 공무원들에게 권한을 위임하여 광역자치단체를 효과적으로 운용한다.

그러나 광역자치단체장은 지방자치법 제 11조에 의하여 다음 7가지 범주의 국가 사무는 처리할 수 없다. 첫째, 외교·국방·사법·국세 등의 사무, 둘째, 물가정책·금융정책·수출입정책 등의 사무, 셋째, 농·축·수산물 및 양곡의 수급조절과 수출입 등의 사무, 넷째 국가종합경제 개발계획·직할하천·국유림·국토종합개발계획·지정항만·고속국도·일반국도·국공립공원 등의 사무, 다섯째 근로 기준·측량단위 등의 사무, 여섯째 우편·철도 등의 사무, 일곱째, 고도의 기술을 필요로 하는 검사·시험·연구·항공관리·기상행정(氣象行政)·원자력개발 등의 사무 등이다.

이렇듯 중앙정치와는 구별되는 지방자치만의 광범위한 업무를 수행하기 위한 자치단체장들의 필요 소양은 무엇이 있을까? 이에 대한 답변으로 저자가 인터뷰한 박원순 시장은 미래를 내다보는 통찰력과 현장성을 꼽는다. 자치단체장은 자치단체의 행정 업무 전반을 총괄하는 행정가일 뿐만 아니라, 정책을 시행하기 위해 타인을 설득하고 수많은 관계를 형성하는 정치가이며, 때로는 다른 나라의 지자체들과 교류 협력을 주도하는 외교관이 되어야 한다. 즉, 자치단체장은 지역 주민의 삶을 총괄하는 사람으로서 미래를 바라보는 통찰력과 지역 주민의 삶에 기반한 현장성을 갖추고 있어야 한다.

2. 광역자치단체장의 업무 강도 및 어려움

지방자치법에 따른 6가지의 범주만 해도 광역자치단체장은 상당히 많은 업무를 한다. 광역자치단체장은 지역주민의 복리후생을 위해 그 현장에서 지역 주민들과 접촉을 늘려서 문제를 인식하거나 소통을 하는 업무를 해야 한다. 이와 동시에 인지된 문제들에 대해 해결방법을 강구해야 한다. 그러나 광역자치단체라는 조직 특성상, 산하 부서 또는 소속 부서들의 요청 및 건의 사항 또한 막대한 양이다. 따라서 일반 공무원에게 보장된 시간과 별개로, 많은 업무를 처리하기 위해 불규칙적으로 상시간의 근로를 해야 할 확률이 높으므로, 광역자치단체장이 일반 공무원들보다 재량권이 넓다 하더라도 업무 강도 측면에서 있어서 고된 근로 환경에 놓여 있다고 볼 수 있다.

광역자치단체장은 선출직 공무원으로서 4년마다 실시되는 전국동시 지방선거, 혹은 임기를 정상적으로 수행하지 못한 지역에서 실시되는 재·보궐 선거를 통해서만 진입할 수 있으며, 근무기간 역시 다음 선거까지이므로 매우 짧다. 그리고 이 직업과 관련한 일자리 창출이 매우 한정적이기 때문에,

봉직 및 입직하고자 하는 경쟁률도 매우 높다. 대한민국의 지방선거는 4년마다 있고 그중 2018년 제7회 전국 동시 지방선거를 기준으로 보았을 때 광역자치단체장의 자리는 17명뿐이다. 하지만 본 선거에서의 당선 경쟁률은 최소 2:1 또는 3:1을 넘어가고 당내 공천을 기반으로 출마할 경우, 표면화되지 않는 경쟁률은 그 이상이다. 따라서 그 직업을 얻기도 어렵고 유지하기도 어렵다는 것이다. 또한, 3선연임 금지규정으로 인해서 같은 직업으로 최대 12년 봉직하는 것이 전부이다. 그런데 그마저도 쉽지 않다. 실제로, 지방자치제도가 시행된 이래 민선 3선 서울특별시장은 박원순 서울특별시장이 유일하며, 민선 7기 지방 자치단체장들 중 3선 연임한 광역단체장들은 서울특별시장 박원순, 강원지사 최문순, 그리고 충북지사 이시종 등 3명뿐이다.

3. 보수, 처우 등 근무여건 및 환경

2018년 제7회 전국 동시 지방선거를 기준으로 보았을 때 평균적인 교육수준은 대학원 졸업자가 17명 중 12명 약 71%로 가장 많고, 대학교 졸업자가 17명 중 5명 약 29%, 고등학교 졸업 이하는 전무하다. 따라서 전반적으로 대학원 이상의 교육을 받은 정치인들이 광역자치단체장으로 봉직하는 경우가 많음을 알 수 있다. 그리고 최종 졸업 학교를 전공을 기준으로 경영 및 경제·법·정치외교·행정학과 같은 사회과학 계열의 학과를 졸업한 광역자치단체장은 총 13명 약 76%이었다. 인문학 계열 학과를 졸업한 광역자치단체장은 4명 약 24%이었다. 그리고 공학 및 자연계열의 전공자는 전무했다. 이처럼 사회과학 계열전공자가 광역자치단체장의 대다수를 차지하고 있음을 알 수 있다. 그리고 사회과학 계열 중 정치학을 전공필수로 포함하는 전공에 대한 학부 및 대학원의 비중은 약 62%로, 다른 전공에 비해 정치학이 해당 직업과의 연관성이 상대적으로 높음을 알 수 있다.

이는 정치학 자체가 내재하고 있는 태생적 특수성이 기인한다. 정치라는 것은 국가가 공익을 정의하는 과정이고, 그 과정에 대한 학습하는 것이라고 대략적으로 설명할 수 있다. 따라서 공익을 전적으로 다루는 업무를 하는 광역자치단체장의 업무는 필연적으로 정치라는 요소와 그를 다루는 정치학이라는 분야와 연결될 수밖에 없다. 광역자치단체장의 존재 자체가 광역자치지역의 주민과 발전을 위해 존재하는 직위이기 때문이다. 따라서 정치학을 공부한 광역자치단체장들의 비중이 과반수 이상이라는 사실은 어쩌면 당연하다.

광역단체장의 보수는 공무원 보수규정에서 정하고 있다. 공무원 보수규정 및 공무원 보수규정에 명시된 일반 공무원과 일반직에 준하는 특정직 및 별정직 공무원 봉급표와 지방공무원 보수 업무 등 처리 지침에 따르면, 2017년 예규를 기준으로 광역자치단체장의 연봉은 평균 1억 원을 넘는다. 구체적으로, 서울특별시장의 연봉은 약 1억 2,500만 원이고 제주특별자치도지사, 세종특별자치시장, 각 도의 도지사 및 광역시장은 약 1억 2,000만 원을 받는다. 이렇듯 대다수 직업군보다 상대적으로 높은 수득 수준을 보이지만, 실제로 부서들과의 간담회를 진행하거나 산하기관 또는 소속 공무원 및 지역주민들을 위해 사비를 지출하는 경우도 많기 때문에 실질적인 소득수준은 그에 미치지 못한다.

4. 박원순 서울특별시장과의 대담

박원순 서울특별시장은 단국대학교 사학과를 졸업하고 2011년부터 시장으로서 업무를 시작하여 2022년까지 서울특별시장으로 봉직할 예정이다. 최초로 무소속으로 서울특별시장에 당선되고 최초로 3선 연임한 장관급 광역자치단체장이다. 박원순 서울특별시장은 여타 다른 광역자치단체장보다 큰 규모의 광역자치단체를 운영해왔고 그리고 이러한 정책적 경험이 3선 서울시장으로서 가장 풍부하기 때문에 광역자치단체장이라는 정치인으로서, 정치학도들에게 충분한 조언을 줄 수 있을 것이라 판단하여 다음과 같은 인터뷰를 진행하였다.

Q1 시장님께서 생각하시기에 시장으로서 어떠한 소양과 자질이 필요하다고 생각하시나요?

여러 가지가 있겠지만, 가장 필요한 것은 미래를 내다보는 통찰력이라는 생각입니다. 서울시장은 천만 시민의 삶을 총괄하는, 말하자면 민생 종합 코디네이터입니다. 행정가, 정치가, 외교관으로서의 기본 역할은 물론 앞선 통찰력으로 미래를 내다보고 준비하는 역할도 해야 합니다. 그리고 반드시 놓치지 말아야 할 것이 현장성입니다. "현장과 유리된 모든 정책은 허구다"라는 게 제 생각입니다. 왜냐면 책상 위 보고서가 2차원이라면, 삶은 3차원이기 때문입니다. 시민 삶을 바꾸기 위해선 시민의 삶으로 들어가 봐야 한다는 것이 저의 지론입니다.

Q2 그렇다면 정치학을 전공한 청년들이 무엇을 준비하고 어떠한 어려움을 이겨내야 서울시장이 될 수 있을까요?

당장 정치학을 전공한 청년뿐 만 아니라 다수의 청년은 일자리, 주택, 학자금 대출 등 다양한 고민이 있을 것입니다. 그동안 서울시는 청년수당, 청년 공공주택, 희망 두 배 통장, 뉴딜 일자리, 청년 공간 무중력 지대 등 청년 개개인에게 더 많은 기회와 시간을 제공하려고 노력해왔습니다.

그러나 우리가 지금 맞닥뜨리고 있는 문제들은 한 번도 겪어보지 못했거나 해결해본 적이 없는 것들이 대부분이기에, 기성의 시각과 관점으로 새로운 문제들을 풀기 어렵다고 생각합니다. 저는 이런 문제들을 당사자인 미래 세대, 오늘의 청년 세대가 주도적으로 풀어야 한다고 생각합니다. 기회는 곧 권한입니다. 그러나 지금 우리 청년들에게는 문제를 해결할 기회와 권한이 부족합니다. 변화를 가장 크게 체감하고 있는 청년들이, 미래 사회를 이끌어가야 할 주역인 청년들이 문제를 풀어갈 수 있는 여건을 만들고 역할을 맡겨야 합니다.

최근 서울시는 청년 자치 정부를 만들기로 했습니다. 그동안 많은 서울시 청년 정책이 서울 청년 정책 네트워크에 참여하는 청년이 직접 기획하고 서울시가 수용해 탄생했습니다. 이러한 성과를 바탕으로 한 단계 더 높은 권한을 가진 새로운 청년 정책 주진체계인 '청년 자치 정부'를 만들고 있습니다. 그리고 이러한 기회가 선행되면, 정치적 성장 또한 가능할 것입니다. 예컨대, 지난 제6회 지방선거에서 선출된 서울시의회의 40세 미만의 시의원은 단 1명뿐이었습니다. 이번 6월에 열린 제7회 지방선거에서 당선된 서울시 시의원 중 만 40세 미만의 시의원은 약 6%, 7명입니다. 고무적인 현상입니다. 하지만 아직은 부족하다고 생각합니다.

서울의 민 20세 이싱 40세 미만 인구는 전체 서울 인구 중 31%입니다. 더 많은 청년이 사회에 주도적으로 참여하고 나설 수 있도록 해야 합니다. 해외의 여러 나라를 보면 청년 정치인들이 중요한 역할을 하고 있습니다. 재신더 아던(Jacinda Kate Laurell Ardern), 38살 뉴질랜드의 여성 총리는 말할 것도 없고, 최근 미국 민주당이 뉴욕주 하원의원 후보로 공천하고 당선된 오카시오 코테즈(Alexandria Ocasio-Cortez)는 28세 여성입니다. 스웨덴 교육부 장관 구스타프 프리돌린(Gustav Fridolin)은 35살입니다. 우리 청년들이 다른 국가의 청년들에 비해 능력이 부족하거나 열의가 없어서 역할을 맡지 못하는 것은 아닐 것입니다. 능력을 발휘할 환경이 안 되어있기 때문이라고 생각합니다.

Q3 전 세계적으로 많은 청년들이 정치인으로서 성공적으로 성장하고 있다는 사실은 확실히 이를 뒷받침하는 것 같습니다. 더불어 제도권 정치에 진입하기 위한 정치학도들을 위해 시장님께서 기획하신 몇 가지 정책들에 대해 조금 더 자세히 말씀해 주실 수 있나요?

서울시는 기존에 운영하던 민간 거버넌스인 '청년의회'의 역할을 확대해 청년 정책 예산 편성에 직접 참여하게 하고 정책 의제 발굴기능은 보다 강화할 예정입니다. 또한 지금까지 청년 정책에 한해 거버넌스를 운영했다고 하면 이제 시정 전반에 그 참여 범위를 확대하고 상시 참여를 보장할 생각입니다. 이외에도 앞서 이야기한 것처럼 청년 자치 정부를 구성하고 행정을 담당하는 집행부 격인 청년청을 서울시장 직속으로 만듭니다. 청년 자치 정부, 서울 청년 의회 상설화, 청년청 신설을 통해 청년위원 15% 목표제, 청년 인지 예산제, 미래혁신 프로젝트 등이 청년 정치학도들이 정치인들로서 성장을 할 수 있는 좋은 플랫폼이 되리라 생각 합니다.

Q4 광역자치단체장이자 정치인 서울특별시의 시장으로서 해오신 구체적인 업무들과 대표적으로 어렵다고 느끼셨던 부분은 무엇이 있을까요?

서울특별시장으로 지난 6년간 '땅과 건물에 투자하던 도시'를 '사람의 미래'에 투자하는 도시로, '복지를 낭비로 여기던 도시'를 '사람의 희망을 귀하게 여기는 도시'로 만들고 혁신해왔습니다. 사회적 경제, 공유도시, 국공립어린이집, 찾아가는 동주민센터, 마을공동체 등을 통해 시민 삶의 공공성을 강화해 개인이 모든 삶의 무게를 짊어져야 했던 '각자도생'의 시대를 끝내고 더불어 함께 행복한 '사회적 우정의 도시'를 만들고자 노력해왔습니다. 친환경 무상급식, 시립대 반값등록금, 채무 8조 감축과 복지예산 두 배 증액, 비정규직의 정규직화, 13만호 임대주택공급, 간병인이 필요 없는 환자 안심병원, 시내 곳곳을 누비는 2만여 대의 따릉이, 빅데이터로 만든 올빼미 버스, 2,000여 개의 숲과 정원, 마포문화비축기지, 서울로7017, 다시 세운 등 서울형 도시 재생 정책까지 작은 행복을 바라는 시민들의 삶을 풍요롭게 하기 위한 여정이기도 했습니다.

Q5 그렇다면 시장님께서 보시기에 광역자치단체장, 특히 서울특별시장이라는 직업의 미래전망은 어떻게 변화할까요? 어떤 시정 업무가 어려워지고 어떻게 해결할 수 있을까요?

앞으로 시정 업무는. 특히, 어려워지는 경제문제 그리고 이에 상응하여 발생하는 일자리의 부족과 같은 난제들에 있어서 장기적 체질 개선은 개연적으로 필요한 일입니다. 따라서 경제 업무에 대한 전문성을 가진 혜안과 일자리 문제를 해결에 기여하는 것은 시정 업무 중 어려우면서도 가장 중요한 업무로서 장래에 자리 잡게 될 것입니다. 그리고 이러한 어려운 업무에 따라 광역자치단체장으로의 업무는 증가할 것이고 난이도 또한 심화될 것입니다. 그러나 이러한 어려움에도 불구하고 장래에도 서울특별시장으로서 지지와 응원의 목소리뿐만 아니라, 반대의 목소리를 아우르면서 세심하게 경청하며 해결해 나아가야 할 것입니다.

Q6 정치학을 전공하는 청년들에게 정치인을 꿈꾸는 청년들에게 어떤 서울특별시장이 되고 싶으신 그리고 서울특별시장으로서 청년 정치학도들에게 남기고 싶으신 말씀이 있다면?

저는 늘 혁신하고 새로운 과제에 당당히 맞선 서울시장으로 기억되려고 노력해왔습니다. 그리고 청년들에게 "도전하라! 세상은 꿈꾸는 자들의 것이다"라는 말을 자주 합니다. 온 세상의 크고 위대한 일은 모두 청년들이 이루었습니다. 기존의 룰에 얽매이고 기존의 사고에 포박당하고 기존의 관행에 물든 기성세대들은 절대로 할 수 없는 일들을 청년들은 늘 이것을 깨트리고 넘어서면서 새로운 위대한 업적들을 이루어 왔습니다. 저는 늘 기업가 정신(entrepreneurship)을 강조해왔습니다. 청년들이 시대의 감수성을 갖고 끊임없이 도전하며 미래를 혁신해 갈 청년들 누구나가 갖춰야 할 필수 자격이라고 생각합니다. 또한, 흔히 말하는 '돈'과 '명예' 같은 것을 성공의 지표로 삼기보단 내가 하는 일이 누군가의 삶의 변화를 만들고, 나아가 시대의 변화를 만들어나간다는 보람과 자부심을 품기를 바랍니다.

Ⅱ. 광역의회 의원

해당 지방자치단체의 관할구역에 주민등록이 되어 있는 25세 이상의 국민은 지방의회의 의원은 피선거권을 가질 수 있으며(공직선거법 16조), 국회의원과 마찬가지로 지방의회 역시 지역구 선거와 비례대표 선거 두 가지 방식으로 그 직에 진출할 수 있다. 다른 선거와 마찬가지로 지방의회 역시 선거의 출마를 위한 기탁금[1]을 납부하여야 하는데, 대통령(3억 원)과 국회의원(1천500만 원), 그리고 시·도지사(5천만 원)에 비하여 광역의원 선거 300만 원과 기초의원 선거 200만 원으로 부담이 적다(공직선거법 56조). 따라서 광역의회의원직은 다른 정치경험에 비해 상대적으로 선거출마의 경제적 부담이 작아 정치학을 배우는 청년들에게 기회제공의 역할을 수행한다고 볼 수 있다. 해당 자치단체 지역구의 주민이 선거의 4대 원칙인 보통·평등·직접·비밀선거의 원칙에 따라 선출하며(지방자치법 31조), 임기는 4년으로 한다(지방자치법 32조). 또한 공직선거법에서 정한 사항에 따라 시행되는 선거를 통해 선출된다.

1. 광역의회 의원, 어떤 일을 하는 직업인가?

국가 차원에서 행정부와 국회가 상호 간에 견제와 균형의 역할을 수행하듯, 지방의회는 앞서 살펴본 집행기구로서 '광역자치단체'를 견제하고 균형을 맞추는 지방자치의 한 축을 담당하고 있다. 지방자치법 제5장에 따르면 지방의원은 조례의 제정·개정 및 폐지, 예산의 심의 및 확정, 그리고 결산의

1 "후보자등록을 신청하는 자가 등록신청 시에 후보자 1명마다 중앙선거관리위원회 규칙으로 정하는 바에 따라 관할선거구선거관리위원회에 납부하여야 하는 비용 (공직선거법 56조)"으로서 후보자의 난립을 저지하여 선거관리의 효율성을 꾀하고, 사전에 과태료나 대집행비용을 확보하기 위한 제도이다 (헌법재판소 2003).

승인뿐만 아니라 외국 지방자치단체와의 교류협력에 관한 사항 등을 의결한다(지방자치법 39조). 즉, 국회가 법을 제·개정하고, 정부의 예·결산안을 심의하고 승인하듯, 지방의회는 해당 지역을 위한 조례를 만들고, 지방자치 집행기구의 예·결산안을 심의하고 승인하는 것이다. 또한 안건의 심의와 직접 관련된 서류를 제출하도록 지방자치단체장에게 요구하고(지방자치법 40조 서류제출요구), 국회의 국정감사와 유사하게 해당 지방자치단체를 감사하고 조사할 수 있는 권한(지방자치법 41조 행정사무 감사권 및 조사권)을 행사한다. 나아가 지방의회는 지방자치단체의 장이나 유관 공무원의 행정사무처리에 관하여 의회 출석과 답변을 요구할 수 있다(지방자치법 42조 행정사무 처리상황의 보고와 질문응답). 그 권한 행사의 장이 중앙에서 지방으로 내려왔을 뿐, 국회의 그것과 매우 유사한 형태를 보이는 것이다.

이렇듯 지방자치에 막대한 영향력을 행사하는 지방의회 의원들은 그 권한 만큼 특수한 의무를 수반한다. 우선 특정 직종에 대한 겸직을 금하고 있는데, 다른 선출직 공무원은 물론이고 국가공무원이나 지방공무원, 공공기관이나 지방 공사 등의 임직원, 농업협동조합이나 수산업 협동조합 등의 임직원이나 중앙회장, 연합회장 등 법률에서 겸임할 수 없도록 정하는 직의 겸직을 할 수 없다(지방자치법 35조). 또한 "지방의회 의원은 공공의 이익을 우선하여 양심에 따라 그 직무를 성실히 수행하여야 하며, 지방의회의원은 청렴의 의무를 지며, 의원으로서의 품위를 유지하여야 한다. 또한 지방의회의원은 지위를 남용하여 지방자치단체·공공단체 또는 기업체와의 계약이나 그 처분에 의하여 재산상의 권리·이익 또는 직위를 취득하거나 타인을 위하여 그 취득을 알선하여서는 아니 된다(지방자치법 36조).

2. 광역의회 의원의 업무 강도 및 직업 안정성

지방자치법 제4절은 지방의회의 소집과 회기를 명시하고 있다. 지방의회는 매년 2회의 정례회를 개최하며, 정례회의 집회일과 그 운영에 대한 사항은 각 지자체의 조례로 정하게 되어있다(지방자치법 44조). 또한 지방의회의 장은 지방자치단체의 장이나 재적의원 3분의 1 이상의 의원이 요구하면 15일 이내에 임시회를 소집하여야 한다(지방자치법 45조). 연간회의의 총일수와 회의의 회기는 각 지자체의 조례로 정하고 있으며(지방자치법 47조), 서울시의회의 경우 총일수를 150일 이내로 정하고 있지만, 회의일수의 연장이 필요한 경우 본회의 의결로 연장할 수 있다(서울특별시의회 기본 조례 5조).[2] 이는 국회법에서 정기회의 회기를 100일로, 임시회의 회기를 30일로 규정한 것(국회법 5조의2)을 고려하면 크게 다르지 않은 수준인 것으로 보인다. 다만, 국회의원과 다르게 광역의원과 같은 지방의원은 정책보좌관 등의 도움 없이 의정활동을 하며, 이에 따라 과한 업무에 시달리기도 한다.

그러나, 업무강도에 대한 사항과 관련하여 최근 의정활동비 인상요구를 두고 상당한 논란이 있다. 법률(지방자치법)상 지방의회 의원은 지방행정사무와 관련한 상당한 권한과 의무를 가지고 있음에도 불구하고 광역의원들의 한 해 평균 조례 발의 건수가 2017년 기준 1인당 2.6건 수준이라는 비판에 직면하고 있기 때문이다.

또한 직업안정성 역시 타 직군보다 상당히 낮은데, 이는 관련 법률에 4년으로 정해진 임기에 의한 필연적인 결과로 볼 수 있다. 자치단체장과 마찬가

2 이 외에도 양 정례회의 회기일은 합쳐서 80일로 정하고 있으며, 임시회는 20일로 정하고 있다.

지로 4년마다 실시되는 전국동시지방선거, 혹은 임기를 정상적으로 수행하지 못한 지역에서 실시되는 재·보궐 선거를 통해서만 진입할 수 있으며, 근무기간 역시 다음 선거까지이므로 매우 짧다. 물론 재선에 성공한다면 8년, 3선에 성공한다면 12년의 기간 동안, 나아가 자치단체장과 다르게 지방의원들은 국회의원과 마찬가지로 연임제한이 없기 때문에 능력 여하에 따라 사실상 평생직장이 될 수도 있다. 하지만 이는 극히 드문 경우로 제7회 전국동시지방선거 광역의원 당선자 824명 중 기존에 지방의원에 봉직하고 있었던 사람은 127명밖에 되지 않는다.

3. 보수, 처우 등 근무여건 및 환경

이전의 지방의원들은 무보수 명예직이었지만, 현재의 지방의원들은 일정 수준의 보수를 받고 있다. 지방의원의 경우 2006년 유급제 도입 이후 월정수당과 의정 활동비로 구분되어 지급되어 왔고, 광역의회 의원의 경우 의정 활동비로 월 150만 원을 보조받고 있다. 월정수당의 경우 일종의 기본급과 같은 개념으로 지자체별로 기준액 산식에 따라 의원 1인당 인구수 등을 반영하여 상한액을 산정해 왔다. 현재 서울시의회를 기준으로 월 150만 원의 의정활동비와 380여만 원의 월정수당을 지급하고 있다(서울특별시의회의원 의정활동비 등 지급에 관한 조례). 하지만 행정안전부는 지방분권을 강화하기 위해 상한액 산식을 폐지하였으며, 지자체별 의정비심의위원회를 통해 이를 정하도록 시행령을 개정하였다(세계일보 2018). 이를 통해 월정수당을 포함한 지방의원의 보수는 인상되고, 직업으로서 가치 역시 증가할 것으로 보인다.

하지만 선거운동 기간의 지출, 직업전환의 위험부담 등을 고려한다면, 지방의원의 경제적 여건은 여전히 개선할 필요가 있다. 지방의회 유급제 전환에도 젊고 유능한 인재의 유입, 의원 전문성의 향상 등 초기의 목적을 달성하기에는 무리가 있는 것이다. 이러한 점을 고려하여 정치인 후원금제도를 지방선출직에도 도입하는 방안이 고려되고 있으며(전영상 2010), 이러한 내용을 담은 정치자금법 일부 개정안이 지난 2018년 9월 더불어민주당 박용진 의원에 의해 대표발의 되었다(시사뉴스 2018). 현행 정치자금법에 따르면 국회의원과 대통령 선거 후보자 및 예비후보자, 대통령선거 당내경선후보자, 지역구 국회의원선거 후보자 및 예비후보자, 당 대표자 경선 후보자, 지방자치단체장 선거 후보자의 경우만 후원회를 설치하고 후원금을 모금할 수 있다(정치자금법 6조). 사회에 갓 진출한 청년계층이 순수한 직업으로서 정치인을 꿈꾸기에는 현재로서 많은 현실적인 제약이 존재하는 것으로 보인다.

4. 여명 자유한국당 서울시의원과의 대담

여명 자유한국당 서울시의원은 숙명여자대학교 정치외교학과를 졸업한 정치학도로서, 2018년 지방선거를 통해 서울시의원에 당선되었다. 최연소 여성 시의원 중 한 명이면서 정치학도 출신의 광역의원인 여명 서울시의원과의 대담을 통해 정치학을 전공한 청년 정치인의 경험을 정치학도, 혹은 정치학도를 꿈꾸는 어린 학생들에게 생동감 있게 전달해 줄 수 있을 것이다.

Q1 의원님께서는 정치학을 전공하신 대학생이셨는데, 왜 이 길을 걷게 되셨는지 그리고 어떠한 삶을 살아오셨는지 궁금합니다.

연세대학교 사학과를 졸업한 아버지 영향으로 집에 역사서가 많았습니다. 깨알 같은 크기의 책들을 아주 어린 시절부터 접하다 보니 저도 모르게 역사에 대한 사명의식이 생겼고 거시적인 일을 다루는 일을 하고 싶었습니다. 처음에는 막연하게 역사학자가 되어 일본과 중국의 역사왜곡에 맞서는 전투형 학자가 되고 싶었는데, 자라고 보니 그것은 외교의 문제 더 나아가 국력의 문제임을 알게 됐습니다. 또한 역사라는 것이 자국의 애국심을 고취하는 방향이자 내셔널리즘(nationalism)과 관계된 것이지 꼭 다른 나라를 침범하려 하는 것이 아님을 알게 되었고요. 부국강병·자유통일·기회의 평등을 실현하는 정치를 하고 싶은 생각으로 정치외교학과에 진학했습니다. 2010년~2016년 사이 대학을 다녔는데, 미국에서 학계·기업의 참여를 이끌어내고 결국 레이건을 당선시켰던 신보수주의 운동을 롤모델로 삼아 한국의 문화·경제·교육 문제를 극복하기 위해 사회운동에 적극적으로 참여했습니다. 대학생 때 시작한 사회참여가 정치로 직행하리라는 생각은 한 적 없었고, 우선적인 직업적 목표는 기자 혹은 학자였지만, 제가 몸담은 정치 진영에서 일련의 역할을 부여받았고 지금 서울시의회까지 비교적 빨리 진출하게 됐네요.

Q2 정치학 전공자들이 서울특별시 시의원이라는 직업을 선택하면서, 어떠한 소양과 자질이 필요하다고 생각하시나요?

서울시의원은 절반의 생활밀착형 정책과 절반의 이념적 정책을 다룹니다. 정치의 여러 정의가 있겠지만 지방의회 특성상 우선은 '사람에 대한 관심' 에서 출발하는 것이 그 시작이겠죠. 두 번째는 세상을 바라보고 해결하는 관점 정립입니다. 그래서 정치인의 소양과 자질은 딱 한 가지입니다. 국민 혹은 신념을 위한 희생정신입니다. 토론실력이나 연설실력, 사람 대하는 기술은 하다 보면 늘기 마련입니다. 그러나 희생이라는 '자질' 은 쉽게 개발될 수 없죠. 남들처럼 그 나이대에서 하고 싶은 일 다 하고 싶고, 가치관 없이 매 순간의 선택 기준이 없다면 평범한 유권자로 남아있는 편이 낫다고 봅니다.

Q3 정치인이 되기 위해 정치학을 공부하는 것은 어떠한 연관성과 이점이 있을까요?

정치란 사람에 대한 관심에서 출발하는 것이기에 전공과는 상관이 없습니다. 저 역시 학교에서 배운 지식을 하나도 써먹을 수 없는걸요. 다만 성명을 쓸 때, 논평할 때에는 남들보다 유리한 면이 분명히 있습니다. 용어와 정의를 잘 알고 있기 때문이죠.

Q4 정치학을 전공한 의원님 같은 청년 정치인들이 제도권 정치에 계속해서 들어갈 수 있을까요? 그리고 의원님이 소속되신 정당과 의원님께서는 청년 정치인 육성을 위한 계획에 관해 구체적으로 설명해주실 수 있나요?

제도권 정치라고 하면 그 정의가 사람마다 다를 것으로 생각합니다. 선출직 공무원인지, 행정가인지, 기자인지, 참모진인지, 선출직 공무원이라면 지방의원인지 국회의원인지요. 각 직업군이 하는 일들과 자신의 역량을 적확히 파악하는 사람이 유리하겠죠. 정치학 전공한 사람들은 아무래도 학교에서 보좌관 선배들, 기자 선배들과 함께하는 자리를 많이 만들어줄 거예요. 그런 분들의 특강을 듣다가 인연이 되어 의원실에 근무할 수도 있고 다른 기회가 올 수도 있고요. 그리고 저는 개인적으로는 청년 정치인이 꼭 제도권 정치에 들어가야 하나? 의 질문에는 솔직히 회의적입니다. 그 일을 잘 할 수 있는 역량이 있으면 자연스레 진입할 것이고 특정 나이대의 몫이 있어야 한다고 생각하지는 않습니다. 자유한국당은 여러 정치학교 프로그램 개발을 위해 노력 중이긴 한데 아직 그 과정 중에 있어서 딱히 자랑스럽게 추천할 만한 것은 없네요.

Q5 서울특별시의 시의원으로서 해오신 대표적인 업무들의 소개와 업무의 양과 어려움에 관해 설명해주실 수 있나요?

글쎄요. 아직 5개월 차 시의원이라 대표적으로 뭘 했다고 하기는 좀 부끄럽네요. 의회 활동, 언론 활동, 정책 개발 등으로 나뉠 수 있겠죠. 저는 교육위원회 소속이라, 교육청이 피감 대상입니다. 11월 1일부터 시작한 행정사무감사(국회의 국정감사에 해당)와 예산심의, 그리고 조례안 심사를 어제(12월 20일) 막 마쳤습니다. 우선 서울시교육청의 예산은 총 9조 원이구요 교육위원회 소속 위원들에게 업무에 대한 감사, 예산 심의, 예산 결산을 받습니다. 더 자세한 것은 지방의회 역할과 기능을 찾아보시면 될 것 같고요, 저는 주로 선택과 자율의 관점에서 사안을 바라보려고 노력합니다. 또한 제가 대학생 때부터 우리나라의 편향된 교육현실에 천착해왔던 만큼 교육의 이념적 편향에 대한 우려와 관련해서 목소리를 높이는 편입니다. 그래서(제가 보기에는)

준 이적단체인 모 시민단체에 외주를 맡겨 진행했던 평화통일골든벨 사업을 임시회 때 지적해서 없앴습니다. 최근 논란된 조희연 교육감의 '학교 밖 청소년 20만 원 기본수당 지급'도 행정사무감사-예산 심의 내내 지적한 결과 사업자체를 저지하지는 못했지만, 제가 아이디어를 내 사업명을 '학교 밖 청소년 학교참여수당'으로 바꿨습니다. 이념적인 용어들을 완화한 거죠. 그 외 교육감 정책사업 예산들을 삭감한 것이 있긴 한데 예결위 가서 다시 증액이 되어왔더라고요. 이 부분은 현재 서울시 의회 구성의 절대다수가 민주당이라 어쩔 수 없는 듯합니다.

Q6 의원님께서 보시기에 서울특별시 시의원이라는 직업의 보수, 안정성과 근무여건은 현재 어떠한가요? 그리고 미래에는 어떻게 변화할까요?

솔직히 말씀드리면 직업정치인이 되기에는 어려운 수준의 보수입니다. 국민들의 인식이 바뀌면 좋은데 아무래도 의원에 대한 관념이 대개 부정적이니 민주주의가 더 발전해가면서 우리가 극복해야 할 문제이지요. 예를 들어 직업정치인이 불가능한 구조라면 돈 많은 사람만 정치에 진입할 수 있게 될 겁니다.

Ⅲ. 정치인이 되는 과정

정치인이 되는 길은 다른 직업군과 비교하여 상대적으로 엄격하고 복잡한 과정을 거쳐야 한다. 이는 시민의 대표로서 선출직 공무원이 가지는 대표

성과 막중한 책임을 고려해본다면 당연한 이치인데, '공직선거법'은 그 절차와 방법을 자세히 설명하고 있다. 본 장에서는 앞서 설명한 광역자치단체장과 광역의회 의원을 기준으로 정치인이 되는 과정을 설명하고자 한다.

광역자치단체장과 광역의회 의원은 '선출직'이다. 즉 민주적인 절차에 의한 선거를 통해 시민의 선택을 받아 공직을 수행한다. 그렇기 때문에 정치인이 되고자 하는 사람은 시민의 선택을 받기 위한 선거 '후보자'가 되어야 한다. 후보자가 되기 위해선 두 가지 길 중 하나를 선택해야 하는데, 정당의 후보자 추천, 소위 정당의 공천을 받아 정당소속으로 출마를 하던지, 아니면 선거권자의 후보자 추천, 즉 '무소속후보자'로 출마를 해야 한다. 무소속후보자가 되고자 하는 자는 관할선거구선거관리위원회가 후보자 등록신청 개시일 전 5일부터 검인하여 교부하는 추천장을 사용하여 다음 각호에 의하여 관할 선거구에 등록된 선거권자의 추천을 받아야 하는데, 지역구시 · 도의원선거(광역의원)의 경우 100인 이상 200인 이하, 시 · 도지사선거(광역자치단체장)의 경우 당해 시 · 도 안의 3분의 1 이상의 자치구 · 시 · 군에 나누어 하나의 자치구 · 시 · 군에 주민등록이 되어 있는 선거권자의 수를 50인 이상으로 한 1천인 이상 2천인 이하의 추천이 필요하다(공직선거법 48조). 무엇보다 정당의 당적을 보유하고 있거나, 후보자 등록 기간에 당적을 이탈·변경하는 경우에는 무소속후보자로 등록할 수 없다(공직선거법 49조 6항).

정당의 공천을 받아 정당소속 후보가 되기 위해서는 정당이 내부적으로 정한 절차를 따라야 하는데, 정당은 후보자를 추천하는데 있어 민주적인 절차를 따라야 하며(공직선거법 47조) 필요한 경우 정당이 후보자 추천을 위한 당내경선이 시행할 수 있다(공직선거법 57조).

위의 과정을 거쳐 후보자가 될 자격을 얻었다면, 해당 선거일 20일 전부터 2일간 관할 선거관리위원회에 서면으로 후보자 등록을 신청해야 한다(공직선거법 49조). 또한, 등록과 함께 후보자가 되고자 하는 자는 공직자윤리법이 정하는 동록 대상 재산에 대한 신고서, 병역사항에 대한 신고서, 각종 세금의 납부 및 체납에 관한 신고서, 그리고 전과기록 등을 제출할 의무가 있다(공직선거법 49조 4항). 시민의 대표자가 되기 위한 후보자로서, 결격사유가 있는지 시민들이 직접 판단하기 위한 절차라고 할 수 있다.

후보자 등록을 완료했다면, 선거운동을 통해 자신이 당선되기 위한 노력을 기울여야 하는데, 공직선거법은 선거운동을 '당선되거나 되게 하거나 되지 못하게 하기 위한 행위'로 정의하고 있다. 선거운동은 선거기간 개시일부터 선거일 전일까지에 한하여 할 수 있으며, 세부 법 조항을 통해 이에 대한 자세한 사항을 설명하고 있다(공직선거법 제7장).

Ⅳ. 결론

본론에서 알 수 있다시피, 정치인이라는 직업 자체가 굉장히 특수하다는 것을 알 수 있다. 지방자치단체의 장, 혹은 의원을 업무 수행이라는 내재적 측면에서 보았을 때, 지방자치법에 따라 보장된 많은 범주의 업무를 해야 하기 때문에 과도한 업무에 시달릴 수도 있지만, 동시에 광역자치단체의 수장으로서 산하 기관 및 소속 기관에 대한 정무적 업무 방향 결정에 대한 행정권과 인사권을 바탕으로 막대한 재량권을 행사하거나, 광역의원으로서 지역 내

탄탄한 조직을 가지고 능동적으로 업무를 위임하고 감독만 하는 역할을 할 수도 있다. 즉, 그 자리에 앉는 사람이 누구인지에 따라 완전히 다른 성격으로 광역 입법 업무 및 광역자치단체의 방향이 흘러갈 수 있음을 의미한다.

또한, 선출직 공무원으로의 당선 여부라는 외재적 측면에서 보았을 때, 광역단체장 및 광역의원의 접근성은 상당히 낮다. 광역자치단체장의 경우 대한민국의 약 5,000만 인구 중 오직 17자리밖에 존재하지 않으며, 당선되면 내재적 측면에서의 고민만 남아 있는 것이지만, 선거에서 낙선할 경우 감당해야 할 사회적 시선과 경제적 부담이 큰 직군이기 때문이다. 마찬가지로 광역의원 또한 여러 정당의 경쟁자들과 다투어야 하며, 상대적으로 낮은 선거 출마 진입장벽으로 인해 광역자치단체장 선거보다 많은 거대 여당과 야당 그리고 무소속 및 군소 정당 후보들과 치열하게 경쟁해야 하기도 한다.

우리는 두 가지 정도의 질의에 도달할 수 있다. 이러한 특수성을 가진 정치인, 그중 광역자치단체장과 광역의원이라는 직업에 대한 자격과 권장할 만한 근거에 대한 질의와 과연 정말 현실적으로 가능한지에 대한 여부가 바로 그것이다.

정치인, 특히 선출직 공무원은 특수한 권한과 의무를 헌법과 법률상 보장받은 만큼 정치인의 필수적 자격은 무엇보다도 공익을 위해 헌신할 준비가 되어있냐는 것이다. 공익이라는 요소와 그 공익을 위한 헌신이라는 개인적 요소가 결합하지 않는다면, 개인의 도덕적 해이가 지방정부의 위기가 될 수 있고 동시에 국가적 위기가 될 수 있다는 방증을 의미하는 것이기 때문이다. 따라서 공익을 향한 헌신이 준비되어 있다면 이미 정치인으로서 준비가 된 것이다.

그다음의 역할은 그 봉사의 자격을 바탕으로 정치인으로서 실질적으로 지역주민들에게, 혹은 국민에게, 더 나아가 범인류적 차원에서 도움을 줄 수 있는 역량을 갖추어야 한다는 것이다. 따라서 광역자치단체장 및 광역의원은 자치단체에 대한 개인의 지나친 이상이나 포퓰리즘적(populism) 욕망이 지역주민과 지역의 발전을 저해하지 않는 선에서 본인의 역량을 발휘해야 한다.

이러한 자격을 가지고 정치인으로서 봉사할 때 그리고 그것이 성공할 때 전국적 혹은 전 세계적으로 존경을 받고 역사의 한 페이지를 장식하는 영광을 얻을 수 있는 직업이고, 이러한 자격이 수반되지 않을 때, 부패한 정치인 혹은 포퓰리즘(populism)에 빠져 재정을 파탄 낸 정치인이라는 경멸적 이름으로 역사에 기록되는 어려운 직업이다.

그리고 무엇보다도 정치학을 전공했고, 정치인이 되고 싶다고 해서 모두 정치인이 된다는 보장은 없다. 그리고 비정치학 전공자들도 꿈을 꾼다면 누구나 참여할 수 있는 경쟁적이고 치열한 사투가 벌어지는 선거를 필연적으로 거쳐야 한다. 따라서 정치인이 되기 위한 자격을 갖기도 어렵고, 되기도 어려우며, 성공하기도 어려운 직업인데, 우리는 어떻게 의연하게 그 꿈을 꿀 수 있을까?

베버는 본인의 저서 '직업으로서의 정치'(1965)에서 정치란 정열과 선구안을 가지고 남들이 보기에 불가능하다는 냉소에도 끊임없이 몇 번이라도 자신의 이상을 위해 시도하는 것이라고 제시한다. 그리고 이러한 일을 할 수 있는 사람은 정치인이고 정치를 하고자 하는 사람은 지독한 절망 속에서 모든 희망이 다 깨어져도 이겨 낼 수 있는 확고한 용기로 자신을 무장한 사람 그리고 그 용기로 지금 당장 실천할 수 있는 사람이어야 한다. 또한, 자신의 이상과 공익에 대한 헌신보다는 세계가 자신이 보기에 너무 야비하고 너무 무지하더라도 이에 절대 좌절하지 않으며, 동시에 어떠한 어려움에 직면한다고 할지라도 '그럼에도 불구하고'를 외치며 포기하지 않는 사람이어야 한다고 말한다. 이런 사람만이 정치에 대한 '소명'을 가진 사람이라고 베버는 강조한다.

이미 공익을 위해 헌신할 준비가 된 사람은 정치인이 될 수 있는지에 대한 가능성을 따지지 않을 것이다. 이미 용기를 가진 사람은 위에 무수한 어려움에도 좌절하거나 포기하지 않을 것이다. 또한, 우리는 그런 용기 있는 정치인이 필요하고, 또 원하고 있다. 결국, 정치인이라는 직업을 꿈꾸는 정치학도라면 성공과 실패를 두려워하는 사람이 아닌, 꿈을 실현할 용기를 가지고 한 걸음 내딛는 사람이 되어야 할 것이다.

참고문헌

국가법령정보센터. 2017. "지방자치법". http://www.law.go.kr/LSW/LsiJoLinkP.do?lsNm=%EC%A7%80%EB%B0%A9%EC%9E%90%EC%B9%98%E B%B2%95# (검색일: 2018.12.03).

국가법령정보센터. 2018. "공직선거법". http://www.law.go.kr/LSW/lsInfoP.do?lsiSeq=203125#0000 (검색일: 2018.12.03).

국가법령정보센터. 2018. "정치자금법". http://www.law.go.kr/LSW/lsLinkProc.do?&lsNm=%EC%A0%95%EC%B9%98%EC%9E%90%EA%B8%88% EB%B2%95&chrClsCd=010202&mode=20# (검색일: 2018.12.18).

국가법령정보센터. 2018. "국회법." http://www.law.go.kr/LSW/lsSc.do?tabMenuId=tab18&p1=&subMenu=1&nwYn=1&section=&tab No=&query=%EA%B5%AD%ED%9A%8C%EB%B2%95#liBgcolor0 (검색일: 2018.12.23).

이동훈. 2018. "박용진. "정치신인 선거 비용 부담 축소시켜야"." 『시사뉴스』(9월 7일). http://www.sisa-news.com/news/article.html?no=114442 (검색일: 2018. 12. 18).

이창훈. 2018. "기초의원 1년에 조례 1건 발의…지방의원 월급 상한선 사라져." 『세계일보』(10월 23일). http://www.segye.com/newsView/20181023003360 (검색일: 2018. 12. 03).

이해성. 2018. "'지방의원 연봉 상한 폐지' 법률개정 논란." 『한국일보』(10월 23일). http://news.hankyung.com/article/2018102365811 (검색일: 2018.12.03).

전영상. 2010. "지방의원 유급제 도입의 효과 분석." 『한국행정학보』 44-4. 157-182.

중앙선거관리위원회. 2018. "선거통계시스템." http://info.nec.go.kr/ (검색일: 2018.12.03).

헌법재판소. 2003.08.21. 2001헌마687.

Weber, Max. 1965. Politics as a Vocation(원제: Politik als Beruf). Edited and translated by H. H. Gerth. And C. Wright Mills. Philadelphia : Fortress Press.

제6장 외교 분야

외무·국제공무원

윤세미, 류소현

서론

'나라의 앞날을 준비하라', 거창해 보이지만 울림을 주는 이 글귀는 '대한민국 외교관을 양성하는 국립외교원'의 슬로건이다. 정치외교학과라는 학과명만 살펴보더라도 정치외교학도에게 있어 '외교'분야는 '현실정치'와 함께 가장 관련이 있다. 정치학도로서 "외교관이 되려고 하니?"라는 질문도 '정치인'과 더불어 가장 많이 받는 질문이기도 하다. 우리가 공유하는 국제사회는 과학기술통신의 발달로 국가 간의 거리가 줄어들고 있다. 국경을 넘는 교류가 점점 더 일상이 되는 것은 이미 진부한 설명일 것이다. 외교는 이러한 국제사회에서 국가들 간의 우호관계를 형성하는 정치분야의 중요한 부분이다. 또한, 외교분야는 일상생활에서 접할 수 있는 외국 문화, 해외 여행, 다양한 각국의 음식 등 직접 피부로 느낄 수 있는 것들에 영향을 미치기도 한다. 실제로, 많은 정치외교학도들은 외교분야에서 근무할 것을 꿈꾸고 있다. 이 장에서는 정치외교학도의 관점에서 직업으로서의 외교분야를 알아보고자 한다.

I. 외교?

일반적으로 '외교'란, 국제관계의 사회에서 무력이 아닌 협상을 통하여 맺는 국가간의 모든 대외관계를 의미한다. 외교는 주로 '정부기관에 의한 주권국가간의 공적 관계의 조정'이라는 전통적인 의미로 이해된다. 그렇기 때문에 대한민국의 경우, 많은 외교의 분야의 업무들이 외교부의 외교관을 중심으로 이루어지게 된다. 오늘날 외교는 외교의 행위자와 대상의 확대로 그 유형이 다양해지고 있다. 전통적 외교관계를 넘어 일반 대중을 대상으로 하는 공공외교, 국가간 다자협력을 도모하는 외교 등으로 확장되고 있다. 본 장에서는 외교를 크게 우리나라의 외교업무를 담당하는 전통적인 외교관과 국제적 외교업무라고 할 수 있는 국제기구 직원으로 나누어 설명하고자 한다.

아래에서 시작될 내용은 다음과 같은 자료를 활용했음을 밝힌다. 이 보고서를 작성하기 위해 관련 기관에 대해 조사한 자료와 더불어 2018년 11월 21일 연세대학교에서 진행되었던 정치학과 진로개발 수업 중 정치외교학과 김기정 교수님과 외교부 중견간부이신 심의관님의 좌담(이하, '심의관님'으로 서술)을 중심으로 담았다. 또한, 2018년 10월 11일 진행된 외교부 소속 최정호 연구원님과의 인터뷰, 모 국제기구 직원 선생님 및 UN 본부의 직원 선생님과의 서면 인터뷰, 그리고 2018년 12월 11일 진행된 UNDP 서울 정책센터의 장선형 정책담당관님과의 인터뷰로 외교분야 현장에서의 시각을 담고자 노력했다. 우리의 조사에 많은 도움을 주신 선생님들께 감사의 말씀을 전하고자 한다.

Ⅱ. 외무공무원

1. 소개

외교부에서 일하는 대부분의 공무원은 외무공무원법을 따라 '외무공무원'의 신분을 가지고 있다(국가법령정보센터 참조). 외무공무원은 일반공무원과는 다른 법률적 체계 속에서 운영되기 때문에 구분된 명칭을 가지고 있다. 외무공무원을 떠올리면 가장 먼저 연상되는 직업은 '외교관'이다. 외교관의 범위가 어디까지이고 누구인가에 대한 질문이 생길 수 있는데, 이는 해외공관으로의 파견 여부로 구분할 수 있다. 외교부에서 해외공관으로 파견이 되면 외교관이라는 명칭으로 불리게 되며 파견을 마친 후 외교부 본부로 돌아오게 되면 외교부 공무원으로 불리게 된다. 따라서 외교관은 외무공무원의 급수가 높다고 부여되는 명칭은 아니다.

2. 외무공무원에게 필요한 소양과 자질

외무공무원에게는 어떤 소양과 자질이 필요할까? 우리는 외교부 공식 블로그인 '모파랑'에 소개된 외교관들의 강연과 경향신문에서 발행한 '직업의 세계'를 참고하여 이에 대한 정보를 얻을 수 있었다. 또한, 세미나와 인터뷰를 통해 정리한 정치외교학을 전공한 선배 외교관과 외교분야 학자가 바라보는 소양과 자질을 포함했다. 이를 통합해 함께 보면서, 외교관에 대한 일반적인 이해와 더불어 외교직을 준비하는 정치학도들에게 더 특별한 도움이 되도록 하였다.

모파랑 블로그는 사명감, 의사소통능력, 학습력 그리고 판단력을 외교관의 자질로 설명하고 있다. 첫째, 사명감은 외무직의 고된 업무와 열악한 해외공관 업무를 견디게 한다. 둘째, 의사소통능력은 폭넓은 지식과 개방적인 태도로 개인의 선호를 넘어서는 대인관계능력을 의미한다. 이 점은 관계에 있어서 개방성뿐만 아니라 대인관계관리가 개인의 컨디션과 관계없이 업무로써 진행되고 지속되어야 한다는 직업정신을 포함한다. 셋째, 학습력은 잦은 직무 변화로 인한 새로운 언어와 다양한 분야에 대한 성실한 학습태도를 뜻한다. 마지막, 판단력은 복잡한 외교사안에 대한 필요한 정보수집과 사안에 대한 정확한 판단을 의미한다.

진로 세미나에서, 정치외교학을 전공하신 심의관님께서는 훌륭한 외교관은 먼저 국제정치를 보는 안목을 가져야 한다고 강조하였다. 이런 안목은 오히려 의사소통능력보다 더 중요할 수도 있다. 심의관님께서는 정치외교학을 전공하면서 현시점에 무엇이 우리나라에 중요한 것인가를 판단하는 능력을 훈련한 것 같다고 회고하였다. 또한, 어떤 사안에 대한 일관된 의견을 가지는 것 또한 훌륭한 외교관이 갖는 자질이다. 이에 더해서 국제정치를 탐구하는 학자로서 연세대학교 정치외교학과 김기정 교수님은 외교관의 자질로서 사명감과 역사에 대한 이해를 강조하였다.

정치학은 국제정치의 권력 구조와 역사의 변화가 우리나라와 세계에 미치는 것들에 대해 분석하고 생각하는 학문이다. 정치외교학을 공부한 외교관은 이러한 학문적 훈련을 통해 위에 설명한 것과 같은 좋은 외교관으로서의 소양과 자질을 가질 수 있다. 정치학도로서의 학문적 경험은 어떤 일을 근본적으로 해결하고자 하는 방향성을 제공하는 토대가 된다. 이 점은 '정치학도 외교관'이 차별

점을 가질 수 있는 부분일 것이다.

3. 외교공무원의 직렬과 조직

여기에서는, 외무공무원은 어떤 일을 담당하게 되는지 알아보고자 한다. 위에서 언급한 것처럼, 외무공무원은 외무공무직의 직무 및 책임의 중요성과 신분 및 근무조건의 특수성으로 인해 그 자격, 임용, 교육훈련, 복무, 보수 및 신분보장 등이 일반공무원들과는 달리, 「국가공무원법」의 특례로서 규정된다. 외무공무원은 '외무공무원법 제 5조'에서 다음과 같이 정의된다.

> 제5조(외무공무원의 임무)
>
> 외무공무원은 대외적으로 국가의 이익을 보호·신장하고, 외국과의 우호·경제·문화 관계를 증진하며, 재외국민을 보호·육성하는 것을 그 임무로 한다[전문개정 2011. 4. 4.].

외무공무원법 제 2조는 외무공무원의 세부 직렬을 정의하고 있다. '참사관급' 이하 외무공무원의 직렬은 크게 외교통상직렬, 외무영사직렬, 외교정보기술직렬의 세 가지로 나뉜다. 외교통상직렬은 외교와 통상업무를, 외무영사직렬은 영사업무를, 외교정보기술직렬은 외교정보 관리, 통신업무를 담당한다. 외무공무원은 외교부 본부, 국립외교원, 재외공관(대사관, 총영사관, 대표부) 등 외교부의 다양한 조직에 소속된다. 아래의 표 6-1은 외무공무원의 직렬과 직위를 보여준다.

표 6-1 외무공무원의 직렬과 직위

<table>
<tr><th>일반직 공무원</th><th>외무 공무원</th><th colspan="3">직렬/직위</th><th>본부 대외직명</th><th colspan="2">공관 대외직명</th></tr>
<tr><td></td><td>14등급</td><td colspan="2">실장급 이상 직위</td><td rowspan="2">공사급 이상 직위</td><td>실장 (차관보급)</td><td>대사 Ambassador</td><td></td></tr>
<tr><td>고위 공무원 (가)</td><td>고위 공무원 (가)</td><td colspan="2"></td><td>국장, 심의관</td><td>공사 Minister</td><td rowspan="2">총영사 Consul-General</td></tr>
<tr><td>고위 공무원 (나)</td><td>고위 공무원 (나)</td><td colspan="3" rowspan="4">참사관급 직위</td><td rowspan="4">과장/팀장</td><td rowspan="2">공사 참사관 Minister-Counsellor</td></tr>
<tr><td>3급</td><td>9등급</td><td>부총영사 Deputy Consul-General</td></tr>
<tr><td rowspan="3">4급</td><td>8등급</td><td rowspan="3">참사관 Counsellor</td><td rowspan="4">영사 Consul</td></tr>
<tr><td>7등급</td></tr>
<tr><td>6등급</td><td rowspan="4">외무 영사직</td><td rowspan="4">외교정보 기술직</td><td rowspan="2">외교 통상직</td><td>외무서기관</td></tr>
<tr><td>5급</td><td>5등급</td><td>외무사무관</td><td>1등 서기관 1st Secretary</td></tr>
<tr><td>6급</td><td>4등급</td><td rowspan="2"></td><td rowspan="2">외무행정관</td><td rowspan="2">2등 서기관 2nd Secretary
3등 서기관 3rd Secretary</td><td rowspan="2">부영사 Vice Consul</td></tr>
<tr><td>7급</td><td>3등급</td></tr>
</table>

출처: 모파랑, 2015

현실에서의 외교관은 무슨 일을 할까? 이에 대한 생생한 대답을 심의관님으로부터 들을 수 있었다. 외국에 파견된 외교관은 아침에 출근하여 외교 전문(cable)을 여는 것으로 하루를 시작한다. 본국 정부에서 내려온 많은 업무지시를 확인하며 일을 시작한다. 업무는 크게 정보를 수집하는 것(information)과 무언가를 하는 것(instruction)으로 구분된다. Instruction은 "어디에 가서 어떤 일을 해보고 반응 조사하기"와 같은 지령들이다. 이를 시행하면서 관련 담당자들을 만나 질문을 하기도 하고 비언어적인 관찰을 통해 필요한 정보를 얻는다. 이를 위해, 파견국의 사람들과 지속적인 네트워크를 구성하는 것도 외교 업무의 일부라고 할 수 있다. 그 밖에도 언론을 확인하고 본국으로의 업무보고를 실시한다.

4. 채용방식

외무공무원의 채용은 크게 공개채용과 경력직 채용 그리고 계약직 채용으로 나뉜다. 공개채용은 일반적으로 알려진 5급 외교관후보자 선발시험이 있으며, 이와 더불어 7급 외무영사직 시험이 있다. 경력직 경우에는 민간경력자 일괄채용시험과 외무공무원 경력경쟁채용시험이 있다. 다음의 표 6- 2는 외무공무원이 될 수 있는 다양한 과정을 보여준다.

표 6-2 외무공무원 채용방식

공개 경쟁 채용 시험 (공개채용)	경력 경쟁 채용 시험 (경력직 채용)	계약직
5등급(=5급)외무공무원 • 외교관후보자 선발시험	민간경력자 5급 일괄채용시험 • 전문가채용: 특수 외국어,법률, 홍보 등.	다양한 분야, 방식의 채용
3등급(=7급)외무영사직 • 행정업무 중심	외무공무원 3·4등급 경력경쟁채용시험 • 외무영사직 채용 • 특수언어 전문가 채용 등 • (자체)경력경쟁채용 • (구, 특채)	

출처: 모파랑, 2015; 한국경제매거진, 2011을 참고하여 저자 재구성

1) 외교관후보자 선발시험

외교관후보자 선발시험은 대표적인 외무공무원 선발시험으로 5급 외무공무원을 뽑는 국가고시이다. 선발 분야는 일반외교, 지역외교(중동, 아프리카, 중남미, 러시아/CIS, 아시아), 외교전문(경제, 다자외교 등)으로 구분된다. 일반외교분야는 20세 이상 대한민국 국적자로서 한국사, 영어, 제2외국어 요건을 충족시키는 사람이 응시할 수 있다. 경력이 필요하지 않은 일반외교분야와 달리 지역외교와 외교전문분야는 일정한 학력 또는 경력을 요건으로 두고 있으므로 이에 해당하는 사람이 응시할 수 있다. 지역외교와 외교전문분야는 2019년부터 필기시험을 실시하지 않고 서류전형으로 대체하고 있다. 또한 2021년부터는 경력 요건이 강화될 것임이 예고되었다. 아래의 표들은 시험과 관련된 기준들이므로 참고하길 바란다.

표 6-3 외교관후보자 선발시험 한국사능력시험과 외국어 필요요건

한국사	한국사능력검정시험(국사편찬위원회) 2급이상							
영어	TOEFL			TOEIC	TEPS	G-TELP	FLEX
	PBT	CBT	IBT				
	590	243	97	870	800	88(level2)	800

		독어				불어			러시아어		
일반외교		SNULT	FLEX	Test DAF	Gothe Zertlflkat	SNULT	FLEX	DELF / DA,LF	SNULT	FLEX	TORFL
		60점	750점	수준3	GZ B2	60점	750점	DELF B2	60점	750점	1단계
지역외교	경력요건 있음	-	-	-	-	70점	750점	DELF C1	70점	850점	2단계
	경력요 없음	-	-	-	-	80점	950점	DELF C2	80점	950점	3단계

제2외국어		중국어			일본어				스페인어		
		SNULT	FLEX	신 HSK	SNULT	FLEX	JPT	JLPT	SNULT	FLEX	DELE
일반외교		60점	750점	5급 210점	60점	750점	740점	N2 150점	60점	750점	B2
지역외교	경력요건 있음	70점	850점	6급 180점	70점	850점	840점	935점	60점	850점	C1
	경력요 없음	80점	950점	6급 210점	80점	950점	N1 100점	N1 150점	80점	950점	C2

출처:사이버 국가고시센터 2018 ; 고시닷컴 2018

표 6-4 2019년 이후 외교관후보자 선발시험 기본요건

<table>
<tr><th colspan="2" rowspan="2">2019년 이후 외교관후보자 선발시험</th><th colspan="3">기본요건</th></tr>
<tr><th>경력요건</th><th>제2외국어</th><th>공동요건</th></tr>
<tr><td colspan="2">일반외교</td><td>제외</td><td>독어, 불어, 러시아어, 중국어, 일어, 스페인어 중 1과목 선택</td><td rowspan="7">① 영어
② 한국사</td></tr>
<tr><td rowspan="5">지역외교</td><td>중동</td><td>(1)현행유지: 2021년까지현행</td><td>아랍어</td></tr>
<tr><td>아프리카</td><td rowspan="4">현행 | 응시요건
관리자 | 2년
일반 | 7년
학위 | 석사+2년</td><td>불어</td></tr>
<tr><td>중남미</td><td>스페인어</td></tr>
<tr><td>러시아/CIS</td><td>러시아어</td></tr>
<tr><td>아시아</td><td>중국어</td></tr>
<tr><td colspan="2">외교전문</td><td>(2)전환: 2021 이후
현행 | 응시요건
관리자 | 3년
일반 | 10년
학위 | 석사+4년</td><td>제외</td></tr>
</table>

표 6-5 2019년 이후 외교관후보자 선발시험

<table>
<tr><th colspan="2" rowspan="3">2019년 이후
외교관후보자선발시험</th><th rowspan="3">1차</th><th colspan="2">2차</th><th>3차</th></tr>
<tr><th colspan="2">논술형 필기시험</th><th rowspan="2">면접전형</th></tr>
<tr><th>전공평가</th><th>통합논술</th></tr>
<tr><td colspan="2">일반외교</td><td rowspan="7">① 헌법
② PSAT*</td><td>국제정치학,
국제법, 경제학</td><td>학제통합논술시험I
학제통합논술시험II</td><td>집단심화토의,
직무역량 면접,
공직가치 인성 면접</td></tr>
<tr><td rowspan="5">지역
외교</td><td>중동</td><td colspan="2">서류전형</td><td>면접전형</td></tr>
<tr><td>아프리카</td><td colspan="2" rowspan="5">① 자기소개서
②직무수행계획서 평가</td><td rowspan="5">집단심화통의, 직무
역량 면접, 공직 가치
인성 면접,
+전문지식* 평가</td></tr>
<tr><td>중남미</td></tr>
<tr><td>러시아/CIS</td></tr>
<tr><td>아시아</td></tr>
<tr><td colspan="2">외교전문</td></tr>
</table>

출처: 사이버 국가고시센터 2018의 내용을 참고하여 저자가 재구성

2018년 시험의 전체 경쟁률은 28.6:1이었으며 일반외교분야의 경쟁률은 31.1:1을 보였다. 최근 합격자 현황을 보면 성별 간 합격자 비율이 거의 유사한 것을 알 수 있다. 합격자 연령대는 25~29세가 가장 많지만 20세에서 34세까지 다양하게 구성된 것을 확인할 수 있다. 시험에 합격한 후에는 외교관 후보자의 자격으로 국립외교원에서 1년간 수련기간을 가지게 되며 1년 후 대부분이 외무공무원으로서의 생활을 시작한다. 이들은 해외공관과 본부를 순환하는 순환근무를 하게 되며 해외공관 배정 시에는 비선호지 공관과 선호지 공관을 모두 경험할 수 있도록 순환하는 근무제가 실시되고 있다.

표 6-6 외교관후보자 선발시험 경쟁률

구분	2013년	2014년	2015년	2016년	2017년	2018년
선발예정	45명	39명	37명	36명	45명	45명

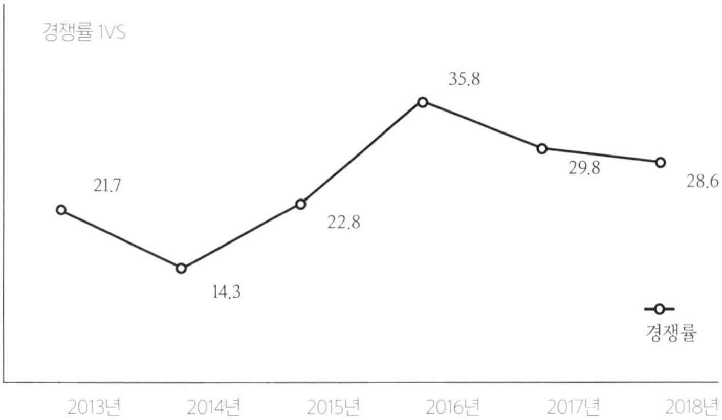

표 6-7 2018년 외교관후보자 선발시험 모집단위별 경쟁률(원서접수)

	모집단위(2018년)		선발예정 인원	경쟁률
2018년 "외교관 후보자 선발시험" 원서접수 현황	일반외교		36	31.1
	지역외교	중동	2	15.0
		아프리카	1	28.0
		중남미	2	11.0
		러시아/CIS	1	21.0
		아시아	1	35.0
	외교전문	경제, 다자외교	2	15.5

출처: 인사혁신처, 2018

표 6-8 2018년 외교관후보자 선발시험 모집단위별 경쟁률(합격자)

구분		2018년도	
합계		선발예정인원	합격인원(여성/지방)
일반외교		45	45(27/2)
지역외교	중동	36	37(25/2)
	아프리카	2	2(-/-)
	중남미	1	1(-/-)
	러시아/CIS	2	1(-/-)
	아시아	1	1(-/-)
외교전문	경제/다자외교	2	2(-/-)

표 6-9 2018년 외교관후보자 선발시험 모집단위별 경쟁률(연령)

2018년도 합격자 연령	남	여	합계
합계	45	6	2
20-24세	14(31.1%)	1	-
25-29세	24(53.4%)	4	1
30-34세	6(13.3%)	1	-
35세 이상	1(2.2%)	-	1

출처: 사이버 국가고시센터 2018

2) 이외의 채용방식

첫째, 7급 외무영사직 시험은 필기시험과 면접시험을 거치며 2016년 기준으로 84.1:1의 경쟁률을 보인다. 다음과 같은 내용으로 시험이 이루어진다.

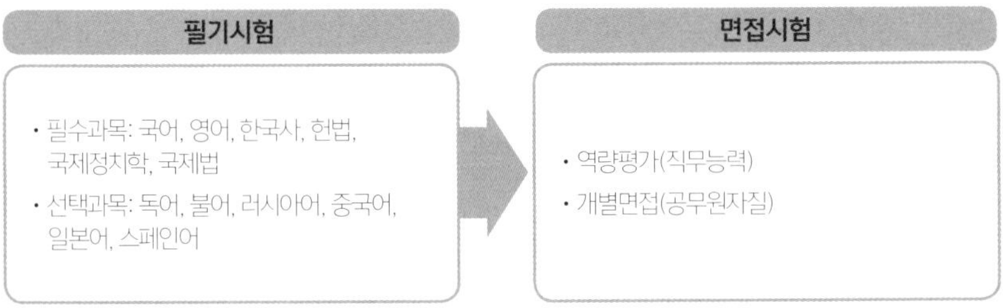

출처: 하태라 2018; 지식나누미 2018의 내용을 참고하여 저자가 재구성

그림 6-1 7급 외무영사직시험

둘째, 민간경력자 5급 일괄채용시험은 다음과 같이 실시된다.

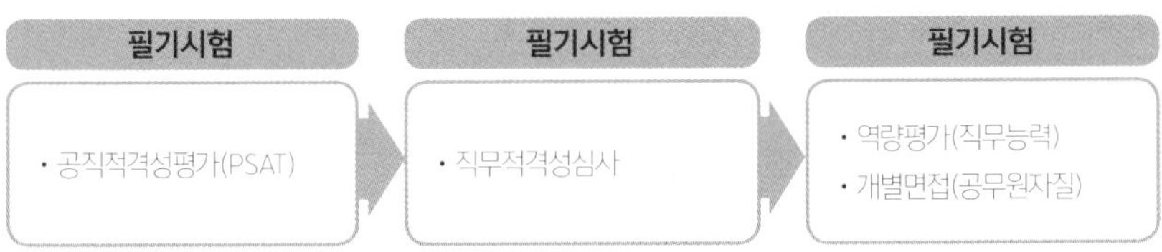

그림 6-2 민간경력자 5급 일괄채용시험

셋째, 외무공무원 3·4등급 경력경쟁채용시험은 다음과 같이 실시된다.

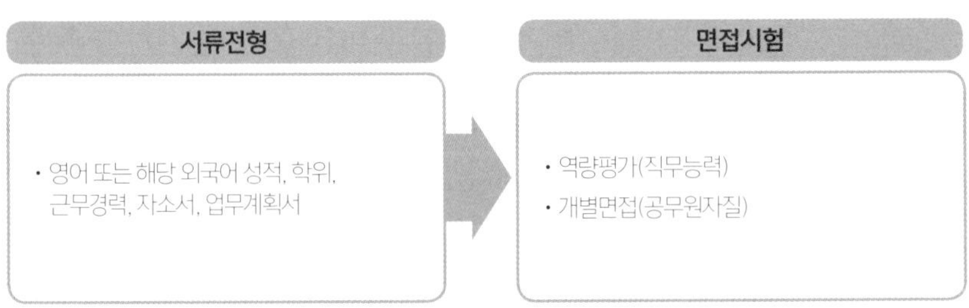

그림 6-3 외무공무원 3·4등급 경력경쟁채용시험

이 밖에도 외교부에서는 계약직원을 선발하고 있으며, 그와 관련된 정보는 외교부 홈페이지의 채용정보(http://www.mofa.go.kr/www/brd/m_4079/list.do)에서 확인할 수 있다.

5. 처우

고용안정성의 측면에서, 외무공무원은 일반적으로 생각하는 공무원의 고용안정성이 보장된다. 정년은 60세이지만 '외교부 및 그 소속기관의 직위 중 대통령령으로 정하는 직위에 재직 중'인 사람은 64세를 초과하지 않는 범위에서 정년을 초과해 근무할 수 있다. 자세한 사항은 외무공무원법 제 26조와 27조에서 확인할 수 있다. 외무공무원의 급여체제도 일반공무원과 유사하다. 외무공무원은 일반공무원의 급여체계에 따라 급여를 받으며 해외공관근무 시에는 재외공무원 수당을 추가로 받는다는 특징이 있다.

6. 외무공무원의 장단점

외무공무원을 일반공무원과 구분시키는 가장 큰 특징은 해외공관에서의 근무가 지속적이고 다양하게 주어진다는 것이다. 이는 외무공무원의 장점이 되기도 하고 단점이 되기도 한다. 장점으로는 이 덕분에 다양한 국적과 배경을 가진 각계각층의 사람들을 만나게 된다는 것이다. 다양한 경험과 학습으로 새로운 일을 경험할 수 있다는 것도 장점이다. 반대로 단점이 되기도 하는데 잦은 해외근무는 한국과의 지속적이고 직접적인 교류를 어렵게 한다는 점이다. 또한, 무엇인가를 끊임없이 새로 배워야 한다는 점 또한 누군가에게는 단점이 될 수 있다. 따라서 외무공무원이 되고자 하는 사람은 외교관의 이러한 특성을 잘 고려할 필요가 있다. 외무공무원을 나라를 위한 결정과 실천을 행한다는 점에서 보람을 느낄 수 있는 직업이다. 심의관님께서도 2003년 제2차 핵 위기, 중국에서의 2.13합의 등을 직접 다루면서 그 과정에서 기여했다는 것이 외교관으로서 신선하고 보람찬 경험이었다고 회고하였다.

7. 외교분야 연구원

외교부에는 '외무공무원'만 근무하는 것은 아니다. 공무원은 아니지만 외교부의 일원으로 외교분야의 국가업무를 지원하고 보조하는 국책연구원의 '석·박사급의 연구원'들이 있다. 이들은 정부에서 추진하는 외교 정책을 평가하고 개발하는 연구 보고서를 작성하며 정책대안을 제시하기도 한다. 또한, 국내외 최신 정보를 수집하고 분석하거나 국내외 학술행사를 개최하여 학술적 관계망을 관리하는 업무를 한다. 정치학을 전공하고 동북아국에서 근무하는 한 연구원은 "외교부 소속 연구원은 외교분야에서 공공을 위해 일하면서 보람을 얻고 최신의 정확한 정보를 얻을 수 있다는 즐거움과 안정적인 근무환경을 보장받는다는 점에서 장점이 있다."고 설명하였다. 또한, "보수적인 조직문화가 개선되고 있다는 점에서 '워라밸(work and life balance)'도 좋다."고 하셨다. 그러나 "국가 조직 안에 있기 때문에 연구분야의 자율성이 민간연구소와 비교해 상대적으로 부족할 수 있다는 점을 고려해야 한다"고 하셨다. '연구원'에 대해 더 자세히 알고 싶은 독자들에게는 '연구원 챕터'를 더 읽어보기를 추천한다.

8. 소결

“역사적으로 대한민국의 운명이 외부의 힘의 영향을 많이 받아왔고 지금도 그렇기 때문에 대한민국의 미래도 외교에 달려있다. 그렇기 때문에 일반 국민들도 국제관계에 큰 관심이 있는 편이다.”라고 김기정 교수님께서 세미나를 통해 말씀해주셨고, 이 말로 대한민국에 있어서 외교의 중요성을 충분히 설명할 수 있을 것이다. 그렇기에 대한민국의 운명에 대한 책임감과 사명감을 가지고 대한민국의 외교공무원들은 지금, 이 순간에도 외교의 중심에서 자신의 직무를 담당하고 있다.

정치학을 공부하는 학생은 진로를 설정하는 과정에서 특히 자신의 전공을 살리고 싶을 때 고민하게 된다. 그런 학생들에게 외무공무원을 추천해본다. 국제정치는 국내정치와 함께 정치외교학과의 양대 산맥이라고 할 수 있다. 그렇기 때문에 국제정치의 중심에서 일하고 있는 외무공무원들은 정치학이라는 학문적 경험을 활용할 수 있다. 더불어 외무공무원은 대한민국을 대표해 국가와 국민 그리고 세계를 위한 공공선을 실현할 수 있다는 사명감을 실현할 수 있는 직업이기도 하며, 다양한 사람을 만나고, 해외근무를 통한 새로운 배움과 같이 진취성을 가진 직업이기도 하다. 이에 더해, 공무원이라는 직업의 특성으로 인해, 고용의 안정성과 일상적 업무라는 고용과 업무에서의 일정부분 안정성도 가진다. 그렇기에 전공지식을 통해 공공이익을 실현하면서도 진취적이고 정년이 보장되는 안정적인 직군을 찾는 정치외교학도들에게 외무공무원직을 추천해본다.

Ⅲ. 국제기구 국제공무원

1. 소개

국제기구는 회원국들의 외교의 장이다. 많은 외교관들, 관련 시민단체들, 전문가들이 모여 국제협력을 위해 논의하고 국익을 위해 치열한 경쟁을 벌이는 곳이다. 국제기구는 크게 UN과 그 산하에 조직된 UN 관련 기구들과 그 이외의 비UN기구들이 있다. 국가에 가입권한이 있는 정부 간 기구만 해도 5,000여 개가 있는 것으로 집계되고 있다. 정부 간 기구 외에 도시 간 기구 등 다양한 형태의 국제기구를 모두 포괄하면 이를 훌쩍 넘을 것이다.

각 국제기구에는 회원국들의 이러한 과정을 돕고 국제기구의 정책결정을 내리는 많은 직원들이 있다. 이들은 전문성을 지니고 국제사회에 기여하는 국제공무원들이다. 유엔헌장(국가법령정보센터 2018)은 최고 수준의 능률과 능력, 성실성을 기초로 각 기구의 목표 수행을 위해 공무를 처리하는 이들을 국제공무원이라고 정의(유엔헌장 제101조)하고 있다. 또한, 이들은 국제법상 여러 특권과 면제를 향유(유엔헌장 제105조)한다. 이들은 자신의 출신국가와 같은 특정지역을 위해서 일하는 것이 아니라 국제적 이익을 위해 중립적인 안목을 가져야 한다(유엔헌장 제100조).

2. 국제공무원에게 필요한 소양과 자질

국제기구에 근무하는 국제공무원에게는 열정, 건강한 신체, 어학능력, 관련 경험과 경력, 마지막으로 전문지식이 요구된다(외교부 국제기구 인사센터 2018). 국제공무원에게는 오랜 해외 근무로 인한 타지 생활을 견디면서도 국제사회에 기여하고자 하는 열정이 가장 기초적인 소양이다. 또한, 오지나 분쟁지역과 같은 험지에서의 근무와 잦은 출장을 버틸 수 있는 건강한 신체도 국제기구 직원에게 꼭 필요한 소양이다. UN의 여섯 가지 공용어인 영어, 불어, 스페인어, 러시아어, 아랍어를 중심으로 한 어학 능력도 국제적인 환경에서 근무해야 하는 국제공무원에게 필수적인 자질이다. 영어 다음으로 가장 많이 사용되는 불어를 할 수 있다면 직업 선택의 폭이 더욱 커진다(UN본부 선거/정무 담당관 인터뷰 2018). 최근에는 한국에 위치하는 국제기구의 숫자가 늘어나고 한국의 국제사회에서의 위상이 늘어남에 따라 한국어를 구사하는 자질 또한 필요한 경우가 증가하고 있다.

이 중에서도 중요한 국제기구 직원의 자질은 전문적인 지식과 관련 경험, 경력이다. 열정만으로는 국제기구에서 구직하기 쉽지 않다. 구체적인 관심 분야의 지식을 쌓아 석, 박사 학위를 취득하고 직무와 관련된 경험과 경력을 쌓아야 한다. 관련 경력의 햇수에 따라서 지원할 수 있는 직급이 결정되며 많은 경우 학교를 갓 졸업한 신입보다 다양한 경력을 가진 경력직 직원이 선호된다. 따라서 학교 졸업 직후 국제기구 입사를 꿈꾸기보다는 근무 경험을 쌓으며 국제기구가 요구하는 경력을 준비하는 것이 일반적이다. 단순한 경력 햇수가 중요한 것이 아니라 실질적으로 본인이 문제를 찾고 이를 해결할 수 있는 능력을 갖는 것이 중요하다. 국제기구는 상사가 시켜서 하는 임무보다는 개인의 자율적인 업무와 성과를 더 중시한다(UNDP 장선형 담당관님 인터뷰 2018). 따라서, 일을 한 경력이 없는 사람보다 입사 후 바로 일을 할 수 있는 경력자를 선호하는 것이다.

3. 국제공무원의 직렬과 조직

국제기구에는 다양한 직업군이 있으며 UN은 이를 Job Networks로 구분해 UN 시스템 내에서의 직업을 아홉 가지로 분류해 놓고 있다(UN Careers 2018). 이는 아래와 같다.

Economic, Social and Development(경제, 사회와 발전)
Information and Telecommunication Technology(정보와 통신기술)
Internal Security and Safety(안보와 안전)
Legal(법조)
Logistics, Transportation and Supply Chain(업무 지원, 교통, 공급)
Management and Administration(경영과 행정)
Political, Peace and Humanitarian(정치, 평화와 인도주의)
Public Information and Conference Management(정보와 행사 진행)
Science(과학)

하나의 국제기구에 하나의 직업군이 있는 것 아니라 하나의 국제기구에도 위에 있는 다양한 직업군이 존재한다. 예를 들어, 유엔환경계획(UNEP)에도 과학자들만 있는 것이 아니라 환경정책을 담당하는 직원, 인사담당 직원, 개발도상국 환경 원조를 담당하는 직원 등 다양한 직업이 존재한다. 정치외교학을 전공한 전문가들은 Development(발전, 개발), Legal(법조), management and administration(경영과 행정), Political, peace and humanitarian(정치, 평화, 인도주의), public information and conference management(정보와 행사 진행) 등의 직군을 가질 수 있다.

다음의 표는 전문가 실무직원들을 중심으로 한 국제기구의 직급표(외교부 국제기구 인사센터 2018)이다. 이 직급표에 들지 않는 고위급 직원과 일반 행정업무를 담당하는 직원, 지역전문가 직원 등 다양한 종류의 직원들이 더 있다. 국제기구의 직급은 크게, Director를 의미하는 D, Professional을 의미하는 P, General을 의미하는 G로 구성된다. P와 D급의 직원들을 '전문직과 고위 카테고리(Professional and higher categories)'로 구분한다. 초급 직원들은 대체로 P-2급부터 선발하며 이는 한국의 5급 공무원 정도에 해당하는 실무직이다. P-2급을 뽑는 경우가 거의 없을뿐더러 최소의 경력을 요구하기 때문에 다른 곳에서 경력을 쌓은 후 국제기구로의 이직을 고려하는 것이 일반적이다. 행정, 비서, 사무적인 업무를 진행하는 G급의 직원들은 '일반 서비스와 관련 카테고리(General Service and related categories)'로 구분한다. 이는 대체로 국제기구가 위한 지역에서의 현지 채용인 경우가 많다.

표 6-10 UN 직원의 직급과 필요 경력

직급	영문 직급	필요 경력	비고
P-7, D-2	Director	15년 이상	국장급
P-6, D-1	Principal Officer	최소 15년	부국장급
P-5	Senior Officer	최소 10년	선임과장급
P-4	First Officer	최소 7년	과장급
P-3	Second Officer	최소 5년	실무직원
P-2	Associate Officer	최소 2년	실무직원
P-1	Assistant Officer		실무직원

출처: 국제기구 인사센터 홈페이지

4. 채용방식

UN과 그 산하기구의 경우 UN Inspira라고 불리는 인사시스템에 의해서 채용이 진행된다. 이 웹사이트에는 전 세계 UN기구의 채용공고가 올라오며 지원자는 자신에게 적합한 공고를 검색하고 지원할 수 있다. UN Inspira를 통한 지원은 지원자의 수가 매우 많고 채용 프로세스도 불투명하여 언제 응답을 받을 수 있을지 알 수 없는 경우가 대부분이다. 따라서, 한국 외교부에서는 외교부 국제기구 인사센터를 운영하여 국제기구 근무를 희망하는 한국인들이 좀 더 쉽게 정보를 얻어 지원할 수 있도록 돕고 있다. 국제기구 인사센터에는 한국인을 뽑는 국제기구의 채용공고, 한국에 있는 국제기구의 채용공고, 인턴십 등의 공지사항이 올라온다. UN 또는 그 산하기구가 아닌 국제기구의 경우에는 각각의 웹사이트에 채용 코너를 마련하여 개별적으로 채용과정을 진행한다.

많은 지원자들 중에서도 경쟁력을 가지기 위해서는 인턴십이나 봉사활동과 같은 형태로 국제기구에서의 경험이 거의 필수적이다. 따라서 다양한 기회를 통해 국제기구에서의 근무를 경험해보는 것이 중요하다. UN기구의 인턴십은 무급으로 악명이 높다. 따라서, 우리나라 정부에서는 청년들의 국제기구 진출을 돕기 위해 다양한 정부지원 사업을 실시하고 있다. 외교부 중남미 지역기구 인턴파견 프로그램, 외교부 국제재생에너지기구 근무 인턴 파견 사업, 환경부 국제환경전문가 양성과정 등이 그 예시이다. 이러한 기회를 활용하여 Inspira를 통한 개별 지원보다 상대적으로 쉽게 인턴십을 할 기회를 얻을 수 있으며 정부에서 지원하는 금액으로 무급인턴의 부담을 덜 수 있다. 또한, 외교부의 청년봉사단, 전문봉사단과 KOICA의 UNV(UN

Volunteers) 역시 국제기구 진출의 교두보이다. UNV를 마치고 국제기구 직원으로 전환되는 사례가 있기 때문이다.

보다 진지한 마음으로 국제기구에서의 근무를 꿈꾸는 경우에는 국제기구 초급전문가(JPO)에 도전해 볼 수 있다. JPO는 외교부에서 파견하고 1년(1년 계약 연장 가능) 동안 국제기구에서 근무하면서 역량을 쌓는 제도로 현재까지 파견자의 84%가 이후 국제기구에 진출하여 P-2급 직원에 채용되어 왔다(모파랑 2017). 2018년 기준으로 17명이 선발되었으며 2017년 기준으로 약 25:1의 경쟁률을 보였다. 외교부 국제기구 인사센터(2018)에 따르면, JPO 선발 절차는 크게 세 단계로 이루어져 있다. 첫 번째 단계는 지원자가 지원한 국제기구에서 진행되는 1차 서류 심사로 이력서와 학위 사항, 영어공인인증 시험 성적을 가지고 각 직위당 3-5명을 선발한다. 외교부는 선발된 인원 중에서 한국어 면접을 하여 인원을 더 추리고 마지막 국제기구가 진행하는 2차 면접에서 최종합격자가 결정된다. 더욱 확실하게 한국 정부가 처우를 보장하고 계약 종료 이후의 채용에서 유리하다는 점에서 JPO에 도전하는 지원자들이 늘고 있다. JPO는 학,석사 학생들과 같은 사회초년생들에게 멀게만 느껴지는 국제기구 입사를 가장 가깝게 접근할 수 있는 방법이다(UNDP 장선형 담당관님 인터뷰 2018). 경력이 상대적으로 부족한 청년들에게 국제기구에 입문할 기회를 주기 때문이다.

5. 처우

1) 고용안정성

직업을 선택할 때 해당 자리가 지속적으로 보장될 수 있을지, 계약기간에 따른 불안정 여부와 같은 고용안정성은 중요한 요소가 될 수 있다. 초급 국제기구 직원이 고정기간 계약(fixed term contract)을 하였다면 이 경우 계약직 신분으로 고용안정성은 낮다고 할 수 있다. 특히, UN 시스템 안에서 뉴욕의 본부나 사무국의 경우 필드에 비해서 계약직이 더 많은 경향이 있다. 이 때문에 국제기구를 떠났다가 다시 돌아오는 사례도 종종 찾을 수 있다(UN본부 선거/정무 담당관 인터뷰 2018). 정규직인 경우에는 고용안정성에 대한 불안감을 가질 필요는 없으며 정년은 일반적으로 만 65세이다. 그러나, 국내 기업과 같이 근무 연수에 따라 승진이 보장되는 것이 아니기 때문에 UN 내에서 승진, 또는 이직을 하려면 새로운 채용공고가 떴을 때 스스로 지원하여 내, 외부 지원자들과 경쟁해서 합격해야 한다. 따라서, 지원자들에게 이러한 점을 지원 시에 감안해야 할 부분이다.

2) 급여

UN을 기준으로 국제기구 직원은 회원국 정부 중 가장 높은 보수를 받는 국가의 공무원 급여에 상당하는 보수를 받는다. 이는 지급기본급여로 실제로 받는 보수에는 이에 더해 지역조정급과 각종 수당이 반영된다. 전세계에 흩어져 있는 국제기구의 특성상 물가 등을 고려하여 지역조정급이 발생할 수 있다. 또한, 거주지 수당, 기혼자의 경우 가족 수당 등의 각종 수당이 추가로 붙는다. 복지수당으로서 여행경비, 부임 수당, 이사비용, 보험 등이 이에 해당한다. 전반적으로 직급이 올라갈 수록 받게 되는 급여는 다른 직종에 비해 상당한 편이다.

6. 국제공무원의 장점과 단점

국제기구 내에서도 조직적 상하관계가 존재하지만, 한국 기업들과 비교했을 때 수직적 문화보다 유연한 조직문화를 가지고 있다. 상사와 부하직원의 관계에 있어서 상하관계가 아닌 동료관계가 더 강조된다. 또한, 근무 환경에 있어 출, 퇴근 시간의 유연한 활용이나 반, 월차, 고국 방문 등의 휴가를 사용하거나 하는 근무환경도 더욱 자유로운 편이다.

다양한 문화에서 온 동료들과 함께 다양한 나라에서 근무할 수 있다는 점도 이러한 성향을 가진 구직자들에게는 장점이 된다. 이들과 함께 국제사회에서 필요한 일을 하고 도움이 되는 일을 한다는 보람을 얻을 수 있다(UN본부 선거/정무 담당관 인터뷰 2018). 장선형 담당관님께서는 UN이 아니면 할 수 없는 국가 간의 중개자와 같은 일을 하면서 자부심을 가지고 파급효과를 기대하는 뿌듯함을 느낄 수 있다고 설명하셨다.

단점으로는 해외 근무로 인해서 결혼, 육아와 같은 사생활에 신경을 많이 쓰지 못할 가능성이 높다는 것이 있다. 한국에도 최근에 GCF, UN ESCAP 등과 같이 국제기구의 본사나 사무국들이 유치되는 경우가 있지만 많은 경우 국제기구들은 해외근무를 수반하게 된다. 물론, 가족과 함께 국제기구 소재지에 거주할 수 있도록 복지가 되어 있는 경우(가족 동반 근무지)가 있지만 결혼을 하여 배우자와 자녀들이 있는 경우 가족들에게 모두 해외 이민을 요구하기란 어려운 일이다. 국제기구 해외 근무 중 고국을 방문할 수 있도록 지원이 되지만 그럼에도 불구하고 가족과 항상 함께 하기는 어렵다. 잦은 이동 또는 이직 역시 국제기구 직원이 감수해야 할 사항이다(UNDP 장선형 담당관님 인터뷰 2018).

7. 정치학도와 국제기구

정치외교학을 전공한 학생들은 기본적으로 국제정세에 대한 이해와 분석 능력을 갖추고 있어 국제기구에서 근무하는데 배경지식이 된다. 정치외교학을 공부하신 장선형 담당관님은 세계의 다양한 지역에서 근무하는 데에 국제정세와 지정학적 현황에 대한 지식이 도움이 된다고 설명하였다. 또한, 정치학 석, 박사 학위를 가지고 있는 경우에는 전공을 살려 이 분야의 일을 하는 국제기구를 찾아 지원할 수 있다(국제기구 직원 인터뷰 2018). 예를 들어 UN 평화유지국에서 Political Affairs만을 담당하는 부서 등이 정치학 전공을 살릴 수 있는 경우이다. 또한, 아주 전문적인 분야가 아닌 이상, 일반 경영관리 분야에서는 관련분야 전공을 선호한다고 하지만 선발에 있어 아주 절대적인 기준은 아니다(국제기구 직원 인터뷰 2018).

"정치외교학 전공자들은 제너럴리스트(generalist)"라는 평가를 받는 경우가 종종 있다. 이는 단점이 될 수도 있지만, 국제기구 근무에 있어 장점으로 승화시킬 수 있다. 전 세계를 대상으로 다양한 사업을 하는 국제기구에서는 예측하지 못한 문제가 생기는 경우가 많다. 이럴 때 다양한 경험과 지식을 바탕으로 문제에 대응하는 문제해결능력과 커뮤니케이션 능력은 제너럴리스트인 정치외교학도가 가지고 있는 장점이다(UNDP 장선형 담당관님 인터뷰 2018). 이런 제너럴(general)한 능력에 더해서 자신의 분야에 관한 공부와 학위, 경험을 쌓아 스페셜리스트(specialist)가 된다면 좋은 국제기구 직원의 자질이 될 것이다.

8. 소결

국제공무원은 단순히 한국뿐만이 아닌 국제사회를 위한 업무를 하며 다양한 나라의 동료들과 협력하면서 자신의 전문성을 활용할 수 있다는 점에서 의미가 있는 직업이다. 국제공무원은 아주 뛰어난 복지와 근속연수를 기대할 수 있는 국제'공무원'이라기보다 국제적인 공적인 업무에 가치는 두는 국제'공무'원이다. 직업 안정성, 가족과의 삶 등에서 힘든 점을 가질 수 있는 점은 사실이지만 의미 있는 일을 하고 있고 내가 하는 일이 옳다는 확신을 가질 수 있는 일에 종사할 수 있다는 점은 국제기구 종사자들이 이 일을 계속하는 이유이다(국제기구 직원 인터뷰 2018). 국제기구에서 안정적인 자리를 잡기 위해서는 많은 노력과 시간이 필요하다. 자신의 적성에 맞고 자신이 잘 할 수 있는 일인지 다양한 시도를 통해서 확인해보는 것도 국제기구에서 근무를 희망하는 사람들에게 필요한 중요한 과정이다.

Ⅳ. 결론

이 글에서는 정치외교학도가 외교분야에서의 진로에 대해 살펴보았다. 외교분야 내에서도 다양한 직업과 직종이 있으며 여기에서는 가장 대표적인 외교관과 국제기구를 중심으로 설명하였다. 조사 결과 두 분야는 명확하게 다른 특징을 가지고 있어서 큰 관련이 없어 보일 수도 있지만 큰 공통점을 공유하고 있다는 점을 발견하게 되었다. 사회적인 현상 속에서 사람 간의, 국가 간의, 조직 간의 관계를 조율하고 이를 긍정적인 방향으로 이끌어 나가기 위해 노력한다는 점이다. 이는 정치외교학도들이 학교에서 매일 배우고 연습하는 능력이다. 많은 정치외교학과 신입생들이 외교분야에서 일하는 것을 꿈꾸며 학교에 입학하지만 많은 경우 중도에 포기하고 다른 길로 나간다. 외교분야에 종사하고자 하는 사람은 그만큼 많고 어려운 준비와 공부를 해야 한다는 반증일 것이다. 그러나, 정치외교학도들이 꿈을 잃지 않고 관련 커리어를 준비한다면 외교분야는 개인적으로도 사회적으로 많은 성취를 이룰 수 있는 직종임이 틀림없다.

가까운 미래에 외교분야의 직종은 어떠한 변화를 겪게 될 것인가? 4차 산업혁명은 사람과 사람의 사회적인 관계와 소통의 중요성을 더욱 키우고 있다. 또한, 점차 외교관계의 다변화와 공공행정에 대한 요구가 더 증가해 외교분야의 일자리는 꾸준한 수요가 있을 것으로 전망된다. 국민들의 해외 이동이 증대하고 있어 이에 대한 행정서비스와 관련한 인력의 확충이 필요해지고 있다. 외교분야의 국내, 국제무대에서 경력과 전문성을 쌓는다면 향후 증가할 관련 분야 일자리 수요로 직업적 발전 가능성이 높다고 평가할 수 있겠다.

이 조사와 보고서를 마치며 우리는 우리나라의 외교업무의 정점에 있는 외교부 장관은 외교분야의 진로에 대해 어떤 생각을 하고 있을까 궁금증을 가지게 되었다. 이에 외교부 사이트의 국민신문고 코너를 활용해 강경화 장관을 수신자로 하여 외교분야 진로를 꿈꾸는 학생들에게 어떠한 조언을 해줄 수 있는지 질문을 남겼다. 열흘 정도 만에 받은 회신에서 답장을 작성하신 외교부 정책기획담당관실 외무사무관은 강경화 장관이 우리를 만나 답변을 줄 수 있다면 좋겠지만 외교 일정상 시간이 여의치 않다고 하며, 최근에 대학 현장을 찾아 학생들과 나누었던 내용을 중심으로 강경화 장관의 청년에 대한 조언을 보내주었다. 진로를 찾고 꿈을 꾸는 학생들에게 강경화 외교부 장관은 “끊임없는 변화와 혁신의 노력이 모이면 크고 작은 성공과 경험으로 이어질 것이고, 그 경험들이 시간과 함께 축적된다면 여러분들이 상상하고 있는 꿈, 그 이상의 자리에 서 있을 것으로 확신한다”라고 말했다. 외교분야의 꿈도 마찬가지일 것이다.

참고문헌

교육부. 2014. "2014 미래의 직업세계(직업편)" 『2014 미래의 직업세계(직업편)』.

국가법령정보센터. 2011. "외무공무원법" http://www.law.go.kr/lsInfoP.do?lsiSeq=115246#0000 (검색일: 2018. 11. 10).

국가법령정보센터. 2018. " 국제연합헌장 및 국제사법재판소규정". http://www.law.go.kr/조약/국제연합헌장%20및%20국제사법재판소규정(검색일: 2018.10.24).

네이버지식백과. 2013. "경향신문, 직업의 세계-외교관" https://terms.naver.com/entry.nhn?docId=3577003&cid=58886&categoryId=58886 (검색 일: 2018. 11. 09).

모파랑. 2018. "국가별 외교부 명칭에 따른 외교 조직탐구", https://mofakr.blog.me/221244951159?Redirect=Log&from=postView (검색일: 2018. 11. 10).

모파랑. 2015. "중앙아시아5개국 대사관 탐방] 주한카자흐스탄대사관" https://mofakr.blog.me/220497912422?Redirect=Log&from=postView (검색일: 2018. 11. 09).

모파랑. 2017. "JPO, UNV에 대한 궁금증을 한 번에!". https://m.blog.naver.com/PostView.nhn?blogId=mofakr&logNo=221004824738&proxyRefere r=https%3A%2F%2Fwww.google.com%2F (검색일: 2018.10.28).

외교부. "외교부 설립목적". http://www.mofa.go.kr/www/wpge/m_4172/contents.do (검색일: 2018.11.10).

외교부 국제기구 인사센터. 2018. "국제기구 직원이 되려면". http://unrecruit.mofa.go.kr/overview/unemploy.jsp (검색일: 2018.10.23).

외교부 국제기구 인사센터. 2018. "국제기구 직원이란". http://unrecruit.mofa.go.kr/overview/unstaff.jsp (검색일: 2018.10.24).

외교부 국제기구 인사센터. 2018. "JPO 선발". http://unrecruit.mofa.go.kr/jpo_ncre/jpo.jsp (검색일: 2018.10.24).

외교부 공공외교 포털. 2013. "공공외교 소개". http://www.publicdiplomacy.go.kr/introduce/public.jsp (검색일: 2018.10.25).

정부24. 2018."외교관후보자 선발 시험, 지역외교·전문분야는 필기 없앤다." https://www.gov.kr/portal /ntnadmNews/1625693 (검색일: 2018.11.10).

ALIO 공공기관 경영정보 공개시스템. 2018. "한국국제교류재단 직원 채용공고". http://www.alio.go.kr/informationRecruitView.do?seq=154371 (검색일: 2018.10.25).

제7장 법조 분야

당신의 권리는 안녕하십니까?

김정환

서론

1. 법대는 싫어요. 정치학을 공부하겠습니다.

고3 담임 선생님도, 부모님도 법대 진학을 권유하셨다. 하지만 싫었다. 법은 과거지향적인 공부라 생각했다. 아직도 정치외교학과 입학 면접에서 교수님의 질문에 답하던 내 모습을 기억한다. "왜 정외과에 오려 하는가?" "정치와 외교는 공동체의 공적인 미래에 대한 부분이라고 생각했습니다. 경영이 조금 사적인 영역이라 느껴졌고 법은 과거에 일어난 일의 잘잘못에 대한 부분이라 여겨져서 미래지향적인 정치학을 공부하고 싶다고 생각하게 되었습니다." 지금은 이 말이 얼마나 잘못된 말인지 알지만, 당시의 나는 그렇게 답했었다.

2. 정치학을 공부했으니, 법을 공부해 보고 싶습니다.

대학생활의 시작에서 배운 정치학개론 교과서 제일 앞에는 David

Easton의 그 유명한 정치에 대한 정의, 정치는 "사회적 가치의 권위적 배분(authoritative allocation of social values)"이라는 말이 쓰여 있었다. 학부시절 권위적 배분의 원리로 민주주의를 배우면서 때로는 법을 필요악으로 배우기도 했고 법의 존재가 민주주의와 갈등과 긴장 속에 있다고 배우기도 했지만, 큰 틀에서 우리는 민주주의 작동 원리의 법제화 및 소수자 보호 등을 위하여 법치주의를 부정할 수 없다는 것을 배웠고 현대 사회에서 정치의 사법화 현상을 피할 수 없다는 것도 알게 되었다. 어떤 정책이 만들어지는 과정에서 정당성과 합법성의 긴장이 조성되는 경우가 많으며 정당성을 합법화하는 투쟁이 필요하다는 것을 알게 되면서 나는 '합법'과 관련한 법 공부를 해야겠다고 생각했다. 1990년대 당시 내가 정당하지 못하다고 느꼈던 사회 현상들에 대해 법조인들은 현행법을 근거로도 위헌임을 주장하고 있었고 억울하게 죽거나 다치거나 피해 본 사람들을 위하여 손해배상을 청구하고 있었다. 가치의 권위적 배분이 정치라고 했지? 결국 그 "가치가 법으로 표현"되는 현대 사회라면 나는 법을 공부해 봐야겠다는 마음을 굳혔다. 그리고 대학원을 법학과로 진학하여 국가와 국민의 관계를 다루는 공법(public law)을 전공하고 그중에서도 '복지'라는 가치에 대한 국가의 역할을 공부하는 사회보장법을 공부하였다.

3. 후배들에게 법조인의 길을 소개하며

이 글은 나의 법학 공부에 대한 개인적 경험을 쓰는 글도 아니고 법학 공부 방법론에 대한 글도 아니며 법치주의나 법학의 특성에 대한 소개 글도 아니다. 이 글은 '법조계'에 진출하고픈 정치학 전공 후배들을 위해 쓰는 글이다. 그럼에도 나의 경험을 서론에서 짧게나마 소개한 것은 정치학 전공 후배들이 나와 비슷한 생각을 한 경우가 많을 것이고 그 후배들에게 "정치학 전공자로서 법 공부가 너에게 정말 잘 어울려"라는 응원을 건네고픈 마음 때문이다. 마침 로스쿨 시대가 시작되어 정치학 전공자들이 정규 교육과정을 통하여 법조 직렬로 나갈 수 있는 큰 문이 활짝 열렸다. 과거에는 정치학 전공자들이 법조인이 되고자 하면 학교의 도움을 전혀 받을 수 없었고 신림동으로 상징되는 고시촌에서 사설 강의를 들으며 사법시험이라는 어려운 시험을 준비하였어야 했다. 그 과정에서 아무런 소속 없이 '백수'로의 외관을 가진 고시생으로 지내다가 합격하면 법조인이 되는 것이고 불합격하면 몇 년의 시간 낭비와 경력 공백을 가지고 다른 직업을 찾아야만 했다. 물론 지금의 로스쿨 체제에서도 변호사가 되는 것은 매우 지난한 과정이다. 그럼에도 대학원이라는 정규 제도의 틀 안에서 교육을 받으며 법조 직렬로 나갈 수 있는 지금의 변화한 제도는 더 많은 정치학 전공자들이 법조로 진출할 좋은 기회임에 틀림없다. 아래에서는 법조계에 진출하고픈 정치학 전공 후배들에게 크게 ① 법조계 직업의 특성 ② 로스쿨 시대에 로스쿨 진학 준비 방법과 변호사시험의 특성 이렇게 두 가지 내용을 나누어 서술하고자 한다. 자기 경험의 한계는 인식의 한계다. 이 글은 나의 경험을 바탕으로 한 직업 소개 글이기에 나의 법조인에 대한 편견이 반영된 글이다. 몇 가지 법조인의 단점도 써 놓았지만 대개 긍정적인 편견에 대한 글이다. 그 점을 염두에 두고 읽어주시기를 부탁한다.

I. 법조계 직업의 특성

1. 당신의 권리는 안녕하신가요?

법조인은 어떤 일을 하는 직업인가?

모든 사람들은 자신만의 소중한 인생 이야기를 가지고 있고 그 이야기는 대개 법과 관계없기 때문에 더 아름답다. 이웃과 함께 자기 차로 집에 오면서 택시비에 준하는 금액을 달라고 요구하지는 않는다. 후배에게 선물을 주면서 이에 상응하는 대가를 달라고 요구하지 않는다. 몸이 불편한 장애인 친구의 수업 필기를 도와주면서 노동의 대가라며 돈을 달라고 요구하지 않는다. 그런데 사람이 살다 보면 이런 인간관계가 고장 나고 내 마음과 달리 문제가 발생하는 경우가 있다. 이웃을 집에 데려다주는 길에 교통사고가 난다. 크게 다친 이웃은 어떻게 배상을 받아야 할까? 후배에게 선물을 주었는데 그 후배는 공무원이고 나의 건축 허가와 관련된 일을 처리하는 지위에 있다. 괜찮은 걸까? 나도 바쁘고 수업을 많이 들어야 하는데 친구라는 이유로 늘 장애인 친구 뒷바라지만 하다 보니 내 시간을 너무 많이 뺏긴다. 장애인에게는 친구인 내가 아니라 국가가 책임지고 도움을 주어야 하는 것이 아닐까?

인간관계 중에 '권리-의무'로 구성할 수 있는 관계를 '법률관계'라 하고 법은 그러한 법률관계를 대상으로 한다. 법률관계는 ① 당사자가 원하는 효과가 법에 따라 보장되고 실현된다는 점에서 도덕·종교 등에 의하여 규율되는 도덕관계, 종교관계 등과 구별되며 ② 구속력이 생긴다는 점에서 구속력이 배제되는 호의관계 등과 구별된다. 법조인은 위의 사례와 같은 법률관계를 해석하여 국가가 어떤 개입을 할 수 있는지, 손해를 본 사람은 어떤 배상을 받을 수 있는지, 우리 사회가 정해놓은 약속을 어긴 사람에게는 어떤 책임을 물어야 하는지를 적용하는 역할을 한다. 대개 법조인을 만나는 사람은 자신의 인생 이야기에 큰 문제가 생긴 사람이다. 잘못을 저지른 사람도 있고 타인의 잘못으로 큰 피해를 입은 사람도 있다. 심지어는 믿었던 국가나 지방자치단체가 나에게 잘못하고 억울하게 하는 경우도 많다. 그 때 법조인은 그 사람에게 "당신의 권리는 안녕하신가요? 당신의 권리를 지켜드리겠습니다." 라고 곁에서 응원할 수 있는 직업이다. 권리는 어려운 개념이 아니다. 무엇인가를 주장할 수 있는 정당한 힘이 권리다. 그러한 권리를 다루고 그 권리를 기반으로 누군가의 응원하는 삶. 법조인의 삶이다.

2. 나는 듣는다, 그래서 법조인이다.

법조인으로서 필요한 소양과 자질

인생에 문제가 생긴 사람들이 법조인을 만나면 할 이야기가 많다. 법 공부를 하면 요건사실이라고 해서 효과가 발생하기 위한 요건이 무엇인지를 정리하는 공부를 한다. '사람'을 살해하면 살인죄가 되고 '태아'를 살해하면 낙태죄가 된다. 언제까지 태아고 언제부터 사람인지가 중요하다. 그래서 검사는 이 아이가 태아인 상태에서 죽었는지 세상에 태어난 다음 죽었는지가 제일 궁금하다. 그러나 아이를 죽인 사람은 "왜 죽였는지" 사정만을 이야기한다. "고의 또는 과실로 타인에게 손해"를 입히면 그 불법행위에 대해 책임지고 배상을 해주어야 한다. 그러나 다른 사람을 때렸던 사람은 왜 자신이 그렇게 화가 났었는지만을 계속 이야기한다. 일반인들은 자신의 이야기를 할 때 요건사실이 아닌 것을 장황하게 이야기하고 그 사실관계는 구구절절하다.

다른 사람의 이야기를 들으며 그 안에서 요건사실을 추려내는 것도 법조인의 중요한 능력이고 또 요건사실 아닌 이야기를 빨리 끊는 것도 법조인의 대화 기술이다. 그러나 결국 그 사건을 이해하고 해석하고 법적용 하기 위해서는 그 사건에 대해 계속 "들어야" 한다. 경청(傾聽). 법조인이 가져야 할 최고의 자질이자 덕목이다. 개인적으로는 '경청과 공감'이라 하여 공감이라는 덕목 또한 법조인의 중요한 자질이라 생각하지만 공감은 주관적이므로 여기서는 경청만 이야기하도록 하자. 내가 대학에서 가르치던 과목들은 주로 법과 관련된 기초과목이었기에 로스쿨을 지망하는 많은 제자들을 만날 수 있었다. 제자들이 가장 많이 물어본 질문은 "법조인이 될 자질이 무엇인가요?" "제가 법조인으로서 자질이 있는지 모르겠어요." "저는 법에 소질이 없는 것 같아요."였다. 나는 늘 같은 이야기를 반복했었다. "다른 사람이 네 앞에서 자신의 인생에 관해 이야기할 때 '내가 이걸 왜 듣고 있어야 하나' 싶을 만큼 타인에 관해 관심이 없는 스타일이니? 그럼 법조인이 되면 너무 힘들 거야. 법조인은 결국 다른 사람 이야기를 계속 들어야 하는 직업이거든. 영화 보고 소설책 읽으면서 다른 사람들의 삶에 대해 생각해 보는 것이 즐거워? 친구가 오늘 하루 있었던 일을 이야기해주는데 그런 대화가 즐겁고 더 듣고 싶고 그러니? 넌 법조인의 자질이 있구나. 잘 들어주는 것만큼 중요한 자질이 없어. 법조인은 경청하는 직업이거든."

3. 나는 글을 쓴다, 그래서 법조인이다.

주로 어떤 일을 하는 직업인가?

상대방의 준비서면(재판에서 소송당사자가 변론에서 진술하고자 하는 사항을 기재하여 법원에 제출하는 서면)이 왔다. 반박 하는 준비서면을 며칠간 쓴다. 이렇게 상호 간에 공방이 이루어진 긴 준비서면을 제출하면 법정에서 긴장감이 넘치고 서로 주장을 반박하는 말싸움이 벌어질까? “원고 소송대리인 변호사 몇 월 며칠 자 준비서면 진술하시고” 이 한마디의 판사님 선언으로 내가 쓴 준비서면은 법정에서 진술한 것으로 간주한다. 그러니까 말로 하지 않고 글로 공방하는 것이다. 최근에는 과거와 달리 법정 내에서 판사님이 설명을 듣거나 촉구하는 경우도 많아졌고 특히 형사재판의 경우는 공판중심주의라고 하여 법정 내에서의 공방이 활발해졌다. 국민참여재판도 도입되어 실제로 법정 내에서의 공방도 이루어진다. 하지만 기본적으로 변호사는 자기 생각을 ‘글로 써서’ 표현한다. 판사도 검사도 모두 글을 쓰는 직업이다. 재판에 사용될 모든 증거와 그 증거에 대한 설명은 써야 한다. 많이 써야 한다. 많이 쓰기 위해서는 많이 알아야 한다. 법은 끊임없이 변화하고 판례는 쏟아져 나오며 축적된다. 어제까지는 승계가 되던 책임이 판례가 바뀌어 승계가 부정된다. 어제까지는 권리가 아니었던 것이 오늘부터는 법으로 주장할 수 있는 권리가 되기도 한다. 내가 담당하는 사건의 최신 입법 동향과 판례를 모르면 큰 망신을 당할 수 있다. 그래서 법조인은 계속 공부해야 한다. 게다가 법은 세상만사를 다룬다. 의료인들에게 의료법이 문제 되고 건축 과정에서 건축법이 문제 되며 음식을 팔면서 식품위생법이 문제 된다. 의료법과 건축법과 식품위생법을 따로 공부한 법조인은 없다. 법조인이 되기 위해서는 기본법을 공부하고 시험 보기 때문이다. 그러나 누군가 건축법을 물어보면 대답해 주어야 한다. 공부했던 기본법 지식이 유용하게 쓰이지만 결국 새로이 공부해야 한다. “제가 한 번 알아보고 말씀드리겠습니다.” 라고 말하고 빠른 시간 안에 많은 내용을 공부해서 그에 관한 글을 쓸 수 있어야 한다. 법조인은 글을 쓰기 위해 계속 공부해야 하는 직업이다.

4. 오늘도 지하철 타고 집에 가기는 불가능하네요.

업무의 강도 및 대표적인 어려움은 무엇인가?

출근하면서 오늘 오전에는 상대방 소장(소송을 제기하는 서면)에 대한 답변서를 쓰고 오후에는 다음 주 있을 증인 신문을 준비해야지 하는 마음으로 회사에 왔다. 출근하자마자 메일을 열어보니 자문을 담당한 회사에서 긴급 문의가 와 있다. 자문 의견서를 급하게 마치면 오후에는 갑자기 생긴 형사사건에 대응하기 위해 경찰서에 가야 한다. 중간마다 의뢰인들은 계속 전화로 무엇인가를 물어본다. 그러다 보니 하루가 다 갔다. 결국 오늘 일과시간에 하려고 마음먹었던 일은 밤에 야근으로 해야 한다. 결국 오늘도 늦게까지 일하다가 지하철을 놓치고 새벽에 택시를 타고 집에 가야 하는 하루다. 내가 다른 변호사 친구에게 "나는 오늘도 야근한다." 고 했다가 들었던 대답은 "야근은 공식 야근 수당이 나오는 근로자의 경우에 쓰는 용어이고 변호사가 하는 건 잔업이지. 잔업 수고해라!"라는 인사였다. 생활의 불규칙성. 법조인은 피할 수 없다. 아마도 기자 말고는 가장 불규칙한 일상을 가진 직업이 아닐까? 사건이 예고하고 생길 수는 없다. 특히 형사사건을 전문으로 하는 법조인은 불규칙성이 더 심해질 수밖에 없다. 민사와 행정의 경우도 형사보다는 덜하지만 불규칙한 것은 비슷하다. 최근 국선변호인 또는 사내변호사가 주목받는 이유는 그나마 조금은 더 '규칙적인' 생활을 할 수 있기 때문이다.

자문을 주 업무로 하거나 변호사 자격을 가지고 송무(소송업무)를 하지 않는 변호사도 많지만 다수의 법조인은 '승패'라는 승부의 세계에 종사한다. 판사는 그 승패를 결정하는 엄중한 지위이다. 나는 최근에 헌법소송 하나를 각하(소송요건이 갖춰지지 못하여 본안판단을 하지 않겠다는 결정) 당한 적이 있다. 법령헌법소원이 가지는 특징상 청구기간이 가장 큰 문제가 되었던 사안이기에 서면의 많은 부분을 이 사건이 왜 청구기간 도과로 판단되어서는 안 되는지를 주장하는 내용으로 썼다. 결과는 "너의 주장을 살펴봤지만 청구기간 도과가 명확하므로 각하"라는 한 줄의 답변이었다. 태연하기가 힘들었다. 결과가 나온 날 온종일 마음이 불편했다. 승패의 세계에서 패배의 결과를 받았을 때 마음 다스리기는 쉬운 일이 아니다. 모든 직업이 직업 나름의 고충이 있을 것이다. 법조인은 특히 ① 불규칙한 삶 ② 승패의 현장에서 느끼는 마음 다스리기가 어려운 것 같다.

5. 너는 사실을 말하라 나는 법을 말하리라

판사

법조인이라는 직역에 관해 설명하고 있지만, 법조인은 다시 판사, 검사, 변호사로 크게 구별할 수 있고 이를 법조를 지탱하는 3개의 바퀴라는 의미로 흔히 '법조 삼륜'으로 부른다. 각 직업의 특성을 구체적으로 설명하기는 지면 여건상 힘들지만 큰 차이를 설명하면 다음과 같다. 우선 판사는 독립된 사법부에서 독립된 재판권을 행사하는 주체로서 헌법상 그 신분이 보장되며 양심과 법률에 따라 재판의 최종 결론을 내는 역할을 하는, 그야말로 법정에서는 신과 같은 존재이다. 재판을 직접 해보면 판사의 석명사항(설명을 요구하거나 입증을 촉구하는 것) 하나는 재판의 성패를 좌우하는 것이므로 모든 변호사들은 판사의 석명 하나하나에 천착한다. 판사의 권한은 "너는 사실을 말하라, 나는 법을 말하리라"로 표현할 수 있다. 주어진 사실관계에 대한 법 해석 권한을 가진 위치는 대단한 것이다. 재판은 법과 상식의 실천이다

(법을 공부하면 상식이 법에 반영되도록 하기 위한 여러 가지 법 원리를 알게 된다). 우리 사회에서 건전한 상식과 공감능력을 가진 판사의 존재는 그만큼 소중하다. 개인적으로 판사 직업에 대한 나의 선입견은 많이 외로운 직업이라는 것이다. 곁에서 판사님들을 모시고 일할 수 있는 기회가 몇 번 있었다. 판사들은 거의 대부분의 시간을 기록을 읽고 판결문을 작성하는 것으로 보내며 이 시간은 철저한 혼자만의 시간이다. 어떤 사람 인생의 가장 중요한 이야기의 진위를 판단해야 하지만 그 사람이 재판정에서 이야기하는 시간은 짧고 서면은 길다. 변호사의 막무가내 주장은 골라내야 하고 증거를 빠트려서는 안 된다. 꼼꼼해야 한다. 읽고 또 읽어야 한다. 내가 본 판사님들의 많은 시간은 기록과 함께하는 다소 외로워 보이는 시간이었다. 판사는 그 어떤 학자보다도 학구적이어야 한다는 느낌도 받았다.

6. 나는 행정부의 법률 전문가

검사

영화 속에서는 검사가 조폭과 주먹싸움을 하기도 하고 살인범을 직접 잡기도 한다. 검사가 형사소송법상 수사지휘권자로서 경찰을 지휘하고 실제로 검사가 일선 수사 현장에 나가기도 하는 건 사실이지만 검사를 '범죄수사'에 한정된 직역으로 보는 것은 잘못이다. 검사는 사법부가 아닌 행정부 소속으로 행정부 내의 법률전문가 역할을 한다고 보는 것이 더 정확하다. 물론 많은 검사들이 수사와 형사재판 업무에 종사하고 있다. 그러나 민법을 개정할 때도 검사가 검토하며, 외교통상과 관련된 국제법 영역에서도 검사가 역할을 한다. 즉 검사는 정부 내에서 법률과 관련된 전문가로서 역할을 하는 직역이다. 물론 형사소송법상 검사에게 주어진 권한이 워낙 크고 - 검사만이 최종 기소를 담당하며 범죄의 혐의가 인정됨에도 기소하지 않을 수 있는 기소유예의 권한도 가지고 있다. 이를 기소독점주의, 기소편의주의라 한다. - 형사 관련 업무가 주된 업무이므로 로스쿨에서의 검찰실무 교육 등은 주로 형사법 교육에 치중되어 있는 것도 사실이다.

7. 너의 편이 되어줄게

변호사

2013년 연세대 로스쿨 연구교수로 근무하던 나는 당시 연세대 로스쿨과 장애인 차별상담 전화 운영 주체인 장애인차별금지추진연대 간의 업무협약에 따라 로스쿨 학생들을 데리고 장애인 차별사례 회의에 참석하고 있었다. 당시 전맹 시각장애인이 놀이공원에서 탑승을 거부당하는 일이 있었고 이에 대한 법률적 대응 조언을 했었다. 이 사건은 결국 소송을 하게 되어 2018년에서야 1심 결과가 나왔다. 그리고 놀이공원 측은 우리나라에서 두 번째로 큰 로펌을 대리인으로 하여 항소를 하였다. 2013년의 나는 이 사건에 대해 조언을 하는 역할을 했지만 2019년의 '변호사로서의' 나는 "제가 그 사건을 대리해보겠습니다."라고 나서서 직접 시각장애인 편에 서서 싸움하는 역할을 할 수 있는 것이 크게 달라진 점이다. 나는 지금 상대방이 주장하는 안전의 문제가 편견 속에서의 안전이라는 점을 주장하며 싸울 준비를 하고 있다. 잘 싸우고 싶고 최선을 다해 싸울 것이다. 상대방은 많은 돈을 들이는 소송이고 나는 무료변론으로 진행하는 공익사건이지만 그래서 더 욕심이 난다. "네 그러니까 제가 당신 편이 되어드리겠습니다." 변호사라는 직업이 가지는 가장 큰 보람이자 직업적 특성. 편이 되어줄 수 있다는 것이다.

8. 배추를 수임료로 받았어요.

보수, 처우 등 근무여건 및 환경은 어떠한가?

과거 변호사의 숫자가 많지 않았던 시절에는 변호사에게 사건을 맡기기 위해서는 많은 돈을 지불해야 했었다. 지금도 판사와 검사는 일반직 공무원보다는 더 많은 봉급을 받고 있으며 변호사의 수입 수준도 보통의 직장인보다 평균적으로는 높을 것이다. 하지만 최근 들어 변호사의 보수 수준은 변호사마다 매우 큰 차이가 나고 있다. 대형 로펌의 경우는 여전히 금융권 이상의 보수 수준이지만 변호사라 해도 월평균 급여가 대기업에 취업한 동년배의 급여 수준에 미치지 못한 경우도 많을 것이다. 변호사 직역이 어려워졌다는 것은 많은 언론 기사 등을 통해 확인할 수 있으므로 굳이 통계를 여기서 인용할 필요는 없을 것이다. 다만 내가 후배들에게 당부하고 싶은 것은 법조인은 법 공부를 한 사람들이지 돈 공부를 한 사람이 아니라는 사실을 인식해 달라는 것이다. 나는 돈을 많이 벌고 싶은 사람은 돈 공부를 해야 한다고 생각한다. 본인이 법 공부를 했다면 돈 공부를 한 사람보다는 조금 수입이 적더라도 삶의 다른 보람을 충분히 찾을 수 있지 않을까? 배추를 수임료로 받은 나의 에피소드 하나를 이야기하며 보수 이상의 것에 대한 보람에 대해 강조하고 싶다. 변호사의 보수에 대해 더 궁금한 후배님들에게는 "면기난부(免飢難富)"라는 사자성어의 뜻을 꼭 찾아보기도 함께 권한다.

[얼마 전 안동에 계신 먼 친척 어르신께서 내가 변호사가 되었다는 소식을

들었다며 오랜만에 연락하셨다. 안부 이야기를 나누다가 법적인 문제에 대한 고민이 있음을 듣고 담당하는 공무원분께 자초지종 확인한 후 민원사무 처리 등 원칙에 따라 일을 해결해 드렸더랬다. 바깥 어르신 돌아가시고 최근 힘겹게 농사를 지으며 지내시는 할머님이라 돈 이야기를 하시기에 소송한 것도 아니고 제가 공부한 거로 도움 드려서 제가 기쁘다 인사드리고 돈을 받지 않았었다. 안동 집에 들른 나에게 오늘 큰 박스 하나를 챙겨주시더라. 안에는 신문지로 곱게 싼 배추 두 포기와 언뜻 봐도 최상등품 사과 스무 몇 개가 들어 있었다. 배추는 배추전 해 먹으라 하시고 사과는 이거 좋은 사과다 하시며 주시고 가셨다. 수임료를 민물새우젓갈로 받았었다는 선배 이야기를 들은 적 있었기에 더 웃음이 났다. 기뻤다. 어떻게든 인사 건네고픈 어르신의 마음이 느껴져 더 기쁘고 고마웠다. 올 한 해 나에게 가장 큰 일은 변호사가 된 것이다. 한 해를 마무리하는 오늘 받은 배추와 사과가 평생 기억날 것 같다. 어려움에 부닥친 사람에게 그의 편이 되어줄 수 있어 좋은 직업이라 생각했다. 올해 가지게 된 직업을 감사하며 소중하게 써야겠다 생각해본다(2018년 12월 30일 필자의 facebook에 쓴 일기임).]

Ⅱ. 로스쿨 제도와 변호사 시험

1. 로스쿨에 들어가기 위해서 무엇을 준비해야 하나요?

내가 연세대학교 정치외교학과에서 강의를 맡고 로스쿨 진학준비반(연정법학회)을 처음 꾸러나갔던 2010년경에는 많은 학교 로스쿨 입시에서 인성면접이 있었고 또 자기소개서도 중요한 요소였다. 이 글은 로스쿨 입시의 문제점을 지적하는 글이 아니기에 크게 언급하지는 않겠지만 로스쿨 입시는 결국 정성평가가 점점 줄어들고 정량평가의 비중이 더 커지는 방향으로 바뀌었으며 여기에서 정량은 일차적으로는 학점 + 영어 + 리트(법학적성시험)를 각 꼭짓점으로 하는 삼각형의 면적을 의미한다.

학점은 그 학생의 4년간의 학업성취도이며 성실성을 담보하는 가장 좋은 지표이므로 중요하다. 현재의 입시제도에서 로스쿨에 진학할 마음을 먹었다면 제일 중요한 것이 학점 관리이다. 영어와 리트는 시험 점수를 받는 것이므로 어느 정도 향상이 가능하지만, 학점은 회복이 불가능한 경우가 있다. 특히 09학번부터 주요 로스쿨 설치 대학에 법학부가 없어지면서 대학교 1학년 때부터 로스쿨 진학을 염두에 두고 입학하는 신입생들이 아주 많아졌다. 속칭 "로스쿨 키즈"라고 불리는 이 학생들은 1학년 때부터 학점 관리에 철저하고 몇몇 자격증을 취득하는 등 소위 로스쿨 진학에 유리한 스펙을 만드는 대학생활을 한다. 매년 이런 학생들만으로도 로스쿨 입시 정원 2,000명이 훨씬 넘는 학생들이 대학을 졸업하고 로스쿨에 지원한다. 졸업 후 다른 일을 하다가 뒤늦게 로스쿨 입시를 고민하거나 다른 직업을 고민하다가 로스쿨 입시로 진로를 바꾼 경우는 대개 학점 때문에 입시에서 실패하는 경우가 많다. 과거의 사법시험은 한 번의 시험만으로 결과를 내는 것이므로 학점은 '전혀' 중요하지 않았다. 사법시험 출신 현직 법조인들은 서로 자신이 대학시절 얼마나 놀았으며 학점이 안 좋은지를 자랑삼아 이야기하기도 한다. 그러나 로스쿨 입시는 이와 정반대이다. 학부시절의 성실함을 입증해야만 로스쿨에 진학할 수 있다. 나는 개인적으로 학점보다 더 중요한 것이 대학생활에 있다고 믿는다. 하지만 로스쿨은 전국의 대학에서 가장 좋은 학점을 가진, 그러니까 성실성이 인정된 학생들이 진학을 희망하는 직역이다. 학점 관리에 충실해야 한다. 극단적인 경우로 나는 학점이 정말 안 좋은 학생이 한국방송통신대학교를 통해서 2년간 학점 세탁을 한 후 로스쿨에 지망하여 합격한 것도 보았다. 한국방송통신대학교는 학점 따기 쉬운 곳이 아니다. 절대평가로 이루어지는 시험에는 어려운 문제가 반드시 나오고 그래서 최고 수준의 학점을 받기가 쉽지 않다. 하지만 그 학생은 2년간 학부를 다시 다니며 학점에 올인하는 생활을 해서 결국 자신의 학점을 올려서 로스쿨에 진학했다. 학점은 그만큼 중요한 요소다.

"법학 수업을 듣는 것이 중요한가?" 라는 질문도 많이 받는데 학부 수준에서 법학 수업을 하나둘 더 듣는 것이 크게 중요하다고 보지는 않는다. 다만 설명이 가능하며 어느 정도 일관된 수강과목은 필요할 것이다. 예컨대 국제관계에 정통한 변호사가 되고 싶다는 학생이 국제법 관련 수업을 전혀 수강한 적 없거나 공익인권 분야에서 일하고 싶다는 학생이 관련 수업을 전혀 들은 적 없다면 진정성을 의심받을 것이다.

영어는 삼각형 중 그 중요도가 많이 떨어지는 영역이긴 하지만 워낙 영어 성적이 좋은 학생들이 로스쿨에 지원하기 때문에 토익 900 이상의 성적을 받도록 해야 한다.

리트는 대한민국에서 치러지는 모든 시험 중에 가장 긴 지문을 가장 빠른 시간 안에 풀어야 하는 시험이다. '속독시험'이라는 말이 있을 만큼 빠른 읽기 능력이 중요하다. 법조인이 되면 매우 많은 분량의 서면을 빠른 시간 안에 읽어야 할 경우가 많다. 빨리 읽기 능력은 사실 법조인으로서 생활하는 데 정말 중요하다. 그래도 이건 과하나 싶을 만큼의 많은 분량의 글을 시간 내에 읽고 답을 찾아야 하는 것은 힘든 일이다. 로스쿨에 지망하는 학생들은 모든 글을 빨리 읽으며 일차적으로 내용을 파악한 후 다시 정독하는 훈련을 해야 한다. 리트 공부방법론을 문제 유형별로 다 적을 수는 없지만 한 가지 사실은 명확하다. 리트는 훈련으로 점수를 향상할 수 있다는 것이다. 140점 이상 되는 최고 수준의 득점을 하는 학생들은 사실, 문제를 푸는데 대단한 재능을 가지고 있고 훈련만으로 그 수준에 이르기는 힘든 것 같다. 하지만 목표가 로스쿨 진학이라면 진학에 필요한 점수는 훈련으로 만들 수 있다. 경험담이다.

2. 로스쿨 입시에 스펙이 필요한가요?

필요하지 않다. 너무 단도직입적으로 말했는가? 정확하게 다시 말하면 로스쿨 입시에 영향을 줄 정도의 스펙을 가지려면 너무 많은 시간과 노력이 필요하므로 차라리 그 노력을 위의 삼각형 면적 키우는데 투자하는 것이 낫다는 의미이다. 로스쿨에 가기 위해 의사가 되거나 회계사가 될 수는 없는 노릇이다. 로스쿨에 가기 위해 제2외국어를 네이티브 수준으로 공부할 수도 없다. 스펙은 걱정하지 않아도 된다. 실제로 연세대 서울대 로스쿨 등에 진학하는 다수의 학생들은 스펙이 없지만 위의 삼각형 면적이 매우 넓은 나이 어린 학생들이다. 본인의 성실성을 증명할 수 있는 잘하는 운동 또는 악기 등이 있거나 어학에 재능이 있으면 그 정도 스펙만으로도 충분하다. 한자자격시험, 국사능력시험 안 봐도 된다. 크게 도움 안 된다. 자원봉사 경력이 많지 않아도 된다. 자원봉사를 악용하는 너무 많은 단체가 있다. 자신이 관심 있는 영역에서 조금의 봉사 경력 정도만 있으면 충분하다. 봉사는 변호사가 되면 더 많이 할 수 있다. 시간이 나면 학교 수업에 더 충실하고 영어성적과 리트 성적을 올리는 것이 로스쿨 입시에는 더 유리하다.

3. 어느 학교가 좋을까요?

드러내놓고 묻기 힘들지만, 로스쿨에 진학하고자 하는 많은 제자님들의 고민은 결국 어느 학교에 원서를 쓸까 하는 것이었다. 특히 모교인 연세대에서 로스쿨 진학 지도를 하며 학생들이 서울대 또는 연세대 로스쿨로 목표를 한정하는 경우를 많이 봤다. 로스쿨은 전국에 총 25곳이 있다. 나는 "네 성적이면 20개가 넘는 학교가 너를 환영하고 있는데 왜 환영하지 않는 학교에 가고 싶어 하니?" 라고 묻기도 했다. 연대를 졸업하고 대학원을 연대보다 낮은 학교는 갈 수 없다고 이야기하는 경우도 있었고 심지어 부모님이 서울대 연대 이외에는 안 보내주신다고 대답하는 경우도 있었다. 이해하기 힘들었지만, 오히려 그런 경우는 상담이 빨리 끝났다. 내가 더 해 줄 이야기가 없고 설득할 수도 없으니까. 안타까운 경우는 학생들이 취업에 대해 오해를 하는 경우였다. 한 제자가 검사를 목표로 하는데 성적이 애매해서 연세대, 서울대 로스쿨에는 원서쓰기 힘든 상황이었다. 낙담하고 있는 제자에게 조언해줬다. 대형 로펌에서는 로스쿨에 대한 학교 차별이 분명히 존재한다. 하지만 공직은 학교를 차별할 수 없다. 검사가 되고 싶다면 네가 25개 로스쿨 어느 곳을 가서는지 그곳에서 학점 관리를 잘하고 검찰 관련 시험을 잘 보면 된다고 이야기해 주었다. 그 제자는 지금 재판연구원을 거쳐 판사가 되는 과정을 밟고 있다. 연세대 로스쿨이 아닌 다른 곳으로 진학했지만 더 나은 결정이었다고 기뻐하며 법조인으로 살고 있다.

4. 로스쿨은 돈이 많이 든다는데 제가 감당할 수 있을까요?

학비 문제는 로스쿨에 대한 가장 큰 오해가 있는 부분이다. 과거 사법시험 준비하는 데는 로스쿨에서 공부하는 것보다 돈이 더 들었다. 등록금이 안 든다고 하지만 사법시험 공부는 모든 것을 포기하고 시험 공부 하나에만 자신의 모든 시간과 성실을 투자해야 하는 공부였다. 간혹 "식당 아르바이트 등을 하면서 학비를 벌었어요." 하는 감동 스토리가 나오긴 했지만, 이는 예외적인 경우일 뿐이다. 체력 관리하며 시험공부를 하기 위해서는 잘 먹고 잘 자고 잘 쉬며 최대한 많은 수험시간을 확보해야 한다. 사법시험은 생활비부터 모든 학업 비용이 더 많이 필요한 공부였다. 사법시험을 이유로 은행이 대출해줄 리도 없다. 신분이 백수이기 때문이다. 로스쿨은 다르다. 입학전형에서부터 특별전형이라 해서 사회적 소수자 배려 전형이 존재한다. 모든 로스쿨은 경제적 어려움이 있는 사람을 위한 장학제도를 두고 있다. 사실 진짜 어려운 경우는 중산층의 경우다. 아예 가정에 기초생활 보장 수급자 정도의 어려움이 있는 경우는 국가와 학교의 도움을 당연히 받을 수 있으므로 괜찮지만, 중산층 정도에서 로스쿨 학비를 스스로 다 감당해야 하는 경우가 오히려 고민이 많다. 이 경우도 로스쿨은 은행과 연계하여 대출 제도를 운용하는 등 학비 문제와 관련한 보조를 하고 있다. 로스쿨은 경제적 약자에게 더 유리한 제도이다. 로스쿨의 최초 설계 목적에 바로 경제적 약자를 법조인으로 더 많이 만들어야 한다는 것이 있었다.

5. 정치학 전공자로서 로스쿨 생활에 적응하기가 어렵지는 않을까요?

정치학과 법학은 매우 닮은 듯하지만 학문으로서의 접근 방법이 아주 다르다. 정치학에서 사고의 확장과 창의력, 통계의 활용, 비교의 중요성 등이 강조되는 반면에 법학은 기존 이론과 판례의 암기, 요건과 효과 중심의 학습 등의 특성이 있어 정치학 전공자들이 초기 법학 공부에 부적응을 호소하는 경우가 많다. 나의 경우는 정치학 전공 제자들에게 "목차 암기" "잘 쓴 답안지 베껴 쓰기" "주요 내용을 주소-개념-요건-효과로 분설하여 공부하기" 등을 법 공부 입문기에 권유하였고 꽤 좋은 성과가 있었다. 새로운 것에는 늘 적응의 문제가 따른다. 법학은 수학이나 물리학처럼 심오한 이해를 요하는 학문도 아니다. 내가 공부하는 법률 사례가 누군가에게는 절실한 법률관계라는 것을 마음으로 공감할 준비가 되어있다면 충분히 적응할 수 있는 학문이다.

6. 변호사시험은 무엇을 준비해야 하나요? 제가 합격할 수 있을까요?

로스쿨 입시의 어려움을 극복하고 입학하고 나면 더 큰 어려움이 기다리고 있다. 바로 변호사시험이다. 2017년 제6회 변호사 시험이 51% 정도의 합격률이었고 드디어 2018년 제7회 변호사시험은 합격률이 50% 밑으로 떨어졌다. 누 명 숭 한 명의 로스쿨생은 시험에 떨어지는 것이다. 절반을 붙여주는 시험이니 쉽겠다고 생각하면 오산이다. 비슷한 실력을 갖추고 있고 3년간의 로스쿨 교육을 통해 로스쿨 졸업이 검증된 사람들 중에서 절반이 떨어지는 것이다. 현재로서는 법조인이 되는 유일한 방법이 로스쿨이며 반드시 변호사시험을 합격 해야 하기에 다른 대안이 없다. 경쟁에서 합격하는 방법뿐이다. 추후 반드시 제도의 변경 및 보완이 이루어져야 하겠지만 변호사시험은 법조인이 되기 위한 가장 어려운 관문이다.

헌법, 행정법, 형법, 형사소송법, 민법, 민사소송법, 상법, 선택법(환경법, 노동법, 국제법 등 여러 법 중에서 한 과목) 총 8과목을 공부해야 하며 시험은 객관식, 사례형, 기록형을 모두 본다. 총 5일간 치러지는 변호사 시험은 현재 대한민국에서 치러지는 모든 국가시험 중 가장 긴 시간 동안 가장 많은 범위의 내용을 시험 보는 것이다. 과거 사법시험이 1차 시험에서 객관식을, 2차 시험에서 사례형을, 사법연수원 과정에서 기록형을 시험으로 봤던 것에 비하여 변호사 시험은 이 세 가지를 5일 안에 모두 보는 것이라 그 피로도와 부담감은 상상을 초월한다. 버텨야 한다. 최종적으로 이 과정을 버텨내야 법조인의 틀 안으로 들어올 수 있다. 현재의 제도는 야속하게도 이렇게 어렵게 설계되어 있다.

Ⅲ. 결론

정치학을 전공하고 학부 성적이 나름 우수했음에도 법학과 대학원에서 처음 공부를 시작했을 때는 많은 것이 당황스러웠다. 법학 공부 초기의 일화 하나. 모든 법학 교과서 앞에는 늘 '법원(法源)'이라는 챕터가 나오는데 나는 이 단어의 뜻을 정확히 이해하지 못하고 있었다. 민법에도 민법의 법원, 상법에도 상법의 법원, 행정법에도 행정법의 법원. 이렇게 법원이 자주 나온다.

교과서에는 간단하게 '법원은 법의 인식근거다.'라고 쓰여 있었지만 나는 그 말의 뜻을 정확히 모르고 있었다. 어느 날 용기를 내어 교수님께 질문하던 순간이 잊히지 않는다. "교수님, 법의 인식근거가 무슨 뜻인지 이해가 안 됩니다." 질문을 받은 교수님도 당황하셔서 '아니 그런 걸 이해 못하는 학생이 무슨 대학원에?' 이런 표정을 지으시며 "법의 인식근거는 법의 인식근거잖아."라고 설명해 주셨었다. 공부를 계속하다 보니 자연스럽게 이해가 됐고 법원은 어려운 뜻이 아니었다. 우리가 문자로 인식하는 것은 성문법원이었고, 문자로 인식하지 않더라도 상식이나 관습으로 자연스럽게 인식하는 것은 불문법원이었다. 인식근거는 그런 쉬운 뜻이었다. 법학 공부를 오래 하면서 잘 모르고 어려운 것이 나올 때마다 법원을 처음 접했을 때 이해하지 못했던 내 모습을 떠올리며 이것도 사실은 어려운 게 아니겠지 라는 자신감을 가져본다. 그러면 웬만한 어려운 내용은 잘 극복할 수 있었다. 이처럼 법조인이 되기 위한 지난한 공부 과정을 거칠 마음의 준비는 대단한 결심이 필요한 것이 아니다.

다른 사람의 이야기에 귀 기울일 준비가 되어 있다면 법학 공부에 대한 자신감을 가지고 법조인에 도전해볼 만하다. "당신의 권리는 안녕하십니까? 내가 당신의 편에서 당신의 권리를 고민해 드리겠습니다."라고 이야기할 수 있는 직업. 법조인이다.

제8장 행정공무 분야

행정부처의 정책결정과 집행 그리고 정치

박동걸

서론

'정치란 무엇인가' 혹은 '정치학을 전공한 자로서 대통령이나 국회의원(또는 지방의회 의원)이 아닌 정치와 관련된 일을 할 수 있는 직업군이 있을까?' 위 두 가지 질문은 정치학을 전공한 필자 입장에서도 대학생활 동안 가장 해답을 얻고 싶었던 질문 목록이라 할 수 있다. 현재 정치학을 전공하고 있거나, 어떠한 직업을 갖게 될 것인지 고민하는 분들이라면 충분히 공감할 수 있을 것이다. 결론부터 말하자면, 정치란 사회(국가)를 바람직한(desirable) 상태로 만들기 위해 정책(policy)이라는 수단을 기획하고, 집행하는 일련의 행위라고 정의한다면, 정책을 결정하고 집행하는 행정행위 또한 광범위한 의미의 정치활동이라고 볼 수 있다. 이러한 관점에서 정치학을 전공하거나 국민들의 삶과 밀접하게 연관되는 분야에서 일하고자 하는 분들이라면 공무원으로서 행정부처에서 근무하는 방법을 고려해 볼 수 있다. 본고에서는 정책결정기구인 행정부의 임무와 행정공무원에 대한 전반적인 정보를 제공하고자 한다.

Ⅰ. 정치의 산물인 정책

“정치란 무엇인가”에 대해 학문적 정의로 가장 널리 쓰이고 있는 것은 데이비드 이스턴(D.Easton)의 “가치의 권위적 배분(authoritative allocation of values)”과 막스베버(Max Weber)의 “국가의 운영 또는 이 운영에 영향을 미치는 활동” 등이 있다. 표준국어대사전에 따르면 정치란 “나라를 다스리는 일, 국가의 권력을 획득하고 유지하며 행사하는 활동으로, 국민들이 인간다운 삶을 영위하게 하고 상호 간의 이해를 조정하며, 사회질서를 바로잡는 따위의 역할”로 정의하고 있다. 위 세 가지 내용을 종합해본다면, 정치란 “권위 있는 국가가 이해관계자(또는 국민) 간의 갈등은 줄이되, 조화롭고 바람직한(desirable) 상태를 구현하기 위한 일련의 가치 배분 활동 또는 행위”라고 할 수 있다.

데이비드 이스턴(D.Easton)의 체제모델에 따르면, 정책(Policy)이란 정치체제의 산출물이라고 할 수 있다. 즉, 사회문제에 대한 해결 요구(투입, input)를 행정기관 또는 입법기관의 의사결정을 통해 산출한 결과물(output)이라 할 수 있다. 다시 말하자면, 정치체제는 모든 사회문제가 환경으로부터 투입되면 이 중 일부를 정책으로 전환하게 되며, 실제 정책을 집행하여 정책효과를 사회환경에 환류하게 된다. 이처럼, 정치체제와 정책은 매우 밀접한 관계를 맺고 있다.

Ⅱ. 정책과정의 참여자로서 행정부처

정책의제설정, 정책결정, 정책집행, 정책평가 등 일련의 정책과정에 참여하는 구성원은 의회, 사법부, 행정부 등 공식적 참여자와 NGO, 전문가집단(씽크탱크) 등 비공식적 참여자로 구분할 수 있다. 의회의 경우, 국민의 대표기관으로서 가장 중요한 정책결정기관이라 할 수 있으나, 우리나라의 경우 급속한 경제성장 및 비민주적 정치제도로 인해 정책결정과정에서 의회의 권한이 상대적으로 많이 축소되어 있다고 할 수 있다. 정책과정상 사법부의 역할의 경우, 사후적, 수동적 성격을 갖고 있다. 즉, 해당 문제가 발생하고 나서 소송이나 청구가 있을 때만 이에 개입하는 것을 특징으로 한다. 한편 사회가 다원화, 전문화, 복잡화됨에 따라 NGO, 전문가집단 등 비공식적 참여자의 정책과정에서의 역할과 참여도는 매우 높아졌다고 할 수 있다. 특히, 사회·정치·경제적 환경변화에 따른 시민사회의 발전은 기존 정부-시장의 이분법적 구조에서 정부-시장-시민사회(NGO, 언론 등)가 정책결정 및 집행에 모두 참여하는 '거버넌스(Governance)'가 형태로 변화하고 있다.

행정부처의 공식적 권한은 의회가 법률의 형식으로 결정한 정책과 대통령이 결정한 주요 정책을 충실히 집행하는 것이다. 그러나 오늘날 대부분의 국가가 당면하고 있는 사회문제는 복잡하고, 전문적이므로 그 해결을 위해서는 고도의 전문성과 기술성이 요구되는 상황이다. 따라서, 정책의제설정부터 정책결정단계까지도 고유의 전문성과 집행능력을 가진 행정부처의 역할이 크게 작용하고 있다고 볼 수 있다.

표 8-1 행정권의 권한강화 요인

선진국의 경우	우리나라의 경우
• 국가활동의 양적 팽창과 질적 심화로 종래와 같은 의회의 입법기능으로는 도저히 해결할 수 없는 전문성과 일정 규모의 조직 필요 • 각종 이익집단간의 갈등 심화로 이익집단 간의 갈등조정 역할 필요 • 행정조직의 업무수행과 관련된 고객들의 정치적 지지 증대	• 선진국의 경우와 마찬가지로 국가기능의 양적확대와 질적 복잡성으로 전문성 있는 행정조직 필요 • 우리나라의 특수한 상황(안보, 권위주의적 행정문화 등)

출처: 공공정책의 제문제(백현관 저, 2004) 32p.

Ⅲ. 우리나라 행정부 정책결정 과정

1. 우리나라 행정부 조직 구성 및 주요 임무

우리나라 행정부 조직은 크게 대통령, 국무총리 및 중앙행정기관, 17개 지방자치단체로 구성되어 있다. 중앙행정기관의 경우 18부 5처 17청으로 구성되어 있다. 장관급인 18부처 중에 주요 경제부처는 기획재정부, 산업통상자원부, 고용노동부, 국토교통부, 중소벤처기업부 등이 있으며, 안보부처는 국방부, 외교부, 통일부가 있고, 문화/복지/농림/과학기술/교육/환경/여성·가족 분야 등과 관련하여 문화체육관광부, 보건복지부, 농림축산식품부, 과학기술정보통신부, 교육부, 환경부, 해양수산부, 여성가족부 등이 있다. 차관급인 5처 17청의 경우 국가보훈처, 인사혁신처, 법제처, 식품의약안전처, 대통령경호처 및 국세청, 관세청, 조달청, 병무청 등이 있다. 이 밖에 공정하고 능률적인 행정의 관리·집행을 위해 설치된 합의제 행정기관인 위원회는 방송통신위원회, 공정거래위원회, 금융위원회, 국민권익위원회 등이 있다. 구체적인 조직도 및 부처별 임무 등은 정부 24 홈페이지(www.gov.kr) 및 각 부처 홈페이지에서 확인이 가능하다.

표 8-2 주요 중앙행정기관 임무 요약

구분	주요 임무
기획재정부	거시경제를 안정적으로 운용하고 경제 정책 조정과 중·장기 경제사회 발전방향 및 연차별 경제정책방향의 수립 및 총괄
산업통상자원부	대한민국의 산업, 통상 및 자원과 관련한 사무를 관장하는 중앙행정기관으로, 우리 경제의 지속적인 성장 동력 확충과 일자리 창출, 부문 간 균형 있는 성장 등에 관한 정책 수립 및 총괄
국방부	국방에 관련된 사무를 관장하는 중앙행정기관으로, 외부의 군사적 위협과 침략으로부터 국가보위, 평화통일을 뒷받침, 지역 안정과 세계 평화에 기여하기 위한 정책 수립 및 총괄
국토교통부	국토의 체계적인 개발과 보존, 교통물류체계 구축 등의 사무를 관장
문화체육관광부	문화예술의 창달과 체육·관광 진흥과 관련한 정책수립 및 총괄
보건복지부	빈곤 질병 노령 등 사회적 위험으로부터 국민을 보호하고, 평생복지를 위한 생애 주기별 맞춤형 보건 복지 정책의 수립 및 총괄

출처: 정부 24 홈페이지 2019

2. 행정부 정책결정의 일반적 과정 : 「공공행정의 제문제」 백현관 저, 2004 요약

1) 부처 내 정책결정의 일반적 과정: 품의제

부하가 의견을 제시하고, 상관이 그 의견을 검토하되 부하와 상의하여 최종결정을 내리는 계선 중심의 의사결정제도인 '품의제'가 내부 의사결정절차의 가장 기본이 되는 제도이다. 예를 들어 하급자가 기안하여 자신의 직속 직급 상급자로부터 검토되고 그 이상의 상급자에게까지 결재하는 형식을 취하게 된다. 하급자의 기안은 최고관리자가 기안용지에 직접 서명함으로써 문서로써 효력을 갖는다. 즉, 최고관리자가 기안문서에 결재함으로써 행정기관의 의사결정이 이루어지게 된다. 실제 행정현장에서는 아주 중요한 정책결정만이 최고관리자까지 결재를 받도록 하고, 일상적인 업무는 실·국장이나 과장에게 위임하는 '위임전결제도'를 운영하고 있다. 결재의 형식은 직접 서명하는 방식이나 '온나라시스템'을 이용한 전자결재 방식을 병행하여 활용하고 있다. 또한 최고관리자의 합리적·분석적 의사결정을 돕기 위하여 민간 전문가 및 시민단체가 참여하는 위원회나 한시기구(Task Force, TF)가 운영되기도 한다.

2) 행정부 정책결정의 주요절차

공식적인 정책결정과정에 최초의 정책발안은 행정부처에서 시작된다. 각 부처의 최종안이 기본이 되는 품의제도 등을 통하여 결정되어 제안되면, 당정협의를 거쳐 '차관회의'에 심의되어 그 심의의 결과와 함께 '국무회의'에 상정된다. 경제안건의 경우 국무회의 심의 이전에 경제장·차관회의 등을 거쳐야 하며, 국가안보에 관련된 것은 국가안전보장회의에서 먼저 검토하게 된다. 이러한 과정을 거쳐 최종적으로는 대통령에 의해 관련 정책이 결정된다고 할 수 있다. 실제 행정현장에서는 공식적인 절차를 밟기 전에 관련된 부처와 사전 협의하여 협조를 구하는 경우가 대부분이며, 행정부처의 업무추진상황 등에 대해 대통령비시실과 이견을 조율하기도 한다. 부처 간 이견이 상당하여 별도의 합의 및 협의가 필요한 분야의 경우 국무총리 산하에 있는 국무조정실에서 해당 정책결정 및 집행에 대한 조정 및 관리를 담당하게 된다.

Ⅳ. 행정부처를 구성하는 공무원

1. 공무원의 종류

중앙행정부처에 소속 공무원은 「국가공무원법」 규정에 따라 국가공무원으로 임용되며, 지방자치단체 소속 공무원은 「지방공무원법」 규정에 따라 지방공무원으로 임용된다. 「국가공무원법」 제2조에 따르면, 공무원은 실적과 자격에 따라 임용되고 그 신분이 보장되며 정년까지 공무원으로 근무할 것으로 예정되는 '경력직공무원'과 선거, 국회동의에 의해 임용되거나, 법령에서 별도로 지정하는 '정무직공무원' 및 비서관, 비서 등 보좌업무를 수행하거나 특정한 업무 수행을 위해 법령에서 별도로 지정하는 '별정직 공무원'으로 구성된다. 우리가 흔히 행정부처에서 일하고 있는 공무원 등의 대다수는 '경력직공무원'에 해당하며, '경력직공무원' 중에서도 행정일반에 대한 업무를 담당하는 '일반직공무원'과 법관/검사, 외무공무원, 군인, 소방·경찰·교육공무원과 같이 담당업무가 특수하여 자격·신분보장·복무 등 특별법이 우선 적용되는 '특정직공무원'으로 구분할 수 있다. 행정부처의 일반직공무원의 경우 고위공무원단(국·실장급), 3급~9급까지의 계급제로 운영되고 있으며, 공무원임용령 별표1에 따라 3개 직군, 53개 직렬, 135개 직류로 구분하여 인사관리 및 운영을 하고 있다.

표 8-3 경력직공무원 및 특수경력직공무원 분류

경력직 공무원(국가공무원법 제2조 제2항)	
구분	**내용**
일반직	기술 연구 또는 행정일반에 대한 업무를 담당하는 공무원 ①행정기술직 ②우정직 ③연구 지도직
	일반직공무원 중 특수업무 분야에 종사하는 공무원 ①전문경력관
특정직	담당업무가 특수하여 자격, 신분보장, 복무 등에서 특별법이 우선 적용되는 공무원 ①법관, 검사 ②외무공무원 ③경찰공무원 ④소방공무원 ⑤교육공무원 ⑥군인, 군무원 ⑦헌법재판소 헌법연구관 ⑧국가정보원의 직원, 경호공무원 등 특수분야의 업무를 담당하는 공무원으로서 다른 법률이 특정직 공무원으로 지정하는 공무원

특수경력직 공무원(국가공무원법 제2조 제3항)	
구분	**내용**
정무직	선거, 국회동의에 의하여 임용되는 공무원, 고도의 정책결정업무를 담당하거나 이를 보조하는 공무원으로서 법령에서 정무직으로 지정하는 공무원 ①감사원장, 감사위원 및 사무총장 ②국회사무총장, 차장, 도서관장, 예산정책 처장, 입법조사처장 ③헌법재판소 재판관, 사무처장 및 사무차장 ④중앙선거관리위원회 상임위원, 사무총장 및 차장 ⑤국무총리 ⑥국무위원 ⑦대통령비서실장 ⑧국가안보실장 ⑨대통령경호실장 ⑩국무조정실장 ⑪처의 처장 ⑫각 부의 차관, 청장(경찰청장은 특정직) ⑬차관급상당 이상의 보수를 받는 비서관(대통령비서실 수석비서관, 국무총리비서실장, 대법원장비서실장, 국회의장비서실장) ⑭국가정보원장 및 차장 ⑮방송통신위원회 위원장
별정직	비서관, 비서 등 보좌업무를 수행하거나 특정한 업무 수행을 위하여 법령에서 별정직으로 지정하는 공무원 ①비서관, 비서 ②장관정책보좌관 ③국회 수석전문위원 ④감사원 사무차장 및 시, 도 선거관리위원회 상임위원 ⑤국가정보원 기획조정실장 ⑥기타 법령에서 별정직으로 지정하는 공무원

출처: 인사혁신처 홈페이지 발췌

2. 공무원 채용제도

공무원을 채용하는 제도로는 크게 '공개경쟁채용' 및 '경력경쟁채용'으로 구분한다. '공개경쟁채용시험'이란 공무원 신규채용 시 불특정 다수인을 대상으로 경쟁시험을 실시하여 공무원을 채용하는 제도로서 균등한 기회보장과 보다 우수한 인력의 공무원 선발을 목적으로 시행된다. 공채시험의 종류로는 5급 공채시험과 7·9급 공채시험으로 구분되며, 5급 공채시험에 합격하여 임용되는 경우 정책결정 및 집행을 책임지는 관리자로서 임무를 수행하게 된다.

그림 8-1 공개경쟁채용절차 요약

한편, 공직사회의 개방을 촉진하고 현장의 경험을 정책에 접목하여 공직의 전문성과 경쟁력을 높이기 위해 경력경쟁채용제도를 운영하고 있다. 다시 말해서, 공채로 충원하기 어려운 전문·특수분야 등에 경력, 자격증, 학위 등 일정한 자격요건을 갖춘 전문가를 공무원으로 채용하는 경로라 할 수 있다(5급은 2011년, 7급은 2015년에 도입). 경력경쟁채용제도를 통해 임용되는 국가공무원(일반직) 공개경쟁채용을 통해 임용되는 국가공무원 규모와 비슷한 수준이며, 5·7급 각각 매년 100명 내외로 선발하고 있다. 일반적으로 서류전형과 면접시험으로 합격자를 선발하며, 필요한 경우 필기시험 또는 실기시험이 추가된다.

표 8-4 경력경쟁채용(민간경력자 일괄채용시험) 응시 요건

구분	필요 경력	비고
경력	관련분야 경력 10년 또는 관리자 경력 3년 이상	관련분야 경력 3년 이상
학위	관련분야 박사학위 소지자 또는 석사학위 취득 후 경력 4년 이상	관련분야 석사학위 이상 소지자
자격증	공무원임용시험령에서 정한 자격증 취득 후 일정기간 근무자	공무원임용시험령에서 정한 자격증 취득 후 일정기간 근무자

3. 공무원의 보수·연금제도

1) 공무원 보수체계

보수란 봉급과 그 밖의 각종 수당을 포함한 개념이다. 봉급은 직무의 곤란성과 책임의 정도에 따라 직책별로 지급되는 기본급여 또는 직무의 곤란성

과 책임의 정도 및 재직기간 등에 따라 계급별, 호봉별로 지급되는 급여를 말하며, 수당이란 직무여건 및 생활여건 등에 따라 지급되는 부가급여를 말한다. 정리하자면, 보수는 봉급(기본급)과 수당 등(14종 수당 및 정액급식비/직급보조비 등)으로 구성된다.

매년 공무원 처우 개선 노력을 통해 공무원 보수수준은 민간에 근접하고 있다. 인사혁신처 조사결과에 따르면 공무원보수의 민간임금(상용근로자 100인 이상 사업체의 사무관리직 보수) 접근율은 85% 내외를 유지하고 있다.

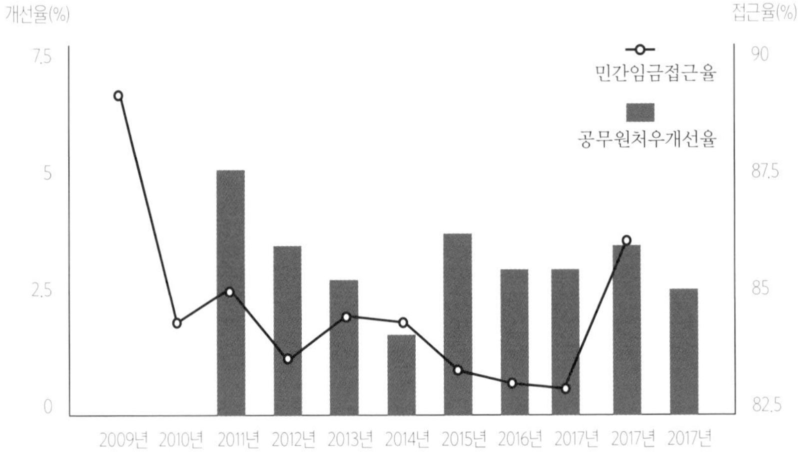

출처: 인사혁신처「민관 보수수준 실태조사」 결과

그림 8-2 공무원보수의 민간임금접근율

2) 공무원연금

공무원이 10년 이상 성실히 근무하고 퇴직하거나 공무상 질병·부상으로 퇴직 또는 사망한 때에 연금 또는 일시금을 지급하여, 공무원과 그 유족의 노후 소득보장을 도모하는 한편, 장기재직과 직무충실을 유도하기 위한 인사정책적 차원에서 1960년에 도입하였다. 국민연금은 전체 국민을 대상으로하는 기초적 사회보장제도 성격이지만, 공무원연금은 사회보장적 성격뿐만 아니라 후불임금, 인사정책적인 성격까지 포함하고 있다. 후불임금적 성격이란 공무원은 퇴직금이 민간근로자의 최대 40% 수준이지만, 나머지 60%를 연금으로 쪼개서 받게되는 것을 말한다. 인사정책적 성격이란 공무원은 다양한 사회적 이해관계가 부딪히는 일을 많이 다루기 때문에 어느 한 편에 치우치지 않는 엄격한 중립과 청렴성이 요구된다. 또한 국가공무원법상 모든 영리활동이 금지되며, 노동삼권도 상당부분 제한되고 있다. 특히, 공무원은 금고 이상의 형벌이나 징계를 받으면 연금이 50%까지 삭감되나, 국민연금은 이러한 제약이 없다. 따라서 공무원연금을 제대로 받기 위해서는 국가와 국민에게 성실히 봉사해야만 가능하다고 할 수 있다. 2015년 공무원연금개혁에 따라 공무원연금 지급개시 나이가 60세에서 65세로 늘어났으며, 공무원 연금 수령액 또한 줄어들게 되었다.

표 8-5 7급 공무원 연금수령액 (예시)

구분	개혁 이전 연금수령액	개혁 이후 연금수령액
1996년 임용, 30년 재직	243만 원	232만 원
2006년 임용, 30년 재직	203만 원	177만 원
2016년 임용, 30년 재직	173만 원	157만 원

4. 공무원으로 갖추어야 할 소양 및 마인드

공무원으로 반드시 갖추어야 할 소양으로는 무엇보다도 국민에 봉사하는 투철한 공직관과 청렴성 및 도덕성을 겸비한 윤리관이 요구된다. 이와 더불어, 헌법과 법률을 준수하고, 국민이 자유롭게 참여하여 의견을 교환하는 등 개방적이고 민주적인 업무자세가 필요하다고 할 수 있다. 공무원으로서 반드시 준수해야 할 의무사항은 아래와 같이 헌법, 국가공무원법, 공무원 헌장 등에 규정하고 있다.

[참고 8-1] 헌법 및 국가공무원법 상 공무원 의무

공무원의 의무	공직가치
자유민주주의, 복지, 인류공영 이념(헌법전문)	애국심, 다양성
공무원은 국민전체에 대한 봉사자(헌법7조)	헌신성, 책임성
공무원의 정치적 중립의무(헌법7조) 친절, 공정 의무(국가공무원법59조) 종교 중립의무(국가공무원법59조) 정치활동 제한(국가공무원법65조) 노동권 제한(국가공무원법66조)	공평성, 책임성
직무전념 의무(국가공무워법56조) 영리행위 및 겸직금지 의무(국가공무법64조) 직장이탈 금지(국가공무원법58조)	청렴성, 정직성, 투명성
직무전념 의무(국가공무워법56조) 영리행위 및 겸직금지 의무(국가공무법64조) 직장이탈 금지(국가공무원법58조)	전문성, 책임성
법령준수 의무(국가공무원법56조) 공무원의 품위유지 의무(국가공무원법63조) 복종의무(국가공무원법57조)	책임성

[참고 8-2] 헌법 및 국가공무원법 상 공무원 의무

공무원 헌장

우리는 자랑스러운 대한민국의 공무원이다.
우리는 헌법이 지향하는 가치를 실현하며
국가에 헌신하고 국민에게 봉사한다.
우리는 국민의 안녕과 행복을 추구하고
조국의 평화 통일과 지속가능한 발전에 기여한다.
이에 굳은 각오와 다짐으로 다음을 실천한다.
하나. 공익을 우선시하며 투명하고 공정하게 맡은 바 책임을 한다.
하나. 창의성과 전문성을 바탕으로 업무를 적극적으로 수행한다.
하나. 우리 사회의 다양성을 존중하고 국민과 함께 하는 민주 행정을 구현한다.
하나. 청렴을 생활화하고 규범과 건전한 상식에 따라 행동한다.

5. 업무의 강도 및 직업안정성

대부분의 사람들은 공무원이라고 한다면 "9시 출근 / 6시 퇴근" 및 "주말 보장"을 떠올리곤 한다. 물론 법적으로 주 40시간을 근무하도록 규정되어 있으며, 불필요한 일 버리기, 유연하고 탄력적인 근무제도 정착, 남편 육아휴직 장려 등 근무혁신을 통한 "일-가정 양립" 방안 노력을 기울이고 있기도 하다. 그러나, 모든 공무원이 법에서 정하고 있는 근무시간을 준수하고 있지 못하는 것 또한 현실이다. 구제역이나 메르스 등 감염병 발생, 홍수 등 재난상황 발생, 북한의 위협이나 도발로 인해 비상대기가 필요한 경우 등 국민의 안전과 생명을 보장하기 위해 공무원의 헌신과 봉사가 필요한 상황이 있다. 또한, 정기·임시국회 대응, 예산편성 협의 등 추가 업무를 위해서도 주 40시간 이상 근무하는 경우가 발생한다. 물론 본인이 수행하게 되는 업무의 성격과 난이도 등에 따라 업무 강도는 달라진다.

직업안정성 측면에서 일반직공무원의 경우 다른 직업군보다 우수하다고 평가할 수 있다. 국가공무원법에 따라 만 60세까지 근무할 수 있도록 정년이 보장되어 있으며, 국가공무원법에 따른 직무상 의무위반 등에 따라 파면·해임 등의 징계의결된 경우가 아니라면 법적으로 신분보장을 갖게 된다. 또한 앞서 언급하였듯이 퇴직 후에는 공무원연금이 지급됨에 따라 다른 직업군보다 퇴직 이후의 삶의 안정성 또한 상대적으로 높다고 할 수 있다.

Ⅵ. 결론

필자는 약 10년간 국방부에서 5급 사무관으로 공무원 생활을 하였다. 앞으로 더 많이 경험하고 배워야겠지만, 정치학도로서 행정분야의 업무를 통해 느꼈던 소회를 짧게 말씀드리고자 한다. 공무원의 가장 큰 장점 및 보람이라 한다면, 국민의 생활과 밀접한 분야에 대해 정책을 직접 기획·집행할 수 있고, 주요 의사결정에 참여할 수 있다는 점이라 생각한다. 무엇보다도 학창시절에는 정치학이 개념적이고 추상적으로만 생각되었으나, 실제 업무를 통해 정책을 입안하고 집행함으로써 현시적이고 구체화하는 경험을 할 수 있었다. 한미동맹, 북한, 장병의 복지향상 관련 국가안보정책 수립에 직접 참여하고 기여할 수 있었던 것이야말로 다른 직업군과는 다르게 특별하고 소중한 경험이었고, 해당 분야의 전문성도 향상할 수 있었다. 국가안보 부처뿐만 아니라 경제부처 등 타 부처 공무원의 경우에도 국가에 봉사하고, 국민의 안전과 행복한 삶을 목표로 정책을 수립 및 집행하는 경험을 통해 특별한 자부심과 보람을 갖게 되리라 생각한다.

앞서 언급하였듯이 막스베버(Max Weber)는 정치란“국가의 운영 또는 이 운영에 영향을 미치는 활동”이라고 정의하였다. 국민의 삶에 직접적으로 영향을 미칠 수 있는 정책을 입안하고, 관련 정책을 실제로 집행하는 공무원들의 행정행위 또한 매우 의미 있는 정치활동이라고 생각한다. 정책이 정치체제의 산물이라고 본다면, 대학 학부 및 대학원에서 공부한 정치학은 의회-행정부-사법부 간 삼권분립에 대한 명확한 이해와 더불어 남과 북, 한반도를 둘러싼 동북아, 국제관계에 대한 폭넓은 식견을 통해 고품질의 정책들을 만들 수 있는 토양을 마련할 기회를 제공하였다고 본다.

결론적으로 정치학도로서 ‘행정’에 대해 낯선 이미지가 있겠지만, 행정 또한 광범위한 정치의 범주에 포함된다고 볼 때, 정치학을 전공한 여러분이 공직에 입문하게 된다면 그 누구보다 뛰어난 능력을 발휘할 수 있을 것이고, 국가와 국민을 위해 일할 소중한 기회를 가질 수 있을 것으로 생각한다.

참고문헌

백현관. 2004.『공공정책의 제문제』

인사혁신처 홈페이지

정부 24 http://www.gov.kr

제9장 공기업 분야

공적인 일을 기업에서 하기

박재영

서론

대학을 졸업한 이들이 구직시장에 진입하는 과정에서 중요하게 고려하는 요소로는 전공과 직업의 연계, 급여수준, 업무환경 등이 있다. 대학에서의 전공 지식과 경험을 업무 내용에 따라 활용할 수 있고, 원활한 경제활동을 가능하게 하는 급여가 보상되면서, 근무 활동을 통해 능력을 성장시키고 그것을 위한 효율적인 업무환경이 조성된 곳이 구직자들이 선호하는 직업이 되는 것이다.

그러나 급여가 높더라도 지나치게 일 중심으로 에너지가 집중되거나 소모되는 구조라면 일상에서의 여가나 취미 활동을 제한하며 삶의 질을 떨어뜨리게 된다. 전공의 연계, 업무에서의 만족도, 성취감과 등과 함께 가정을 꾸리거나 여가를 즐기는 등 일상에서의 안정감을 누리는 것 또한 구직 이후의 삶에서 매우 중요한 것이다. 즉 인간다운 삶을 누린다는 근본적인 요건을 충족시키는 것을 시작으로, 직업은 급여를 얻는 것을 시발점으로 하여 업무와 생활의 영역에서 각각 나름의 가치들을 균형 있게 추구할 수 있을 때 달성된다고 할 수 있다.

전공과 직업의 연계라는 관점에서 문제는 구직시장에서 구직자들의 선택이 실제 전공을 살리는 경우가 많지 않다는 것이다. 이는 국가의 고등교육인 대학교육이 4년간의 교과과정을 거친 전문인력들로 하여금 결국 그 능력을 사회 안에서 활용하지 못하게 만들며, 전공과 직업의 불일치에서 이어지는 사회적 비용의 손실을 발생하게 만든다. 또한 현대사회의 여러 기업들은 근무환경이 안정적으로 조성되지 않아 업무와 생활의 균형이 이뤄지지 못하는 현상에 기여함으로써 개인들의 삶의 질을 떨어뜨리는 결과를 보여주고 있다. 이는 사회적으로도 건강한 공동체의 형성을 방해하는 요소로 작용하게 된다. 전공을 활용할 수 있으면서 일상과 업무의 적절한 균형은 이룰 수 있는 환경은 단순히 구직 시장의 개인 뿐만 아니라 사회 전반의 질적 성장을 위해서도 갖춰져야 할 환경이라고 할 수 있다.

이러한 맥락을 고려하여 공기업이라는 직군이 어떤 부분에서 정치학을 전공한 졸업생들에게 어떻게 효과적일 수 있으며 취업과정에서 중요한 것이 무엇인지를 살펴보고자 한다. 먼저 정치학의 학문적 성격과 보편적인 특성, 업무에서 정치학의 역할과 적용이 어떻게 이루어질 수 있는지에 관해 이야기하고자 한다. 정치학 전공을 살린 직업의 연계에 관해 논의를 전개한 뒤에는 업무와 일상의 균형의 중요성이 어떤 시너지를 발휘할 수 있는지도 강조하고자 한다. 그리고 업무와 생활의 균형을 적절히 이루고 있다는 평가를 받는 대표적 분야인 공기업에서 그것이 어떠한 방식으로 이루어지고 장단점으로는 무엇이 존재하는지를 실제 근무자의 사례를 통해 알아보고자 한다.

I. 정치학적 지식의 활용

조직의 구성이라는 차원에서 정치학적 지식은 조직 체계를 합리적이며 효율적으로 유지하고 경영하면서 구성원들 사이에서 분쟁이 발생할 경우 그것을 중재하거나 조율하는 능력으로 이해될 수 있다. 아리스토텔레스가 일찍이 이야기했듯, 정치란 공동체가 어떻게 구성되어야 하는가와 구성을 이루는 세력 간 관계에서 그 의미를 가지며, 정치학 전공자들이 전공 수업들을 들으며 얻게 되는 정치학적 지식과 소양이란 그런 맥락에서 조직의 구성과 작동 과정상의 문제점들에 능률적으로 대처할 수 있는 역량이라고 할 수 있다.

신두철은 정치학을 권력의 맥락에서 접근하는 '권력 비판의 학문으로서의 정치학'과 국민의 기본권 및 사회복지의 맥락에서의 '사회 경영의 학문으로서의 정치학'으로 나누어 설명한다. 후자의 경우 '건전한 사회(the sane society)'를 실현하는 공공성의 사회 경영(Fromm 1995)을 이룰 수 있으며, 가정이나 사적 영역과 구별된 공적 정치를 지향하게 하고 이러한 능력을 통해 "비판력과 협동력을 키움으로써 사회적 현상들에 관한 지적 능력과 공동체 기여를 하는 민주시민성을 키울 수 있게 된다"고 주장한다(신두철 2012).

정치학 전공자들의 역량은 단순히 정치권 분야로의 진출만이 전부가 아니다. 사회의 어느 영역이라도 사람들로 구성된 다양한 업무환경과 직군에서도 그 역량을 활용할 수 있다. 특히 국가와 사회에 맞닿아 있는 공적 영역으로의 진출과정과 업무과정에서 공적 정치를 지향하는 능력이 발휘될 수 있으며, 그러한 기회들을 통해 건전한 사회를 구성하는 다양한 채널을 열 수 있는 것이다. 개개인으로 이루어진 다양한 행위 주체들의 특징과 역학관계를 이해하고 토론이나 프로젝트 등을 통해 조직적 구성의 방식들을 직간접적으로 경험하게 되는 정치외교학 전공 학생들은 따라서 사회 대부분의 산업분야에서 조직의 기능적인 효율성을 높이는 역할을 할 가능성이 크다고 할 수 있다.

다음으로는 공기업의 구성과 종류에 대해 살펴본 뒤, 해당 분야 진출 시 필요한 실무적인 조건들로는 무엇이 있고 정치학 전공으로써 획득한 정치학적 지식과 경험들이 업무과정에서 어떻게 드러날 수 있는지를 차례로 살펴보겠다.

Ⅱ. 공기업

공기업은 이윤창출을 기본 목적으로 민간 수준에서 설립하고 운영하는 일반적인 기업들과는 달리, 공공성이라는 특징을 강조하는 조직체들로 정부 주도로 설립되거나 지정되는 기관들을 의미한다. 유미년과 박순애의 연구에 따르면 공공성이란 '정부의 통제 아래 정부의 관점에서 공기업이라고 하는 정책수단을 활용하여 제공하는 공공사업의 사업 목표 달성 정도'이자 정부가 달성하고자 하는 정책 목표는 공기업의 설립 목표이며 공기업은 이를 수행하는 역할을 위해 존재한다(유미년, 박순애 2013). 법령에 근거한 공기업의 지정은 '공공기관의 운영에 관한 법률 제 4조'에 근거하여 아래와 같은 4가지 분류에 해당하는 경우, 기획재정부 장관에 의해 지정되는 기관으로서 아래 표에 해당하는 기관들을 말한다.

표 9-1 공공기관의 운영에 관한 법률 제 4조

공공기관의 운영에 관한 법률 제 4조: "기획재정부장관에 의해 국가·지방자치단체가 아닌 법인·단체 또는 기관으로서 다음 각 호의 어느 하나에 해당하는 기관을 공공기관으로 지정"

1. 다른 법률에 따라 직접 설립되고 정부가 출연한 기관
2. 정부지원액(법령에 따라 직접 정부의 업무를 위탁받거나 독점적 사업권을 부여받은 기관의 경우에는 그 위탁 업무나 독점적 사업으로 인한 수입액을 포함, 이 총 수입액의 2분의 1을 초과하는 기관
3. 정부가 100분의 50 이상의 지분을 가지고 있거나 100분의 30 이상의 지분을 가지고 임원 임명 권한 행사 등을 통하여 당해 기관의 정책 결정에 사실상 지배력을 확보한 기관
4. 정부와 제1호 내지 제3호의 어느 하나에 해당하는 기관이 합하여 100분의 50 이상의 지분을 가지고 있거나 100분의 30 이상의 지분을 가지고 임원 임명권한 행사 등을 통하여 당해 기관의 정책 결정에 사실상 지배력을 확보하고 있는 기관

출처: 기획재정부. 2017.

이렇게 지정된 공공기관들은 그 규모와 성격에 따라 공기업, 준정부기관, 기타 공공기관 3개의 유형으로 나누어진다. 2019년 기준 국내 공공기관을 포함한 공기업들은 모두 339개에 이르며, 36개의 공기업, 93개의 준정부기관, 210개의 기타 공공기관으로 이루어져 있다.

공기업은 자산규모가 2조 원 이상이고 기업의 총 수익 중 자체 수익이 85% 이상인 시장형 공기업과 그렇지 않은 준시장형 공기업으로 나뉜다. 대표적인 시장형 공기업으로는 한국전력공사와 한국지역난방공사가 있으며 준시장형 공기업으로는 대표적으로 한국방송광고진흥공사와 한국조폐공사

가 있다. 준정부기관은 국가재정법에 따라 기금을 관리하거나 기금 관리를 위탁받은 기금관리형 준정부기관과 사업을 위탁받고 집행하는 위탁집행형 준정부기관으로 나뉘어진다. 기금관리형 준정부기관의 대표적인 조직으로는 한국언론진흥재단과 공무원연금관리공단이 있으며, 위탁집행형 준정부기관은 한국장학재단과 한국국제협력단이 대표적이다. 기타 공공기관은 앞서 분류한 공기업과 준정부기관에 속하지 않는 공공기관들을 총칭하는 용어이며 한국사학진흥재단과 북한이탈주민지원재단 등 다수의 기관들이 여기에 속한다. 공기업이란 용어는 이들 339개의 기관 중 '공기업' 영역에 해당하는 36개의 기관들을 포함하는 것이 보통이나, 준정부기관이나 기타 공공기관과 같은 기관들 또한 국가의 공적인 사업 영역에서 업무를 수행하기 때문에 넓게는 '공기업'의 범주에 포함된다고 할 수 있을 것이다. 이들 기관의 업무적 성격은 국토교통부, 여성가족부, 기획재정부 등 정부의 여러 주무 부처에 걸쳐 매우 넓은 스펙트럼을 갖고 있으며, 거의 모든 산업분야에서 다양한 전공 출신들의 인재를 선발하는 채용방식을 보인다. 공통적인 특징으로는 국가직무능력표준(National Competency Standards: NCS)을 거치며 대부분의 분야에서 높은 직업 연속성과 안정적인 업무환경으로 구직자들에게 선호되는 현상을 보인다.

한국사회에서 일과 생활의 균형이 적절하게 이뤄지는 직군으로 대표적인 것이 바로 공공기관을 포함하는 위의 공기업들이다. 앞서 이야기했듯 공공기관과 공기업은 그 분야가 매우 다양한 방면에 걸쳐 있기 때문에, 영역별 기관들을 모두 정치학이라는 전공과 연관하여 직렬군을 일률적으로 설명하기는 사실상 불가능하다. 그리고 같은 업종이라 할지라도 회사의 규모나 성격에 따라 업무의 강도와 양은 큰 차이를 보일 수 있다. 하지만 일과 생활의 균형이 적절히 이루어지는 환경이 갖춰지고 실현되는 현상은 공기업과 공공기관 전반에 걸쳐 확인되어 왔으며, 사회 시스템적인 관점에서 선진국에서 볼 수 있는 일과 생활의 균형이 적절히 나타난다고 인식된다. 김선아 등의 연구에 따르면 공기업과 공공기관에서 관찰되는 일과 생활의 균형이 내부정책적으로 이뤄지는 수준이 매우 높고 수혜의 정도를 민간 기업들과 그것과 비교하였을 때 월등히 더 뛰어나다고 할 수 있는데, 탄력근무제로 대표되는 유연근무제나 출산휴가와 같은 친가족 정책 등의 혜택을 통해 공기업 근무자들이 더 높은 직무 만족감을 느끼고 있음을 확인할 수 있었다(김선아 외 2013).

모든 공공기업들이 다른 민간기업에 비해 언제나 더 나은 결괏값을 보여준다고 획일화하는 것은 물론 어려운 일이다. 국내 유수의 대기업들은 세계적인 위상과 비전을 통해 언제나 많은 인재들을 채용해왔으며, 이들 기업들은 구직시장에서 높은 인지도와 선호도를 갖고 있다. 그러나 대기업들에 비교해서도 안정적이라고 할 수 있는 공기업의 복지제도와 유연한 근무 환경이 직장인들에게 일과 생활의 균형을 보장해 준다는 인식은 오래전부터 공공연한 사실로 받아들여지고 있다. 이러한 균형 잡힌 환경은 직무에 대한 만족감에도 영향을 주어 높은 생활 만족도가 직무 만족도로 이어지며 동반 상승하는 결과를 낳을 뿐만 아니라 더 높은 조직 몰입도를 가져오는 현상을 불러일으키는 긍정적인 역할을 한다(오현규, 박성민 2014). 업무와 생활이 효율적으로 나뉨으로써 생기는 개인들의 만족감이 개인 수준에 그치지 않고 작업환경에서의 생산성 또한 높이는 결과를 가져온다는 것이다.

이와 같은 공기업의 장점은 구직자들에 관한 설문조사에서도 여실히 드러난다. 취업 과정에서의 중요한 가치이자 변수인 업무와 생활의 균형이라는 환경이 부각되고 공공기관을 포함한 공기업의 장점에 매력을 느끼는 구직자들의 수가 부쩍 늘어나고 있다. 이는 실제 사회적으로도 공기업에 대한 보편적인 인식이 지속되는 현상에 기여하고 있으며, 직업의 안정성이나 근무 환경이라는 차원에서 공기업들이 선호되는 흐름이 일반화되는 단계에까지 이르렀다는 평가를 받고 있다. 2018년 10월 시행된 한국경제연구원의 조사에 따르면, 졸업을 앞둔 대학생들이 가장 취직을 희망하는 직장 계열은 한국전력공사와 같은 공기업(25.0%)으로 밝혀졌으며, 2017년에 이어 대기업(18.7%)을 앞지르며 구직시장에서 지속해서 높은 인기를 구가하고 있는 것으로 나타났다(한국경제연구원 2018). 같은 조사 내 희망 연봉 수준에 관한 질의에서는 대기업이 3,710만 원으로 1위를 기록하며 공기업의 3,323만 원보다 10% 이상 더 높은 수치를 보였음을 확인할 수 있었는데, 희망 직군과 연봉 수준에 관한 결과를 통해서도 알 수 있듯이 직업을 통해 얻고자 하는 가치의 기준은 높은 급여보다 업무 안정성에 더 많은 점수를 주고 있음을 알 수 있다. 이는 일과 생활의 균형을 추구하는 현세대들의 보편적 가치관을 효과적으로 증명하는 지표라고 할 수 있다. 하지만 모든 분야에는 장단점이 있듯이 공기업 분야의 장점들만을 고려해 구직을 결정하는 것은 가장 훌륭한 답이라고는 말할 수 없다.

공기업의 대표적인 단점 중 하나는 바로 지방에 위치한 공기업들의 경우 인프라가 잘 갖춰지지 못한 곳에 기업들이 위치함에 따라 기존에 사회적인 인프라를 벗어나 생활해본 경험이 드물거나 없는 공기업 직장인들이 어려움을 겪는다는 것이다. 특히 산간 오지에 위치한 발전소와 같은 지역 근무는 직장인들이 기피하는 경향이 있다. 실제로 2012년 이후 338개의 공기업과 공공기관 중 100여 개가 넘는 기관들이 세종시를 포함한 지방에 이전하고 있다. 또한 순환 보직의 특성상 오랜 시간 동안 특정 업무를 담당하여 개인적인 능률을 신장시키는 일은 어렵다고 할 수 있다. 무엇보다 공기업이 정부의 출연이나 기획재정부 장관의 지정을 받는다는 사실에서도 알 수 있듯이, 중앙정부의 정책과 목표의 영향에서 개별 기관들이 갖는 독립성은 낮을 수밖에 없다. 또한 기재부의 지속적인 관리와 감사에서 벗어날 수 없다는 제약 조건은 새로운 사업이나 아이템을 개발하는 데 있어 사기업과는 유효한 차이점을 갖는다고 평가할 수 있을 것이다.

Ⅲ. 국가직무능력표준과 자질

위에서도 언급했듯 공기업은 주무 부처에 따라 그 분야가 매우 다양하고 직종별로 요구하는 조건들이 천차만별이기 때문에 업무에 필요한 능력들을 일반화하여 말하기란 어렵다. 하지만 이러한 업무적 다양성에도 불구하고 공기업과 공공기관에서 공통으로 요구하는 요건이 있는데, 이는 바로 국가직무능력표준으로 공기업 진출을 준비하는 구직자라면 반드시 밟아야 하는 계단이라고 할 수 있다. 국가직무능력표준이란 산업 현장에서 직무를 수행하는데 필요한 지식, 기술, 태도 등 구직자로서 갖추어야 할 공통된 역량들을 국가가 체계화하여 나타낸 것이다.

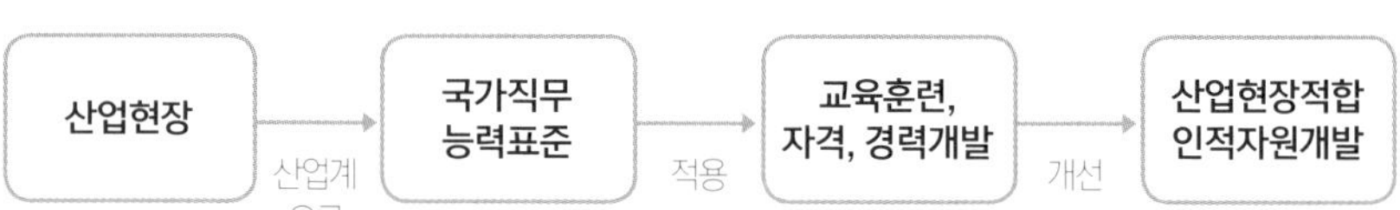

출처: 국가직무능력표준. 2018.

그림 9-1 국가직무능력표준 개념도

이를 통해 기관마다 개별적으로 운영되었던 교육이나 훈련 방식을 통일하고 산업현장 직무 중심의 인적자원을 개발하는 것을 골자로 한다. 능력에 기반한 사회를 구현하기 위한 핵심 인프라를 구축하면서 고용과 평생 직업능력개발 연계를 통한 국가경쟁력을 향상하는 것이 국가직무능력표준의 역할이다. 구체적으로는 기존의 인적성과 유사한 형태의 시험으로, 짧은 시간 내에 많은 수의 문제들을 빠르게 풀어내는 능력을 요구한다. 따라서 공기업에 진출하기 위해 공통으로 준비해야 하는 것은 국가직무능력표준의 유형에 꾸준히 익숙해지는 습관을 갖는 것이 중요하다고 할 수 있다.

국가직무능력표준을 근본적인 조건으로 요구하면서도 공기업들은 채용 과정에서 주로 학점이나 자격증을 중점적으로 평가하는 경향도 발견된다. 학점의 경우는 지원자들의 성실성에 초점을 둔 평가방식을 보여주는 기준이라고 할 수 있는데, 이는 대학생활 과정에서 지원자가 가진 조직과 시스템에 관한 규범적인 인식을 나타낼 수 있는 지표인 학점을 확인함으로써 이후 업무 진행에서의 역량을 가늠하는 것이라고 할 수 있다(이영민 외. 2014).

취업 이후 소속 집단이 갖는 사업의 목적성의 측면에서도 구직자들은 주지해야 할 부분이 있다. 공기업은 기업체의 구조적 특성상 직무 분야에 따라 필요한 역량을 기본적으로 갖추되, 단순히 영리적인 차원에서의 목적만을 추구하지 않고 공공성이 병행되어야 한다는 의식 역시도 필요로 한다. 국가직무능력표준이 중시되는 것도 일반적인 사기업들과는 다르게 직원들에게 공기업의 목적에 부합하는 공공성에 대한 인식을 필수적으로 요구하기 때문이다.

Ⅳ. 공기업 진출과 정치학적 소양

공기업 분야 진출에 있어 정치학적 지식과 소양이 어떤 방면에서 활용될 될 수 있는지는 구체적으로 전공 선배님들의 사례를 통해 알아보고자 하였다. 먼저 지역난방공사에서 차장으로 근무하시는 박혜원 선배님은 정치학과 진로개발 수업에 직접 참여하여 학생들과의 대담을 통해 공기업의 진출 과정과 이후의 특성들을 알아보는 시간을 가졌다. 공무원연금관리공단의 김범석 차장님과의 수업 외 별도로 이루어진 인터뷰를 통해서도 공기업 진출 과정에 대한 경험을 들을 수 있었다. 인터뷰의 핵심은 무엇보다 정치학 전공자로서 어떤 지식들이 공기업 업무에 도움이 될 수 있었는지, 전공지식이 어떻게 활용될 수 있었고 앞으로의 정치학 전공자들이 염두에 두어야 할 부분으로 무엇이 있는지를 고민하는 시간을 가졌다. 실무자의 실제 구직과정에서의 경험과 실제적인 내용들을 통해 정치학 전공자에게 공기업 관련 직무로의 진출 시 무엇을 기대할 수 있으며 정치학적 지식과 소양을 어떻게 접목할 수 있는지에 대해서 알아보기로 한다.

공기업 분야의 취직을 위해선 정치학도로서 준비해야 하는 것은 무엇일까? 어떤 역량과 전공에 관련된 소양이 업무에 도움을 줄 수 있을 것인가? 공기업 취직 과정에서 정치학적 지식이 구체적인 도움을 주는 길은 요원해 보인다. 업무의 성격이 다방면에 걸쳐 있다는 공기업의 특징도 그러한 이유 중 하나이지만 무엇보다 국가직무능력표준이라는 규격화된 양식의 시험은 특정 전공의 지식에서 오는 이점이 있다고 말하기는 어려우며, 일단 그것을 준비하는데 투사하는 시간과 익숙해지는 과정이 무엇보다 중요하다고 할 수 있다. 국가직무능력표준 자체는 정치학적 내용들과는 큰 관계가 있다고 볼 수는 없는 시험인데다 직무능력의 '표준'적 수준은 특정 전공 영역에 국한된 지식을 요구하지 않음이 자명한 사실이다. 또한, 공통으로 서류전형, 직무에 관련된 자격증, 전공필기시험, 면접 등 공기업 진출 시 준비과정에서 필요한 정치학적 소양을 구체적으로 정의하기는 더욱더 어렵다. 면접 과정에서 전공과 관련된 조직 구성과 구조에 관한 정치학적 식견을 드러내는 것은 물론 가능하겠지만 이 또한 모든 전공별로 가진 특정한 시각들이 얼마든지 유효하게 활용될 수 있으므로 정치학 전공자의 지식이나 소양이 뚜렷하게 다른 전공들에 비해 강점을 갖는다고 평가하기는 어려울 것이다.

그럼에도 정치학적 소양은 업무 과정에서 효과를 나타낼 때가 있다. 위에서 언급한 '건전한 사회 실현의 과정에서 사회 경영으로서의 정치학적' 자세와 공동체를 구성하는 방식에 근간으로 작동하는 정치학적 지식은 공기업 영역 또한 하나의 조직이기 때문에 조직의 문화나 특성을 발전시키는 것이 업무에서도 나타날 수 있다. 이는 박혜원 차장님과의 대담을 통해서도 확인할 수 있었던 내용이었다. 차장님은 기업과 조직마다 존재하는 고유의 문화가 폐쇄적으로 작동할 경우 구성원들의 삶의 질이나 발전에도 영향을 미칠 수 있다고 말했다. 공기업은 그 특성상 변화에 수동적이고 기존 현상을 유지하려는 관성이 있어 발전적인 모습을 관찰하기는 어려울 수 있다고 말했다. 이는 개인의 역량에 따라 승진이 보장되고 실험적인 아이디어들이 나타날 수 있는 사기업과의 차이점으로 위에서도 언급한 내용이다.

그와 관련하여 공기업의 성격을 발전시키는 역할의 필요성을 강조하면서 차장님은 지역난방공사에서 거의 최초로 출산휴가를 사용한 본인의 사례를 이야기했다. 그전까지는 거의 전무하다시피 한 출산휴가를 채워서 사용하였고, 그것이 현재는 회사 내에서 보편화되어 있다고 했다. 단순한 일화 정도로 생각할 수 있으나, 기업의 문화를 변화시키는 일은 간단한 일이 아니다. 그 과정에서 차장님은 자신이 조직이라는 환경에서 무언가를 시도한다는 것을 충분히 의식하고 있었고, 법적으로 보장된 출산휴가 권리를 당연하고 실제로 누리게 된 배경에 정치학 전공자로서의 역량이 분명히 유효하게 존재했었다고 말했다. "…사실 되게 쉽고 대단하게 들리지 않을 수도 있지만, 실제로는 매우 중요했던 부분이고 그런 변화들을 조직 내부에 녹여낼 수 있는가, 그것을 인식하고 행동할 수 있는가의 여부는 이 분야에서 고민할 필요가 있어요. 제가 출산휴가를 그렇게 최초로 썼던 것은 그런 이유도 있었다고 생각해요. 완벽하게 이것이다, 라고 말할 순 없지만, 정치학적 소양이 그렇게 나타난 것이지 않을까 하구요…"(박혜원 2018/10/31).

동석했던 조화순 교수님 또한 가사와 일을 병행하는 여성의 입장에서 오늘날에 그러한 관습들이 비록 개선되어왔고 변화하는 추세라고 할지라도, 그 시도가 한 개인에게 있어 얼마나 어려운 것인지를 강조하셨다. 그러한 맥락에서 어떤 제도적인 규정을 실천하고 그것을 가능하게 만드는 행위는 단순히 변화하는 추세를 따랐기 때문이 아니라 겉으로는 드러나지 않더라도 차장님의 정치학적 학습과 소양에서 비롯된 가치관이 있었기 때문에 궁극적으로 가능할 수 있었던 것이라고 말씀하셨다. 이에 더해 박혜원 차장님은 업무 과정에서 경험한 공기업의 단점에 관해서도 설명하여 주셨는데, 실무자의 경험을 통해 보다 자세히 들을 수 있었던 시간이었다. "다들 아시겠지만 일과 삶의 균형은 오늘날 너무 중요하죠. 가정이 있고 아이들을 키우면서 더욱 그래요. 직업의 안정성, 일정 수준으로 보장된 연봉, 큰 고민 없이 삶을 이루는데 이만한 직업이 없을 거예요. 하지만 뭔가를 끊임없이 도전하고 동기

부여를 찾는 사람들에겐 공기업의 업무가 적합하지 않을지도 모르겠네요. 기존의 업무가 반복되는 경우가 많아서 가치지향적인 분들은 무료함을 느낄 수도 있어요. 출산휴가를 썼던 조직 구조를 약간 변화시키는 정도가 제 정치학적 역량에서 했던 가장 큰 일이었던 것 같아요."(박혜원 2018/10/31).

정치학 전공자의 지식과 능력이 특정한 행위로 발현된 것이 박혜원 차장님의 경우였다면, 공무원연금공단에서 차장으로 근무하는 김범석 선배님과의 인터뷰에서는 정치학 전공자의 역량이 공기업 진출 과정과 이후의 업무 활동에서도 전반적으로 도움이 된다는 답변을 들을 수 있었다. 공기업 진출 과정에 관한 '정치학 전공이 공기업 진출에 강점이 있다면 그것은 무엇이라고 보는가?'의 질문에 차장님은 학부 시절 사회과학 서적을 읽고 토론하면서 생긴 본인만의 관점이 어떤 질문에도 일정 수준 답변하는 능력을 기르게 하였다고 답했으며, 공기업 업무 활동에 관한 '공기업 진출 이후 정치학적 지식이나 소양이 업무에 도움이 되었는가?'는 질문에는 정치학을 전공자가 갖는 지식과 태도가 조직생활에 적응하는 것을 돕는다고 답하였다. 또한 동아리나 학회 활동을 통한 토론들이 참여자들이 의견들의 옳고 그름을 분별하는 기준을 형성하게 하고 가치적인 방향성을 갖게 하므로 그로 인한 직관을 가질 수 있다고 답해주셨다. "정치학을 선택했던 사람으로서 갖는 성향이 조직생활에 원만히 적응하는 데 도움이 되는 것 같아요. 또 대학시절 수업을 듣고 선후배 간 동아리나 학회 활동을 하며 책을 읽고 토론하며 얻은 사회적 관점이나 의견들이 옳고 그름을 분별하고 어떻게 살아야겠다는 막연한 방향 정도를 제시해 주는 것 같아요."(김범석 2019/1/29).

V. 결론

직업을 구하는 일은 대학 전공과의 연계, 근무환경의 안정성, 급여의 수준 등 많은 것을 고려하며 이뤄져야 한다. 이러한 요소들이 모두 완벽하게 갖춰질 수는 없더라고 가능한 충족될 수 있는 직업을 구직자들은 선호한다고 할 것이다. 이는 한국을 떠나 어느 나라, 시대적 배경에서도 공통된 '진로'에 관한 고민이다.

정치외교학을 전공하고 대학(원)을 졸업한 이들에게 공기업은 위의 중요 요소들을 전체적인 맥락에서 충족시켜주는 이상적인 선택지라고 볼 수 있다. 공공성을 특징으로 하는 기업체이자 국가사회 전반에 맞닿아 있는 업무환경은 정치사회 전반에 관해 오랜 학습을 마친 정치학 전공자들에겐 '건전한 사회를 실현하는 공공성의 사회경영'을 추구하는 능력이 바탕으로 깔려있기 때문이다. 또한 공기업 전반의 직업군들의 장점인 직업의 안정성, 일과 삶의 균형은 삶의 만족도와 생활의 질에서도 공기업을 다른 직종들과 비교했을 때 월등히 이상적인 목표로써 바라보게 한다.

진로를 결정하는 것과 그것을 구체적으로 이룰 수 있는 취업은 사회의 모든 구성원에게 쉽지 않은 선택과 과정, 결과이다. 퇴사와 이직이 이전보다는 자유로워졌다고 하지만 구직 시장에 뛰어든 대부분의 사람들은 여전히 장기적인 관점에서 직장을 선택하는 경우가 많다. 구직은 거의 평생을 좌우할 수 있는 직업을 결정하는 일로 인식되고 있어 그 자체부터 어려울 수밖에 없다. 그로 인해 현상은 취업난이 심화되는 흐름에도 지속적인 영향을 끼치고 있다. 전공에 관한 진로 고민을 할 때, 구직 이후의 삶의 질을 고려할 때, 가능한 많은 변수들을 따져야만 하는 시대인 것이다. 전공의 역량을 높이 살릴 수 있는 직군도, 그렇지 않은 직군도 다양하게 존재하는 거대한 사회에서 구직 종목의 업무적 환경과 삶의 균형을 어느 정도로 이룰 수 있는가를 고민하는 현실이다.

그러한 관점에서 이 챕터에서는 정치학 전공자들에게 어떤 부분이 공기업 취업과정에서 장점일 수 있는지를 알아보았다. 조직과 집단의 메커니즘을 이해하고 그 안에서 옳고 그름을 확인하여 가치와 관점을 지속하는 일, 그것을 적용하여 개선을 이루는 일은 정치학 전공자들이 구직과정과 취업 이후의 환경에서 이룰 수 있는 이상적인 모습일 것이다.

마지막으로, 2018년 연세대학교 정치학 석사를 졸업하고 현재 한전에서 종사하고 있는 양다솜 씨가 생각하는 채용방식, 공기업의 특성 및 정치학의 연관성을 아래와 같이 설명한다.

공기업의 입사 과정은 여타 사기업과 마찬가지로 회사마다 다양한 전형을 운영하고 있습니다. 경영학, 경제학, 행정학, 법학 등의 전공 시험을 보는 회사도 있고, 공기업용 인·적성시험인 NCS 점수만으로 신입사원을 선발하는 회사도 있습니다. 논술을 시행하는 곳도 있고, 면접의 종류나 횟수 등도 다양하니 공기업을 염두해 두고 있다면 특별히 관심이 가는 기업이 운영하는 채용제도에 대하여 미리 조사하고 숙지를 해두는 편이 좋습니다.

한전의 경우 비교적 단순한 채용제도를 운용하고 있는데, 서류전형과 NCS 그리고 두 번의 면접을 거쳐 신입사원을 채용합니다. 서류전형에서는 가산점을 받을 수 있는 항목과 해당 점수가 명시되어 있어 점수의 합산으로만 합격 여부가 결정되고, 면접을 포함한 이후의 과정은 철저한 블라인드로 진행됩니다.

공기업은 경제적 이윤 창출의 최대화를 추구하는 사기업과는 달리, 보다 공익을 위한 사업을 추진한다는 데에서 가장 큰 차별성을 지닙니다. 또한 정부가 수립하는 국정목표나 과제에 일정 정도 영향을 받을 수밖에 없는 특성도 갖습니다. 특히 장치산업으로 초기에 대규모 투자가 소요되고 투자비 회수에 장기간이 소요되는 전력산업은 국익의 차원에서 국가정책과 발맞추어 전개되는 측면이 강합니다. 대표적으로 현 정부는 재생에너지 비중을 2030년까지 20%로 높여나가는 이행 계획(재생에너지 3020 이행계획)을 추진하며 한전으로 대표되는 에너지공급자에게 여러 의무를 부과하는 제도를 시행하고 있습니다. 한편 러시아, 몽골 등에서 생산한 전기를 한국, 중국, 일본으로 끌어오고자 하는 동북아 슈퍼그리드 프로젝트 또한 정부 산하 북방경제협력위원회와 함께 활발히 추진되고 있습니다.

정치학과에서는 정부 정책, 국제정세 등을 포함한 다양한 요소를 분석하여 종합적이고 거시적으로 조망하는 시각을 발전시킬 수 있습니다. 대학원 과정동안 많은 문헌과 데이터를 분석하고 이를 활용하여 논점을 개진했던 경험은 국내외 정책 등 다양한 사안을 반영해야 하는 한전의 업무를 처리하는 데 도움이 될 것입니다. 특정 상황의 인과관계와 흐름을 기민하게 파악할 수 있는 능력은 또한 회사가 선제적으로 대응하는 방향을 고민함에 중요한 관점을 제공할 수 있습니다. 신입사원으로 입사하게 된다면 처음에는 지역본부 등으로 발령받아 한전의 기본적인 업무인 요·수금 업무 등을 담당하지만, 이후 이러한 장점을 살려 기후변화정책부서, 국회전담부서, 동북아슈퍼그리드TF 등으로 커리어를 발전시켜나갈 수 있습니다. 또한 전력연구원에서 세계 전력회사의 정책을 분석하여 전기요금제도 등을 개발하거나 해외사업처에 소속되어 UAE의 원전, 미국의 태양광, 중국의 화력발전 등 해외에너지개발 프로젝트에 참가할 수도 있을 것입니다.

참고문헌

공공기관 정보공개 시스템. 2019. http://www.alio.go.kr/home.do(검색일: 2019.1.29).

국가직무능력표준. 2018. https://www.ncs.go.kr/th01/TH-102-001-01.scdo(검색일: 2018.12.02).

기획재정부. 2017. "공공기관 운영에 관한 법률". http://www.law.go.kr/%EB%B2%95%EB%A0%B9/%EA%B3%B5%EA%B3%B5%EA%B8%B0%EA%B4%80%EC%9D%98%20%EC%9A%B4%EC%98%81%EC%97%90%20%EA%B4%80%ED%95%9C%20%EB%B2%95%EB%A5%A0(검색일: 2018.12.02).

김선아, 김민영, 김민정, 박성민. 2013. "일과 삶 균형" 정책과 정책 부합성이 조직효과성

에 미치는 영향에 관한 연구. 한국행정학보, 47(1), 201-237.

민경선. 2018. "워라밸 세대의 여가와 삶의 만족도". 한국웰니스학회지, 13(3), 377-388.

신두철. 2012. "정치학의 정치교육으로 전환에 관한 담론". 한국민주시민교육학회보, 13(2), 3-28.

오현규, 박성민. 2014. "일과 삶의 균형 정책이 조직 구성원들의 직무 및생활만족에 미치는

영향력 연구". 한국행정논집, 26(4), 901-929.

유미년, 박순애. 2013. 공기업 성과관리의 딜레마. 한국행정학회 학술발표논문집, 1106-1138.

유홍준, 신인철, 정태인. 2018. 『일·여가의 변화와 행복 복지』 파주: 집문당.

이영민, 이수영, 임정연. 2014. "대학생 선호직장의 취업 결정요인 분석". 사회과학연구, 53(1), 337-374.

Fromm, Erich. 1955. 『The Sane Society』 Reinhart & Co. Inc. New York.

한국경제연구원. 2018. "올해 취업시장, 대학생 41.1% '작년보다 어렵다', 4.1% '좋다'고 응답" http://www.ker l .org/web/www/news_02?p_p_id=EXT_BBS&p_p_lifecycle=0&p_p_state=normal&p p mode=view&p p col id=column1&p p col count=1& EXT BBS_struts_action=%2Fext%2Fbbs%2Fview_message&_EXT_BBS_sCategory=&_EXT_BBS_sKeyType=&_EXT_BBS_sKeyword=&_EXT_BBS_curPage=1&_EXT_BBS_optKeyType1=&_EXT_BBS_optKeyType2=&_EXT_BBS_optKeyword1=&_EXT_BBS_optKeyword2=&_EXT_BBS_sLayoutId=0&_EXT_BBS_messageId=355180(검색일: 2018.11.20).

제10장 사기업 분야

기업의 솔루션 디자이너

김승연, 이윤석

I. 정치학과 경영학 그 사이

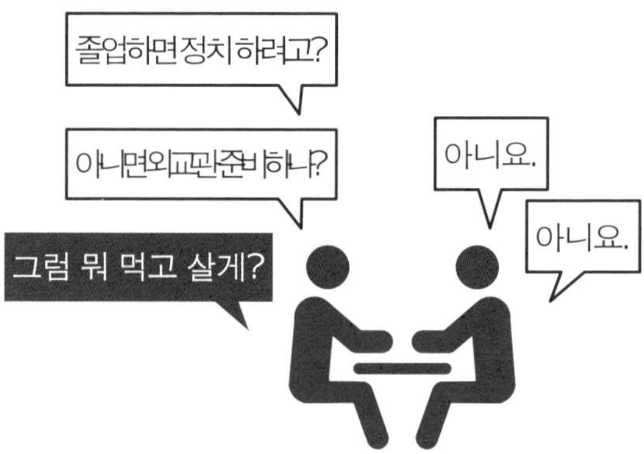

출처: 저자 자체구성

사람들은 혼자 살아갈 수 없으니 자연스럽게 관계를 만들며 존재한다. 관계 속에서는 권리와 이익, 권력 등의 개념들이 생겨나는데, 이처럼 한정된 자원을 두고 일어나는 갈등을 해결하는 것이 정치학의 목표다. 따라서 정치학은 인간관계를 다루는 학문이다. 아리스토텔레스가 인간을 '정치적 동물'이라고 표현한 것처럼 말이다. 경영학에서 이윤추구를 위해 경쟁하는 기업들의 전략을 연구하는 것도 같은 맥락이라고 할 수 있다. 그렇기 때문에 두 가지 분야는 공통적으로 '논리적 사고(logical thinking)'를 기초로 한다.

하지만 정치학 혹은 정치외교학 전공을 기업 경영 능력과 바로 연결해 생각하기는 쉽지 않다. 첫째, 정치학은 선거나 정당, 정치적 현상을 주로 다루어서, 사적 영역보다는 공적 영역에 가까운 이미지를 가지고 있기 때문이다. 심지어 학과 이름에 포함된 '외교'라는 단어는 이를 강조하기도 한다. 그래서인지 정치학을 전공하고 있다는 말에는 '어떤 기업을 갈 것인지'보다는 '정치인이 될 것인지', '연구원 혹은 외교관이 될 것인지'와 같은 질문이 어울린다. 둘째, 상경계나 이공계 학과들보다 직무와의 연결성이 실제로 낮기 때문이다. 사기업의 종류는 해당 기업이 제공하는 재화나 서비스에 따라 수백, 수천 가지로 나뉘는 데다, 한 기업 안에서도 부서가 수십 개로 분류되어 있다. 사원을 모집하는 방식 또한 공개채용, 상시채용, 인턴 연계 채용 등으로 제각각이다. 하지만 그 여러 가지 갈래에서 정치학을 떠올릴 수 있는 직무는 많지 않은 것이 사실이다.

그렇다면 정치학 전공자들은 정계나 공공기관 등을 제외하면 일할 곳이 없는가? 아니다. 인재에 대한 기순은 기업별로 상이하지만 핵심은 같으므로 승산이 있다. 채용 담당자들은 지원자가 '무엇(What)을 했는지'보다 '어떻게(How) 했는지'에 중점을 두기 때문이다. 앞서 언급한 정치학과 경영학이 공유할 수 있는 '논리적 사고'라는 소양에 주목해보자. 어떻게 보면 정치외교학 전공자는 기업의 '문제해결사'가 될 수도, '전략가'가 될 수도 있다.

정치외교학과가 대표적인 '취업이 안 되는 학과'라는 인도식 편견에 가깝다. 한국교육개발원에서 교육통계서비스를 통해 발표한 2017년도 전공별 취업률은 아래 표 10- 1과 같다. 정치외교학과를 졸업한 학생들의 취업률 남녀 평균은 61.5%로, 사회학, 언론학, 행정학 등을 포함한 사회과학 계열의 평균인 59.9%에 비해 조금 높다. 취업이 안 된다는 이미지는 아마도 경영, 경제, 금융 관련 학과가 포함된 사회계열 전체의 평균 취업률인 62.9%와의 비교로부터 생겨났을 것이다.

표 10-1 정치외교학과 취업률

정치외교학과	남	여	계
졸업자수	1,499	1,486	2,985
취업자수 합계	933	717	1,650
취업률 (%)	68.3%	54.5%	61.5%

출처: 한국교육개발원(2017) 에서 정리

실제 정치외교학과를 전공한 구직자들은 어떤 직무로 일하기를 희망하고 있을까? 아래 표 10-2는 잡코리아(jobkorea)에서 수집하는 학과별 구직자 직무 순위표이다.

표 10-2 학과별 구직자 직무 순위표 (1,520명)

1위	사무·총무·법	8.4%
2위	기획·전략·경영	6.7%
3위	영업관리·지원	6.6%
4위	무역·해외영업	5.1%
5위	마케팅·광고	4.4%

출처: 잡코리아 (2018)에서 정리

이 중에서도 기업의 전반적인 업무를 담당하는 직무군인 사무, 영업관리, 등을 제외하고 기획·전략·경영과 무역·해외영업 부분에 집중해보자. 먼저, 독립변수와 종속변수 사이의 상관관계를 파악하는 연습을 통해 기업의 중심부라고 할 수 있는 전략기획실이나 기획조정실에서 주어지는 업무를 담당할 수도, 전문 컨설턴트로서 일할 수도 있다. 이들의 역할은 고객들이 원하는 것을 정확하게 파악하고 거시적인 시장 동향을 읽어낸 뒤 논리적으로 방향을 제시, 설득하는 것이다. 거의 모든 사업 분야에서 필요로 하는 직무라고 할 수 있다. 다음으로, 정치학의 영역 중 하나인 지역정치학에 기반하여 기업이 진출하고자 하는 특정 국가의 전문가로서 활동할 수도 있다. 이들은 각 국가들의 성격이나 환경에 대한 배경지식을 통해 무역이나 해외영업 부서에 입사한 뒤, 사업 확장 등의 과정에서 핵심적인 역할을 수행한다. 따라서 사기업 취업을 준비하는 기졸업자나 졸업예정자의 경우 이를 잘 살려낼 수 있는 데이터 분석 전문가, 전략 컨설턴트, 혹은 글로벌 사업부와의 연결고리를 차근차근 다지는 것이 좋겠다. 다음 장에서는 해당 직무와 이에 필요한 능력들을 크게 세 갈래로 분류하여 살펴본다.

Ⅱ. 데이터를 분석하는 능력

선거철이 되면 각종 기관들은 유권자들의 후보별 지지도를 조사한 뒤 선거 결과를 예측하곤 한다. 기업에서도 마찬가지다. 새로운 사업을 시작하거나 서비스의 마케팅 전략을 구상할 때 의사 결정자들은 여론 동향과 고객들의 수요를 참고한다. 이러한 조사 결과가 개개인의 의사를 완전하게 반영하고 있다고 하기는 어렵다. 하지만 사회의 많은 부분들에 대한 통계화가 가능한 지금, 데이터에 기반한 예측을 무시하는 것 역시 불가능하다. 이러한 전문가들은 보통 두 가지 업계에서 종사하고 있다. 하나는 여론조사 기관이고, 다른 하나는 기업의 빅데이터 전문가다.

1. 여론조사 분석가

최초의 여론조사기관은 1935년 미국의 조지 갤럽(George Gallup)에 의해 세워졌다. 1936년 당시에는 서민층이 지지하던 민주당의 루스벨트(Roosevelt), 그리고 부유층의 지지를 받았던 공화당의 랜던(Landon) 후보 간의 대결구도가 극명했다. 이에 많은 언론사, 방송사 등은 엄청난 비용을 들여 설문 조사를 진행했다. 특히 인기 잡지였던 '리터러리 다이제스트(Literary Digest)'는 전국 236만 명에 이르는 미국인들의 답변을 수집했고, 랜던이 우승할 것이라고 발표했다. 하지만 갤럽은 전체 인구를 골고루 잘 반영하는 할당 추출법을 통해 약 1,500명만으로 결과를 일반화하여 루스벨트의 당선을 예측할 수 있었다(한겨레 08/04/09). 지금까지도 갤럽은 대표적인 여론조사 기관으로 자리잡고 있는데, 이 사례는 여론을 파악하기 위한 데이터 분석, 그리고 데이터의 양(quantity) 보다는 질(quality)의 중요성을 강조한다. 따라서 방대한 양의 데이터를 잘 선별하여 전체 인구의 결과와 가깝게 분석하는 것이 여론조사 기관들의 역할이라고 할 수 있다. 현재 우리나라 선거관리위원회에 등록되어 있는 여론조사기관은 총 79개이다. 그중 2017년 매출을 기준으로 상위 10개 기업들은 다음과 같다.

표 10-3 2017년도 상위 10개 국내 여론조사기관

	기관명	매출 (백만원)	시장점유율
1	㈜한국리서치	9,840	16.9%
2	㈜한국갤럽조사연구소	8,912	15.3%
3	㈜메트릭스코퍼에리션	7,683	13.2%
4	㈜칸타코리아	3,828	6.6%
5	㈜리서치랩	3,622	6.2%
6	닐슨컴퍼니코리아유한회사	2,937	5.0%
7	㈜코리아리서치센터	2,156	3.7%
8	㈜월드리서치	2,071	3.5%
9	나이스알앤씨㈜	1,932	3.3%
10	㈜마크로밀엠브레인	1,738	3.0%

출처: Metrix(http://metrix.co.kr/?p=15578) 홈페이지에서 정리

여론조사 분석가(survey researcher)들은 근무하는 기업의 목적에 따라 정치 부문의 여론 동향 분석가, 혹은 시장 부문의 마케팅 전문가로 나뉠 수도 있다. 먼저 정치 분야에서는 여론의 흐름을 읽어냄으로써 선거 결과를 전망하거나, 후보의 홍보 전략에 대한 대중의 반응을 평가하고자 한다. 그래서 주로 유권자의 투표행태, 정치의식과 후보자 인식에 대한 자료를 다룬다. 일반적으로 우리 사회에서 일어나고 있는 여러가지 문제들이나 정치적 쟁점, 공론화 과정 등에 관한 자료를 수집, 관찰한 뒤 분석하는 일련의 과정을 거친다.

마케팅 분야에서도 마찬가지이다. 마트에서 전자 제품을 구입한다고 상

상해보자. 우리는 필요한 물건의 여러 후보들을 추려낸 뒤, 세부 사양을 따져서 특정 제품을 구입하고, 혹시 고장이 날 경우 AS센터를 방문하게 된다. 사기업의 판매 전략을 담당하는 여론조사 회사들은 이러한 상품 선호도부터 AS센터 서비스 만족도 등을 조사하여 매출을 극대화할 수 있는 마케팅 방향을 설정한다. 이외에도 시청률이나 브랜드 인지도, 경쟁사 상품에 대한 인식 등에 관심을 갖는다(WORKNET, 2013).

정치학을 공부한 학생들이 주목할 분야는 아무래도 정치 관련 여론조사 기관일 것이다. 이들은 보통 정당이나 기타 공공단체를 비롯한 각 단체들이 원하는 여론조사 자료를 수집·분석한다. 유권자 의식, 투표행태, 단체에 대한 이미지나 이용행태 등이 예가 될 수 있다.

여론조사 연구원들은 조사 과정에서 크게 연구팀, 자료조사팀, 자료처리팀으로 나뉜다. 연구팀은 직접 조사 과정에 참여하기보다 의뢰인과 업무의 특성을 검토한 뒤 조사계획안을 수립한다. 보통은 고객이 방문하여 조사를 의뢰했을 때 상담을 통해 그 목적이 무엇인지를 꼼꼼하게 확인하는 역할을 담당한다. 다음으로 자료조사팀은 구체적인 조사방식(가정방문, 전화, 인터넷, 우편 등)과 조사규모(표본 수), 조사기간 등을 설명하고 확정한 뒤, 조사를 직접 수행할 회사를 선택하고 관리, 감독한다. 결과적으로 자료가 모두 수집되면 자료처리팀이 통계적 분석을 통해 결과를 도출하고, 의뢰인이 요구했던 전략이나 방향성이 반영된 최종 리포트를 작성한다. 여기서는 수치적 결과로 고객을 설득하는 과정이 동반되는데, 그렇기 때문에 프로젝트 결과를 보고하는 것 역시 여론조사 전문가들의 중요한 업무 중 하나다. 시간과 비용을 들여 얼마나 의미 있는 결과를 얻어냈는지 평가를 받아야 하기 때문이다.

현재 우리나라 리서치 업계의 전망은 계속해서 좋아질 예정이다. 매출액도 꾸준히 증가하고 있으며 잠재성을 충분히 가지고 있다(머니투데이 16/01/15). 연봉은 회사마다 큰 차이를 보이지만, 재직자들을 대상으로 연봉을 조사한 결과 입사 2년 이상 사원들의 평균임금은 2,580만 원 정도였다. 학사 졸업자보다는 석사 졸업생들을 많이 뽑는 것으로 알려져 있다(교차로신문, 2005).

2. 빅데이터 분석가

빅데이터 분석가(Big Data Analyst)는 '디지털 사이언티스트(Digital Scientist)' 혹은 '데이터 과학자'(Data Scientist)로 불리는 데이터 전문가이다. '빅데이터'라는 용어는 2012년 미국 실리콘밸리에서 사용되기 시작했다. 빅데이터란 기존의 분석 단위의 체계로는 감당하기 어려운 막대한 비정형 데이터와 이를 분석하기 위한 플랫폼 시스템과 방법론 등을 지칭하는 용어이다(복경수·유재수, 2017). 기존에는 단순히 규모가 큰(big) 데이터였다면 현재는 이를 통해 새로운 가치를 창출해내는 방향으로 변하고 있다. 2012년 시장조사기관인 가트너 그룹(Gartner, Inc)이 빅데이터를 세계 10대 기술로 선정하면서 빅데이터 분석가라는 직업에 관심이 쏠리기도 했다(Gartner, 2012). 이러한 추세에 맞게 한국의 대학들 역시 빅데이터 활용에 필요한 교육과정들을 개설하는 중이다. 최근에는 대기업들 역시 기업의 내부, 외부 데이터를 조합하는 방식을 모색하고 있다. 한국정보화진흥원은 2017년 211,800개의 빅데이터 관련 일자리 창출이 있을 것이라고 예상하기도 했다(한국정보화진흥원, 2012).

빅데이터 전문가들은 기획 단계, 즉 데이터를 어떻게 활용할 것인지에 대한 설계 작업부터 참여한다. 적절한 자원이 확보되면 데이터를 관리할 플랫폼을 개발하고, 대용량의 데이터를 용도에 맞게 분석하고 시각화하는 작업을 거친다. 기업에서는 신제품 출시에 대한 의사 결정, 생산 관리나 마케팅, 보안 등을 위한 자료로도 사용될 수 있다(LG상남도서관, n.d.).

그렇기 때문에 빅데이터 분석가들은 기업이 진행하고자 하는 사업을 전반적으로 이해하고 있어야 한다. 기업과 조직이 필요로 하는 것은 단순한 데이터 분석만이 아니기 때문이다. 해당 데이터를 분석할 때 사용된 변수들 또한 적절한 논리를 가지고 있어야 한다. 전체적인 흐름을 읽고, 어떤 특정한 변수를 선택하여 적용한 후, 목적에 알맞은 해석을 내놓을 수 있는 능력이 필수적인 것이다. 따라서 빅데이터 분석가들에게는 소프트웨어나 시스템에 대한 기술적 능력은 물론 인문, 사회학적 소양과 논리적 사고 역시 필수적이다. 현대적인 분석 기법도 물론 중요하겠지만, 분석 결과가 팀원이나 다른 기업의 직원들을 얼마나 잘 설득할 수 있는가에 대해 고민해보아야 한다.

3. 무엇이 필요한가?

여론조사나 빅데이터 수집, 분석에 있어 고려해야 할 점은 비용, 효율성, 신뢰성이다. 일반적으로 조사비용을 많이 들이면 신뢰도가 높은 결과를 추출할 수는 있겠지만 효율성은 낮아진다. 따라서 '좋은' 조사는 최소의 비용으로 최상의 데이터를 얻는 것이다. 그렇다면 이러한 좋은 조사를 수행하기 위해서 어떠한 사람이 필요할까? 리서치 업계나 빅데이터 관련 업무에 종사하고자 하는 지원자는 먼저 통계와 숫자에 대한 관심이 있어야 한다. 숫자에 담겨 있는 의미를 발견하는 데에서 즐거움을 찾는 사람이라면 더욱 좋다. 가능하다면 다양한 기관에서 연구 보조원으로 참여했다는 실무 경험, 혹은 한국산업인력공단에서 시행하는 사회조사 분석사(1, 2급) 자격증으로 이를 증명할 수도 있다.

데이터를 분석하고 여론 동향을 파악하는 것은 쉽게 말해 사회의 흐름을 읽어내는 일이다. 따라서 지원자들은 서류나 면접 과정에서 1) 본인이 사회 전반에 어느 정도의 관심이 있는지 혹은 2) 여러 사회적 이슈와 그 행위자들 간의 상호관계를 얼마나 잘 파악하고 있는지, 무엇보다도 3) 의뢰받은 문제에 대한 합리적 대응방안을 모색할 수 있는 논리가 있는지를 드러내야 할 것이다. 그렇기 때문에 정치학 전공자들은 사회를 거시적, 미시적인 측면에서 과학적으로 분석하고 비판할 수 있는 능력, 탐구적인 성향을 강조할 수 있다.

나아가 여론이나 데이터 분석을 수행할 때 필요한 기술적인 자질은 크게 두 가지로 정리할 수 있다. 첫째, 통계 수치에 대한 분석능력과 통계 패키지 활용 능력이다. 보통 기업에서 주로 다루는 통계 프로그램은 SPSS나 SAS다. 이러한 프로그램들을 잘 다룰 수 있다면 본인의 능력을 보여주기 쉬울 것이다. 둘째는 조사를 구조적으로 설계하는 능력이다. 설문지를 어떻게 작성해야 하는지, 표본추출법은 무엇으로 해야 하는지, 어떤 방법으로 자료를 분석해야 효율적인지 등의 이론적인 부분들을 숙지하고 있어야 한다. 조사를 진행한 뒤에 보니 결과가 현실과 동떨어져 있거나 모든 사람들에게 적용이 불가능하다면 설계 단계부터 잘못되었을 가능성이 크기 때문이다.

Ⅲ. 전략을 제시하는 능력

컨설턴트는 쉽게 말해 의뢰인의 '과외 선생님' 혹은 '주치의'라고 할 수 있다. 집단 내에서 혹은 집단 밖에서 기업이나 개인을 진단하고 상황에 알맞은 조언을 제공해주기 때문이다. 중요한 점은, 성적이 부진한 학생들만이 과외를 받는 건 아니라는 사실이다. 기업이 어려움을 겪고 있다면 돌파구를 찾아야 하겠지만, 상승세에 있더라도 더 나은 성장 기법이나 유지 전략이 필요하다. 컨설턴트들은 이처럼 의뢰인의 의사결정과정에 참여하여 합리적인 판단을 내리는 데에 도움을 준다. 그들은 크게 두 가지 영역에서 역할을 수행하는데, 하나는 기업의 경영 전략에 관련된 업무이고 다른 하나는 선거에 출마하는 후보와 연관된 업무이다.

1. 경영전략 컨설팅

경영 컨설팅은 기업의 중장기 전략부터 상품 기획, 마케팅이나 M&A 등에 관여하며 기업 전반의 경영적 문제 해결에 집중한다. 사내에 컨설팅 부서가 존재한다면 비서실, 전략기획실, 기획조정실 등 기업에 따라 다양한 이름으로 불리고 있을 것이다. 삼성그룹에 있었던 미래전략실, 이랜드의 ESI, 두산의 Tri-C 등을 예로 들 수 있다. 해당 조직은 기업을 구성하고 있는 다양한 부서들의 보고를 취합하여 전체적인 방향성을 설정하고 예산과 권한을 분배한다. 하지만 이와 같은 인하우스(in-house) 컨설팅 조직과는 별개로, 대부분의 대기업들은 외부의 전문가들을 고용한다. 여기서 주로 선택되는 회사는 세 개의 탑티어(top-tier: 최상급)나, 네 개의 빅포(big-4) 중 하나다. 이들은 세계적으로 가장 위상이 높고 규모가 큰 기업들로, 'MBB'라고 불리는 맥킨지(McKinsey), BCG(Boston Consulting Group), 배인 앤 컴퍼니(Bain & Company)와 네 개의 회계법인인 프라이스워터하우스쿠퍼스(PwC), 딜로이트(Deloitte), KPMG, EY이다. 해당 기업들은 외국계 컨설팅 펌이지만 국내 컨설팅 업계에서도 굳건히 입지를 지키고 있다.

컨설팅 회사로의 지원 과정은 일반적으로 1)서류 2)적합성검사 3)면접 순이다. 보통 지원자들이 난관을 겪는 과정은 면접 단계이다. 맥킨지에서는 최소 5번에서 최대 8번의 면접을 거쳐야 하는데, 두 차례의 면접을 1개의 '라운드'로 묶어서 생각하기 때문에 보통 3~4라운드의 인터뷰가 필요하다고 보면 된다. 기간은 1주에서 2주 동안이기 때문에 이틀에 한 번 정도 탈락자와 합격자가 나뉜다. 여기서 중요한 것은 게스티메이션(guesstimation)과 케이스 인터뷰(case interview)이다. 이는 지원자의 논리적 추론 과정을 검증하기 위한 문제들인데, 답이 틀리더라도 왜(why) 그렇게 생각했는지에 대한 자신만의 논리적인 근거와 배경지식을 적절하게 섞어낸다면 좋은 점수를 받을 수 있다. 예를 들면, '매년 미국에서 판매되는 흰색 주택용 페인트는 몇 리터인가?'라는 기출 문제가 있다. 면접자는 미국의 전체 인구를 토대로 가구 수를 산출하고, 매년 새롭게 페인트를 칠할(그것도 흰색으로) 가구 수를 추정하여 페인트의 양을 계산해내면 된다.

이처럼 고난도의 채용 과정을 무사히 통과한 입사자들에게는 일반 기업의 신입사원에 비해 높은 수준의 급여가 제공된다. 특히 매년 20만 명의 지원자가 몰리는 맥킨지는 미국 지사 기준으로 학부 졸업생 초봉으로 각종 인센티브를 포함해 최대 10만 4,000달러를, 경영대학원(MBA) 출신 졸업생에게는 20만 9,000달러(약 2억 5,000만 원)를 지급한다고 알려져 있다. 한국 지사도 비슷한 수준이다. 학부 졸업생의 초봉이 약 5,500~7,000만 원, 입사 3년 차의 연봉은 7,000~9,000만 원 정도로 추정된다. 유명 MBA를 졸업했다면 대졸보다 한 단계 높은 직급인 어소시에이츠 컨설턴트(AC, Associate Consultant) 직급으로 입사하여 1억 원에서 1억 5,000만 원에 가까운 연봉을 받기도 한다(조선일보, 2016).

2. 선거정치 컨설팅

선거는 '프레임(frame)'의 대결이다. 자신에게 약점이 될 만한 부분을 최대한 멀리하고, 상대보다 유리한 구도를 빠르게 선점하는 것이 승리의 첫걸음이기 때문이다. 특히 현대 사회에서는 방송상 이미지나 소셜 네트워크상의 대인관계 등 외부와의 연결성이 커지고 있어 정치인을 관리하고 이끌어줄 전략적 조력자가 필수적인 상황이다. 미국에서는 50년대부터 이들 선거 컨설턴트들을 '킹 메이커(king maker)'로 지칭하며 상업적으로 성장시키기도 했다. 조셉 나폴리탄(Joseph Napolitan)은 1956년 "선거는 과학"이라고 주장하며 '정치 컨설턴트'라는 직종을 명함에 새겨 본격적으로 활동하기 시작했다. 1992년 미국 대선 민주당 후보였던 빌 클린턴(Bill Clinton)을 "문제는 경제야, 멍청아(It's the economy, Stupid)"라는 인상 깊은 슬로건으로 당선시킨 것 역시 선거정치 컨설턴트들이었다. 한국에서는 1980년대 후반부터 '연우커뮤니케이션(사장 김승용)', '민 정치 컨설팅(대표 박성민)' 등의 기업들이 생겨나면서 정치 컨설팅이라는 업계가 떠오르기 시작했다. 그렇다면 선거 컨설턴트들이 후보를 당선시키기 위해 하는 일은 무엇일까? 기초 전략을 정리해보면 아래 표 10-4와 같다.

표 10-4 선거 컨설턴트의 7계명

1. 왜 출마하려는지 간단하고 명확하게 밝힐 수 있어야
2. 남보다 일찍 선거운동을 시작하라
3. 먼저 자신에게 유리한 선거 구도를 짜라
4. '후보는 만인의 을(乙)'이란 생각이 몸에 베어야
5. 잘 준비된 후보와 캠프만이 승리한다
6. 자기 고집을 버리고 참모 말에 귀 기울여야
7. 한 가지 메시지를 10초 안에 전달할 수 있어야

출처: 중앙선데이에서 정리

초반의 선거 컨설팅 업계에는 마케팅이나 리서치 업체의 이직자들이나 보좌관 출신들이 많았다. 선거 브로커들이 성행하면서 부정적인 이미지를 키우기도 했다. 하지만 2000년대 들어 선거의 재정적인 측면이 제약을 많이 받기 시작했고 미디어의 영향력이 커져 선거 컨설턴트들이 업계에 본격적으로 진하기 시작했다. 정치인들의 의뢰는 보통 선거 2년 전에 시작되는데, 주로 전직 의원들이 재선에서의 확고한 승리를 위해 찾아온다고 한다. 2012년 19대 총선 때에는 여의도 인근에 30~40곳, 전국에 100여 곳의 컨설팅 업체가 있었다(중앙일보, 2017). 총선 시즌이 되면 메이저 컨설팅 회사는 20여 명 정도, 작은 곳은 3~5명 정도의 후보들을 맡는다. 직업 윤리상 경쟁 후보들을 동시에 맡지 않는 것이 업계의 불문율이다.

그렇다면 정치 컨설턴트는 어느 정도의 수익을 낼 수 있을까? 컨설턴트가 공식적으로 받는 지문료는 국회의원의 경우 1억에서 2억 원, 기초단체장은 2억 원, 광역단체장은 5억에서 10억 원 선이라고 알려져 있다. 하지만 여론조사 경비와 홍보물 인쇄비, 인건비 등을 제외하면 총금액에서 25~30% 만 컨설턴트 몫으로 돌아간다.

3. 무엇이 필요한가?

전문 컨설팅 분야로 진출하기 위해서는 무엇보다 논리력과 끈기가 중요하다. 기업마다 다른 채용 절차를 가지고 있긴 하지만, 전반적으로 지원자가 높은 수준의 지식과 이를 활용하는 능력을 갖추 고 있는지에 대한 평가로 서류 심사를 진행한다. 또한 2-3번에 걸친 사고력 시험, 핏테스트(fit-test)와 임원진 면접을 거친다. 일반적인 입사 절차를 요약하면 그림 10-1과 같다.

출처: 중앙일보. 2015. 참고 후 저자 재구성

그림 10-1 컨설턴트가 되는 과정

경영, 정치 컨설턴트는 분야가 상당히 달라 보이지만 컨설팅 업무를 수행하기 위해 필요한 능력은 사실 비슷하다. 첫째, 업무에 대한 적응력이다. 컨설턴트들의 업무는 대체로 2~3개월 단위의 단기성 프로젝트로 이루어지며 매번 다른 주제 또는 다른 의뢰인에 대한 컨설팅에 참여하게 된다. 따라서 컨설턴트들은 개인 단위는 물론 팀 전체가 이해력과 적응력을 모두 갖추고 있어야 한다. 둘째는 커뮤니케이션 능력이다. 컨설팅 업무는 결코 혼자 할 수 없다. 필요한 경우 관계자들이나 전문가들의 의견을 구해야 하고, 답이 정해져 있는 질문이 있다면 어디서 답을 구할 수 있는지 또한 빠르게 알아낼 수 있어야 한다. 셋째, 논리적인 분석력과 통찰력이다. 컨설턴트의 업무는 단순히 수치와 근거를 읽어내는 것이라기보다 그 안에서 핵심을 찾아 설득력 있게 전달하는 것에 가깝다. 몇 주간 조사한 자료를 책임자나 의뢰인에게 보고하는 시간은 길어야 2시간이기 때문에, 무엇이 가장 중요한 내용인지 파악하는 능력이 중요하다는 것이다. 마지막은 스트레스 관리 능력이다. 상사와 의뢰인이 각각 요구하는 업무들 사이에서 단기간 내에 효율성을 발휘하기 위해서는 높은 업무 강도를 견뎌내야 한다.

Ⅳ. 지역적 특성을 파악하는 능력

정치외교학과는 사회 전반에 관련된 '정치학', 그리고 국제적인 문제를 다루는 '외교학'의 결합으로 이루어져 있다. 지역정치학을 공부한다면 특정 국가나 지역의 전문가로 성장할 수도 있다는 장점을 가진다. 기업의 외국 지사에 파견되거나 해외팀에서 근무하게 될 경우 전공 특성을 살릴 수 있다는 것이다. 해외사업부는 보통 해외영업팀과 해외사업개발팀으로 나뉘는데, 전자는 자사의 상품을 외국에 수출하고 판매하는 역할을 수행한다. 후자는 자사의 사업 프로세스를 해외에 적용하는 지역정치학을 공부한다면 그렇기 때문에 해당 국가의 정치상황을 읽어내고 정부나 해외 바이어들과의 연결고리를 만드는 것이 중요하다. 이번 장에서는 KT 글로벌 사업부 과장(익명)과의 인터뷰 내용을 담았다.

1. 무슨 일을 하는가?

Q1 어떤 일을 하고 계시나요?

보통 'KT'라고 하면 통신사, TV 등 IT 사업에 특화된 업무를 많이 생각하실 것 같아요. 제가 입사하기 전에 생각했던 것도 그래요. 하지만 KT 안에도 다양한 부서들이 존재하는데, 저는 현재 KT 글로벌 사업실에서 근무하고 있습니다. 삼성물산, 현대물산 등과 비슷한 일을 해요. 해외시장을 중심으로 일을 하고 있는 거죠. 이 부서에는 지역전문가들도 많이 있는데, '중점국가사업'이라는 내부 프로그램을 통해서 지역전문가들을 양성하기도 합니다. 사업성공 가능성이 있는 국가들을 중심으로 전문가들을 키워내는 프로그램입니다.

Q2 해외 바이어들에게 KT의 제품을 소개하는 일을 하시는 건가요?

네, 그런 일도 합니다. 기본적으로 해외사업팀은 각국 정부와 자주 교류합니다. 기괸망 사업을 예로 들어볼게요. 아프리카에는 아직도 인터넷 선이 없는 곳이 많잖아요. 그래서 해외 ODA 같은 자금으로 영업을 하기도 하면서 해당 국가 정부들을 상대로 "이러한 사업을 하겠습니다"라고 설득하는 과정을 거쳐야만 사업이 시작됩니다. 물론 정부만을 상대하는 것은 아니에요. 현지의 노하우가 없으니 로컬 통신사와 함께 일을 할 때도 있고, 해외 바이어들을 상대로 우리 회사의 기술을 소개하는 역할도 합니다. 실제로는 시장에서 엄청난 경쟁이 존재하기 때문에 치열한 편이죠.

Q3 그렇다면 그 나라의 결정권자를 파악하는 것이 도움이 되겠네요. 그런 면에 있어서 정치학도들이 가지는 이점이 존재할 수 있을 것 같아요.

네, 맞습니다. 최근 스리랑카의 경우를 말씀드릴게요. 현재 스리랑카는 정치적으로 굉장히 불안한 상태에 있습니다. 그러면 잘 진행되던 사업이 갑자기 멈춰버리는 경우가 발생해요. 사업은 다 이권 경쟁이거든요. 정권이 바뀌기라도 하면 그 당시 대통령이 결정했던 사안이나 진행되고 있던 사업들이 모두 없었던 일이 됩니다. 비단 스리랑카의 상황만이 아닙니다. 우즈벡에서도 그랬죠. 정치지도자가 바뀌어서 다른 세력이 집권하게 되면, 십중팔구 그 전에 진행했던 사업들은 중단이 됩니다. 결정권자 본인에게 사업이 이득이 되어야 하는데, 이전 대통령한테 그랬을지는 몰라도 본인한테는 아니거든요.

이러한 현상이 정치학도로서 굉장히 재미있었어요. 모든 사업이 경제적 논리로 돌아간다고 생각할 수 있지만 결국에는 정치와 연결되어 있다는 것을 느낍니다. 특히 저개발 개도국에서는 정치가 다른 여러 분야들을 압도하고 있는 경우가 많아요. 최고 권력자의 말 한마디에 거의 모든 것이 결정될 수도 있습니다. 정치학도들은 이러한 권력관계를 이해하기 쉽죠.

Q4 해당 국가에 대한 사업을 수주할 때, 다른 팀과 협업도 이루어지나요?

기본적으로 어떠한 국가에 진입할 때에는 그 국가에 대한 프로파일링 작업부터 시작합니다. 그래서 KOTRA나 수출입은행 등의 자료들을 주로 인용합니다. KOTRA는 해당 국가의 정치적인 정보를 얻기 위해서, 수출입은행은 경제적인 정보를 얻기 위해 사용합니다.

Q5 하시는 일이 거의 학생들이 배우는 정치경제의 실사판이라는 생각이 듭니다.

그렇죠! 정치가 경제 영역에 미치는 실질적인 영향력을 보는 거잖아요. 살아있는 정치 현상을 체험하는 것 같습니다. 사업을 진행하는 국가와 지역에 따라서 몇 배의 노력이 들어가기도 하고, 그 특성에 맞게 전략도 다르게 세워야 하거든요.

Q6 그렇다면 어떤 한 국가에 들어갈 때 팀 내에서 협상 전략에 대해 짜기도 하나요?

많이 하죠. 정치상황이 빠르게 변하기 때문에 전략도 매해 달라집니다. 그래서 한국정부가 주최하는 포럼에 가서 사람들을 만나기도 하고, 인터넷 검색을 하기도 합니다.

그래도 정보가 많이 부족하다면 해당 국가와 연관된 우리나라 중소기업들과 함께 일을 하기도 합니다. 중소기업 입장에서는 프로젝트의 규모가 너무 크다 보니 감당할 수 없고, 우리 회사의 경우 현지 네트워킹이 필요하기 때문에 함께 작업하게 됩니다.

Q7 결국 사업이라는 게 경제적인 이슈이기도 하지만 정치적인 이슈에 가까운 것 같습니다.

해외사업을 하다 보면 정치는 절대로 떼어놓을 수 없는 요소인 것 같습니다. 기본적으로 국가와 협상을 해야 하기 때문이죠. 국가는 곧 정치 계급과 정치집단이기도 하거든요. 아프리카에서는 사업을 진행하는 동안 쿠데타가 일어나서 대통령이 하야하기도 하고, 소말리아와 같은 국가는 무정부 국가이기 때문에 정부와 계약하는 자체가 힘들 수도 있어요. 이런 경우 그 국가의 권력구조를 잘 파악해서 적절한 계약상대를 찾는 과정이 필요하기도 합니다. 권력이 어디에 있는지 파악하는 것은 매우 중요하고, 이러한 작업들이 수주에 결정적인 역할을 하죠. 이는 정치시스템과 그 내부의 역학관계와 밀접한 관련이 있습니다.

또한 해당 정부가 실제로 무엇을 원하는가를 알아야 할 때도 있습니다. 정부가 국민들을 상대로 공약을 이행하기 위해서 우리의 도움이 필요할 때가 있죠. 예를 들어, 현재 스리랑카에 진행하고 있는 LED 사업은 "밤에도 안전한 환한 거리를 만들겠다"라는 대통령의 공약과 맞물려 있습니다. 이런 니즈를 파악하는 데에 정치학은 매우 중요합니다.

하지만 정답은 없는 것 같아요. 어떤 사람은 부자와 경험이 답이다, 다른 사람은 경제가 답이라고도 합니다. 저는 이 모든 것이 어우러진 하나의 예술이라고 생각해요. 먼저는 사람들과 만나서 친해져야 해요. 최근에는 방탄소년단이 인기인데, 현지에 있는 사람의 딸이 너무 팬이라서 CD를 구해준 적도 있습니다. 경제수치의 변화는 물론이고 상대방의 마음을 사기 위한 전략 등 다양한 것들을 함께 고려해야 합니다.

Q8 하시는 일이 힘든 부분도 있으실 것 같아요.

해외출장을 워낙 많이 다니다 보니 저의 안전에 대한 걱정도 있어요. 터키를 다녀온 그다음 날 터키공항에서 폭탄이 터진 경우도 있었고, 튀니지 쇼핑몰에서 총기 난사 사건이 있었는데 그즈음 저도 튀니지에 있었어요. 아프리카나 남미 국가들을 사업을 진행하다 보면 이러한 걱정을 할 수밖에 없습니다. 비슷한 건 질병에 대한 걱정이죠. 르완다에 있었을 때 사는 곳 앞에 대사관이 하나 있었는데, 거기 직원의 아내가 사과를 잘못 먹어서 사망한 사건이 있었어요. 분명 그분은 사과를 씻어서 먹었는데 거기에 바이러스가 있었고 병원에 갔는데, 현지 병원도 시설이 좋은 편이 아니었던 거죠.

Q9 현재 하시는 일을 다른 분들에게 권할 만한 이유가 있을까요?

비행기를 많이 타보고 싶은 사람에게는 좋을 것 같아요. 마일리지가 많이 쌓이니까(웃음). 실제로 본인 돈 주고 아프리카 가기는 쉽지 않잖아요. 무엇보다 현지의 정부나 바이어들을 상대로 협상을 하면 '살아있다'는 느낌을 받기도 해요. 프로젝트에 성공했다는 건 내가 상대방을 잘 설득했다는 의미에요. 그래서 마지막에 협상 타결의 악수를 하면 기분이 너무 좋습니다.

또, 그 나라의 문화 등을 보면서 신선한 경험을 많이 할 수 있습니다. 물론 어려운 점도 있지만, 그래도 넓은 세상을 경험해 볼 수 있고, 다른 나라 정부와 자주 교류하기 때문에 새로운 환경을 좋아하는 사람에게도 권해주고 싶습니다.

2. 무엇이 필요한가?

Q1 필요한 소양과 자질이 있다면 무엇인가요?

해외사업부는 아무래도 해외 중심적이라서 영업을 잘하면 좋고, 영어에 더해서 제2외국어를 하면 더 좋습니다. 저는 중국어를 하는데, 아프리카와 같은 개도국들과도 사업을 많이 하기 때문에 불어, 스페인어, 혹은 아랍어가 경쟁력이 있습니다. 특히 아랍어의 경우 워낙 할 수 있는 사람들이 적다 보니까 수요가 많아요. 특정국가와 사업을 진행할 때 그 국가의 기술 규격 등을 검수해야 하는데, 보통 영어로 번역한 뒤 전문 업체에 위탁하곤 합니다. 여기에 비용이 많이 들어요. 회사입장에선 이러한 비용을 조금이라도 줄이고 싶어 하죠. 그리고 커뮤니케이션 능력 또한 무시하지 못하는 것 같아요. 다른 사람에게 신뢰감을 주고, 매사에 성실한 태도 등도 분명 필수적인 소양과 자질이라고 할 수 있습니다.

Q2 그럼 무엇을 준비해야 할까요?

본인이 지원한 직무의 부서의 역할이 무엇인지 잘 알아야 합니다. 또, 본인이 들어가고자 하는 회사의 지향점에 관해 공부를 하는 것도 필요합니다. 최근에 면접을 본 사람 중에 소위 '스펙'이 화려한 지원자가 있었는데, 이분은 회사가 추구하는 바를 전혀 파악하지 못하고 있었어요. 그래서 떨어졌거든요. 사실 입사할 때는 거의 모든 지원자의 업무에 대한 이해도가 떨어질 수밖에 없습니다. 그렇기 때문에 모르는 것도 열심히 배우겠다는 의지도 분명히 어필해야 합니다. 자기소개서나 면접에서 스토리가 있는 것은 좋지만, 너무 과장되게 만들어내는 것은 좋지 않은 것 같습니다. 사실 면접관들은 워낙 면접을 많이 하다 보니 이 사람이 사실을 말하는지, 혹은 지어낸 부분이 있는지 거의 다 알거든요. 솔직 담백한 것이 좋습니다.

V. 결론

우리는 정치학을 공부함으로써 권력구조, 사회현상, 제도 등에 대한 비판적 사고 및 이해 능력과 논리적 구성 능력을 배운다. 정치학은 영어로 Political Science, 즉 풀어서 번역하면 '정치과학'에 가깝다. 이는 정치학이 객관적이고 과학적인 방법으로 거시적인 이해를 수행한다는 것을 의미한다. 최근의 정치학은 기존 이미지와 달리 현대적 통계 기법과 참신한 방법론 등을 도입하고 있는데, 이를 통해 효과적인 문제해결 방법을 도출해내는 것 또한 사기업이 성장을 위해 주목하는 부분일 것이다. 사회의 흐름을 넓고 자세한 시각으로 파악하는 힘, 해당 기업이 주목해야 할 정책적 변화 등을 분석하는 힘은 어떤 기업에든 필수적이기 때문이다.

특히 인터뷰 내용에서 언급되었던 국가와 기업 관계에 대한 부분을 강조하고 싶다. 실제로 개발도상국에서는 국가가 기업을 압도하는 경우가 많으며, 이권 사업이 정치적인 논리로 작동되는 경우가 상당수 존재한다. 선진국의 경우에도 마찬가지이다. 최근의 페이스북, 구글 등의 IT 기업과 국가 간 프라이버시 갈등으로도 볼 수 있듯 기업과 국가는 긴밀하게 연결되어 있다. 미국의 로비스트, 일본의 철의 삼각형 모델, 한국의 재벌중심 경제정책 등 역시 국가와 사기업들이 긴밀한 관계를 맺고 있음을 보여준다. 재벌 총수들이 왜 청와대의 분위기를 무시할 수 없는지, 팀 쿡, 마크 주커버그, 빌 게이츠가 왜 미국 국회 청문회에서 국회의원들의 질문에 대답할 수밖에 없는지 생각해보면 더 그렇다. 따라서 정치학적 소양은 어쩌면 그 자체로서 기업 생존에 핵심적이라고 할 수 있다.

정치외교학과를 졸업하면 취직이 잘 안 되는 것은 아닐까? 정치학을 공부해서 어떤 기업에 입사할 수 있을까? 다른 모든 학과 전공생들이 그렇듯 이런 고민은 계속될 것이다. 하지만 정치학은 빠르게 변화하는 현대 사회에서 가장 유용하게, 그리고 폭넓은 분야에 적용될 수 있는 학문이라는 점을 잊지 말아야 한다. 거시적으로는 권력구조 전반에 관한 지식을 가지고 있지만, 미시적으로는 정책 변화부터 신기술 도입 등에 대한 심도 있는 이해를 기반으로 하고 있기 때문이다.

미래의 고용 양상에 대해 예측한 한 논문에서, 인공지능과 컴퓨터의 발전으로 20년 안에 컴퓨터로 대체될 수 있는 직업들을 백분율로 표기했을 때 회계사는 94%, 핵 기술자는 84%, 전기공학 기술자는 84%의 확률로 컴퓨터가 그 일을 대신에 할 수 있는 것으로 예측했다. 반면 정치학자는 그 비율이 3.4%에 그쳤다(Frey and Osborne, 2017). 이는 정치학이 근본적으로 '사람'과 '인간관계'의 영역에 속하기 때문에 미래에도 컴퓨터가 대체할 수 없다는 사실을 보여준다.

20년 후의 미래는 우리가 지금 보고 있는 사회와는 많이 달라질 것이다. 20년 후의 직업도 마찬가지이다. 하지만 분명한 점은 정치학도들의 가능성과 잠재력이다.

참고문헌

교차로신문. 2005. "[직장인] 시장 및 여론조사전문가/현대리서치 박원열 차장(2) - 잘 나가는 이색직업."http://sem.ss.icross.co.kr/board/contentsView.php?idx=262651&hl=7494&npg=34&spg=31 (검색일: 2019.02.20).

박응서. 2008."230만명 vs 1500명, 더 정확한 조사는?".『한겨레』(4월 9일) http://www.hani.co.kr/arti/science/science_general/280849.html (검색일: 2019.02.20).

복경수·유재수. 2017. "4차 산업혁명에서 빅데이터." 『정보과학회지』 35(6): 29-39.

이충형. 2015."후보들 '배꼽 아래' 비밀까지 컨설턴트는 알고 있다."『중앙SUNDAY』 (11월8일) https://news.joins.com/article/19025591 (검색일: 2019.02.20).

잡코리아(JOBKOREA). n.d. "정치외교학과 전공자들이 선택한 직무는 무엇일까요?" http://www.jobkorea.co.kr/CareerPath/result?major=2614 (검색일: 2019.02.20).

지영호. 2016."8천억 리서치시장, 매출 1위는 정치여론조사…'한철 장사' ARS 제외"『머니투데이』(1월 15일) http://news.mt.co.kr/mtview.php?no=2016011416157684428(검색일: 2019.02.20).

한국정보화진흥원. 2012. "빅데이터기반의 일자리 창출 전망" 『IT& FUTURE STRATEGY』 15(0): 1-24.

Frey, Carl Benedikt and Osborne, Michael A. 2017. "The future of employment: How susceptible are jobs to computerisation?" Technological Forecasting and Social Change 114(0): 254-280.

Gartner. 2012. "The Top 10 Technology Trends for 2012."

https://www.gartner.com/doc/1926316/top--technology-trends-(검색일: 2019.02.20).

jobsN블로그팀. 2016."20대도 억대 연봉 '꿈의 기업' 맥킨지 신입 3인방"『조선일보』(3월 25일) http://news.chosun.com/misaeng/site/data/html_dir/2016/03/25/2016032500939.html (검색일: 2019.02.20).

LG상남도서관. n.d. "빅데이터분석가." http://lgsl.net/product/creativeexpedition/job/readJob.mvc?jobId=JNJO2014080003 (검색일: 2019.02.20).

Metrix. 2018. "2017년 공공조사시장 현황." http://metrix.co.kr/?p=15578 (검색일: 2019.02.20).

WORKNET. 2013."한국직업사전." https://www.work.go.kr/consltJobCarpa/srch/jobDic/jobDicDtlInfo.do?pageType=jobDic SrchByJobCl&jobCode=2734&jobSeq=4(검색일: 2019.02.20).

제11장 언론 분야

칼보다 강한 펜으로 권력을 견제하라

정진리

서론

"Calamus Gladio Fortior"라는 말은 라틴어로 "펜은 칼보다 강하다"라는 뜻이다. 이는 사고, 언론, 정보, 저술의 전달이 물리적인 힘보다 사람들에게 더 큰 영향을 미치는 현상을 비유한 것이다. 이 말은 현대사회에서 언론의 파급력이 얼마나 강한지 이야기할 때 자주 등장한다. 구체적인 예시를 들지 않아도 우리는 언론을 통해서 흘러나온 말 한마디가 개인, 가족, 사회, 국가 그리고 심지어는 전 세계를 뒤흔드는 것을 수없이 목격해왔다. 또한 언론은 칼보다 강한 그 특성을 가지고 여러 권력을 견제하는 굉장히 핵심적인 역할을 맡았다. 이러한 사실들을 고려했을 때 현대사회에서 언론이 가지는 중요성은 아무리 강조해도 지나침이 없을 것이다.

언론 분야와 관련된 전공을 생각해보면 대부분 신문방송학과 또는 언론홍보학과를 먼저 떠올릴 것이다. 하지만 언론을 통해서 전달되는 여러 사건·사고 및 정보 등은 우리가 공부하고 있는 정치외교학과 좀 더 밀접한 관련이 있다. 정치외교학은 정치철학, 비교정치, 국제정치 등의 세부 분야를 통해 개인, 가족, 사회, 국가 및 세계적 단위에서 발생하는 여러 현상들을 사회과학의 포괄적인 지식을 전제로 분석하기 때문이다. 실제로 상당수의 언론인들이 정치외교학을 전공했고, 많은 정치외교학도들이 언론인을 꿈꾸고 있기도 하다.

그 때문에 우리는 정치외교학 전공자로서 많은 정치외교학도들이 꿈꾸는 진로인 언론 분야에 대해 조사하고, 다수의 현직 언론인들과 정치외교학과 선배님들을 통해 얻은 진로 정보들을 정치외교학을 전공하는 동기 및 후배들에게 나누고자 한다. 특히 언론인을 꿈꾸는 많은 이들이 택하는 기자라는 진로에 초점을 맞추어, 기자라는 직업의 개괄적인 이해, 주요업무, 직업 전망 등을 제공하는 것이 이 보고서의 목적이다.

이 글에 담은 내용은 2018년 12월 5일 연세대학교에서 진행된 '정치학과 진로개발' 수업 중에 진행된 KBS 이윤희 기자의 특별강연, 11월 27일 MBC 김성우 기자와 진행한 인터뷰, 서울경제신문의 박홍용 기자와의 서면 인터뷰, 그리고 다수의 현직 기자들과의 인터뷰를 바탕으로 한다. 또한 이를 뒷받침하는 여러 도서 및 신문기사 등의 내용을 참조했음을 밝힌다.

I. 언론

국립 국어원 표준국어대사전에 따르면 언론(press, media)이란 사전적으로 '개인이 말이나 글로 자기의 생각을 발표하는 일' 또는 '말이나 글 매체를 통하여 어떤 사실을 밝히 알리거나 어떤 문제에 대하여 보도, 논평, 해설을 위해 정보와 뉴스를 취재하고 그에 대해 규칙적으로 요약해서 정보를 정기적으로 제공하고 어떤 문제에 대하여 여론을 형성하는 활동'을 의미한다. 한편 언론중재법 제2조 1호에서는 언론을 방송, 신문, 잡지 등 정기간행물, 뉴스통신 및 인터넷 신문을 총칭한다고 밝히고 있다.

최근에는 기술의 진보로 매체가 발달하고 이에 따라 언론의 영역이 확장되면서, 유튜브를 비롯한 여러 온라인 플랫폼을 통하여 정보와 뉴스를 전달하는 개별행위자들을 언론으로 인식하는 이들도 많아지고 있다. 하지만 이 보고서에서는 앞서 언급한 법률적 정의에 따라 중앙일보, 조선일보, 경향신문, 동아일보, 한겨레, 국민일보 등의 국내 신문사와 KBS, MBC, SBS, JTBC, TV조선, 채널A 등의 뉴스 방송사를 언론의 범위로 한정한다.

1. 언론인 그리고 기자

언론인은 방송, 신문, 잡지사 등 언론사에 종사하며 언론을 업으로 삼는 이들을 등을 통칭하며, 기자 이외에도 아나운서, 논설위원, 시사 PD 등도 언론인의 범위에 포함될 수 있다. 그러나 이 보고서에서는 언론인의 대다수를 차지하며 실질적으로 취재를 통한 언론 행위를 하는, 언론인의 꽃이라고 할 수 있는 기자라는 직업에 초점을 맞출 것이다. 기자에 관한 여러 가지 특징들을 서술할 때에는 신문기자와 방송기자로 구분하여 설명할 것이며, 신문기자와 방송기자의 공통된 부분에 관 해서 서술하는 경우 이들을 통칭하여 언론인 혹은 기자라고 지칭할 것이다. 또한 이들의 역할을 분류할 때는 각각 신문기자와 방송기자로 구분하여 지칭할 것을 밝힌다.

기자는 우리 주변에서 일어나는 각종 사건·사고 비롯하여 정치, 경제 소식, 생활 정보 등을 신문, 잡지, 라디오, TV 그리고 오늘날에는 인터넷과 같은 매체를 통해 사람들에게 신속하게 알려주는 일을 한다. 이 과정에서 여러 가지 사회현상에 대해 흩어진 사실들을 파악하여 이해하고, 이를 핵심적인 텍스트로 축약하여 대중에게 전달하는 것이 기자의 일이다. 기자를 분류하는 방법은 크게 세 가지로 활동하는 매체의 종류에 따라, 담당업무에 따라, 그리고 취재 분야에 따라 구분한다.

먼저, 활동하는 매체의 종류에 따라서는 방송기자, 신문기자, 잡지기자, 인터넷 신문기자 등으로 분류된다. 방송기자는 영상뉴스를 제공하고, 신문기자는 신문기사를 작성하며, 전문잡지 기자는 특정 분야를 다루는 정기간행물을 통해 전문성 있는 기사를 제공한다.

과거에는 매체에 따라 위와 같이 기자들의 업무가 확연히 구분되었다. 하지만 이러한 구분은 오늘날에는 점점 희미해지고 있다. 종합편성채널과 같은 신문사 기반의 방송 채널들이 등장하면서 신문기자들이 방송기자를 겸하는 경우가 흔해졌으며 이에 따라 신문기자와 방송 기자의 경계가 서서히 허물어지고 있기 때문이다. 또한 과거와 비교하여 잡지의 영향력이 미미해지고, 잡지사의 수가 현격히 줄어들어 더는 전문잡지 기자를 만나기 힘들어진 것도 이러한 변화에 한몫했다고 볼 수 있다. 오늘날에는 굳이 활동 매체에 따른 분류를 하지 않고 기자로 통칭하는 때 도 많다.

다음으로, 담당 업무에 따라 취재기자, 편집기자, 통신기자, 사진기자, 교열기자 등으로 구분된다. 우리가 일반적으로 떠올리는 기자의 모습은 취재

기자나 편집기자일 것이다. 취재기자가 현장에서 취재하고, 편집기자는 취재된 기사와 사진, 영상자료를 신문이나 방송에 보도하기 위한 편집 업무를 한다. 통신기자는 흔히 '기자들의 기자'로 불리며 현장에 가장 먼저 도착해 소식을 전하는 통신사 소속 기자를 말한다. 통신사는 여러 언론사들에 의해 공동으로 설립, 운영되며 매우 넓은 국내외 취재망을 갖추고 가입된 언론사들에게 실시간으로 뉴스를 공급한다. 미국의 AP통신(Associated Press), 영국의 로이터통신(Reuters), 한국의 연합뉴스 등이 이에 해당한다. 이외에도, 순간을 포착하여 지면의 현장감을 살려주는 사진기자, 마지막 단계에서 취재기사의 맞춤법과 오류를 최종점검하는 교열기자 등이 있다. 한편, 이러한 구분방법도 기자들이 속한 매체 및 언론사의 상황 및 기자 개인의 역량에 따라 다른데, 예를 들어 영세한 신문사의 경우에는 취재기자 한 명이 편집기자 및 사진기자의 역할을 모두 수행하기도 한다.

마지막으로 취재 분야에 따라 정치, 경제, 문화, 사회·생활부, 스포츠, 연예, 과학·의학전문기자 등으로 세분화하여 구분할 수 있다. 언론사에 갓 입사한 시점에서는 보통 사회부 사건팀에 배정되며, 이후 여러 분야의 순환 근무를 통해 다양한 분야에 대해 취재를 하며 제네럴리스트(generalist)형 근무를 하게 된다. 이 과정에서 자신에게 맞는 운명적인 분야를 만나게 되어 해당분야의 스페셜리스트(specialist)가 되는 것이 일반적인 언론인의 궤적이다. 언론사 입장에서는 여러 분야의 취재현장에 투입될 수 있는 일반기자를 많이 육성해야 하기에, 채용과정에서도 전공과 무관하게 선발하는 경우가 많고 그만큼 전문기자를 뽑는 비율도 적은 편이다. 다만 현대사회가 빠르게 분업화되고 전문화됨에 따라 기자를 채용할 때도 특정 분야의 석, 박사 학위를 가신 스페셜리스트(specialist)형의 기자를 뽑는 비율이 점점 높아지 는 추세라고 한다.

2. 언론 및 언론인의 중요성

대한민국 헌법 21조는 표리일체 관계인 알 권리와 표현의 자유에 대한 권리를 보장하고 있다. 모든 국민이 정보에 대한 자유로운 접근을 가질 수 있고 또한 자신의 의견을 자유롭게 개진할 수 있는 표현의 자유를 가진다는 것이다. 그러나 국민 개개인이 바쁜 생업과 일상생활 가운데 이러한 권리를 누리는 것은 현실적으로 어려운 일이므로, 언론과 언론인은 국민들이 알 권리와 표현의 자유에 대한 권리를 누릴 수 있게 하는 역할을 부여받았다. 그 때문에 언론인은 국민들이 마땅히 알아야 하는 정보를 전파하고, 국민들의 제보를 바탕으로 보도하며, 국민의 입장에서 대신 목소리를 낼 수 있어야 한다.

위에서 언급한 알 권리의 연장 선상에서 그리고 정치적으로 보았을 때 언론이 가지는 여러 가지 중요성 중에 가장 핵심이 되는 것은 정보전달 기능이다. 왜냐하면 대중에게 정보가 제대로 전달될 때에 비로소 민주주의적이고 투명한 의사결정이 발생할 수 있기 때문이다. 예를 들어 지역구 국회의원 선거를 앞두고 각 후보들에 대한 정보가 대중에게 정확하게 전달되지 않는다면 유권자들은 적절한 의사결정을 내리기 어렵다. 언론은 국민들에게 의사결정권자에 대한 정보를 전달할 뿐만 아니라, 의사결정권자들에게도 정책판단에 필요한 정보를 전달한다. 이는 의사결정권자들이 그들이 국민들을 대신해 만든 의사 결정이 불러온 사회적인 영향을 알게 함으로써 이를 바탕으로 국민들이 그들에게 기대하는 바가 무엇인지 알게 하고 이를 통해 더 나은 의사결정을 하도록 하기 위함이다.

정보의 홍수 시대에서 언론이 아니고서도 단순 정보를 얻을 수 있는 길은 무궁무진하다. 언론은 이러한 시대에서 여러 새롭게 발생한 사건과 나타나는 현상을 나열하는 것을 넘어서 인과관계를 밝히고 그것이 대중들의 삶에 실질적으로 어떠한 영향을 미치는지 그 함의를 전달하는 중요한 사명을 지니고 있다. 또한 사회가 고도로 전문화되어가고 있고 지식의 장벽이 높아져가고 있기 때문에, 언론은 최대 다수의 대중이 쉽게 이해할 수 있도록 쉬운 설명을 통해 여러 현상과 사건 들을 해석하여 전달한다는 의무를 진다.

나아가 언론은 사회의 감시기구 혹은 제4권력으로서 국민들을 대신하여 여러 권력자들을 감시하는 역할을 수행한다. 권력이 한쪽으로 편중되는 것을 예방하기 위해 삼권분립이라는 개념이 헌법상 존재하지만, 역사적 사례를 통해서 보아왔듯이 권력자들의 담합에 의해서 삼권분립이 무색해지기 쉽다. 그렇기 때문에 언론 그리고 언론인은 권력에 위치한 이들과의 사적인 관계에 얽매이지 않고 이들을 견제하기 위한 감시자의 역할을 묵묵히 수행해야 한다.

3. 기자가 되려면

기자라는 직업에 대한 전반적인 소양과 자질에 대한 이해를 하고 있다면 언론사 입사를 위한 준비를 하기에 매우 수월할 것이다. 그러나 다수의 현직 기자들을 인터뷰해본 결과, 기자 지망생이 갖춰야 할 자질들에 대해 모두가 동의하고 명확하게 일치하는 답을 제시하는 것은 어려웠다. 다만 그들의 기자로서의 축적된 오랜 경험에서 나온 답변들을 살펴볼 때 '기자라면 이 정도의 능력은 갖추고 있어야 한다'는 생각에서 나온 몇 가지 공통적인 자질들이 분명 존재했고, 저자는 이러한 점들을 정리하여 이 장을 구성해보았다. 이 파트는 한국직업능력개발원에서 출간된 '2015 한국 직업 지표'에서 제시하는 기자의 소양과 자질과 이를 바탕으로 현직 기자들에게 질문하였을 때 얻은 답변을 중심으로 기술하였다.

1) 사회현상에 대한 관찰력, 객관성, 분석능력

먼저 기자는 우리 사회에서 일어나는 다양한 사건들을 대중에게 전달하는 역할을 하므로 자기 주변을 넘어 우리 사회에서 발생하는 각종 이슈에 관심을 두고 날카롭게 바라볼 수 있어야 한다. 또한 기자는 사회에서 일어나는 일을 최대한 객관적인 시각에서 원형을 보존해서 전달하려는 객관적인 태도와 분석능력을 갖춰야 한다. 기자가 특정 사건에 대한 객관성을 잃고 편파적으로 보도하게 되면 보도를 접하는 대중들이 편파적인 정보를 접하게 될 뿐만 아니라 편파적인 시각을 가지게 될 가능성이 높다.

나아가 기자는 사회에서 나타나는 사건 사고 및 현상을 사실 나열식으로 대중에게 전달하는 것을 넘어서 대중들로 하여금 생각할 수 있도록 사건 사고와 사회적 현상을 치밀하게 분석하여 전달하여야 한다. 이를 위해서는 분석능력이 필수적이다.

2) 글쓰기 능력

기자는 글을 통해 세상과 소통하는 직업이다. 여러 가지 사회현상을 핵심적인 텍스트로 축약하여 대중에게 전달하는 것이 기자의 일이다. 같은 내용의 기사라도 좋은 글에 의해서 전달될 때와 나쁜 글에 의해서 전달될 때의 파급효과가 각각 다르므로 글쓰기 능력은 기자가 가져야 할 가장 중요한 소양 중 하나라고 볼 수 있다. 이로 인해 기자들은 다른 직업 집단에 비해 글쓰기에 능하며 언론사 입사과정에서도 논술과 작문 등 글쓰기 능력의 평가 비중이 매우 높다.

기자의 글쓰기 능력을 이야기하는 데 있어서 신문기자와 방송기자의 글쓰기를 어느 정도 구분할 필요가 있다. 각각의 기자들에게 요구되는 글쓰기의 방식이 상당히 다르기 때문이다. 김성우, 이윤희 기자에 따르면 방송기자의 경우 영상과 함께 보도가 이루어지기 때문에 기사와 함께 어떠한 그림을 보여줄 것인지 대한 연출자적 감각과 창의성이 요구된다고 한다. 또한, 1분 20초 안에 하고 싶은 말들을 담아야 하므로 문장의 단위를 짧게 가져가 전반적으로 간결하면서도 동시에 영상과 잘 어우러지는 감각적이고 감성적인 글쓰기 능력이 필요하고 덧붙였다.

반면에 신문기자의 경우에는 좀 더 집요한 분석력을 바탕으로 지성에 호소할 수 있는 글을 쓰는 것이 중요하다고 한다. 따라서 신문기자 지망생들은 평소에 글을 읽을 때도 글의 논리적 구조성에 주목하며 최대한 논리적으로 쓰는 연습을 하는 것이 중요하다고 조언했다. 또한, 신문기자의 경우 지식과 기교보다는 단문 중심의 문장(물론 방송기자보다는 문장 단위가 길지만)으로 촘촘한 짜임새를 갖춰 하나의 완결된 글을 쓰는 것이 중요하다.

3) 커뮤니케이션 능력

기자는 다양한 사람들을 취재하고 이 취재 내용을 바탕으로 보도를 하기 때문에 효과적인 커뮤니케이션 능력을 갖춰야 한다. 아무리 뛰어난 분석력을 가지고 탁월한 글쓰기 실력을 갖췄다 하더라도, 취재과정에서 다양한 사람들과 대화하고 이를 통해 여러 사건들의 핵심적인 내용을 파악하기 위해서는 효과적인 커뮤니케이션 능력이 필수이다. 이윤희 기자에 의하면 취재를 나갔을 때 많은 사람들이 취재에 불응하거나 혹은 응하더라도 대답을 회피하려는 경우가 많다고 한다. 이는 오늘날 방송의 영향력이 매우 크고, 전파를 타는 경우 별로 좋을 것이 없다고 인식하기 때문이다. 이들을 잘 설득하여 인터뷰를 해내는 것은 기자의 능력이며, 인터뷰가 시작되면 기사에 필요한 정보를 얻기 위해서 효과적으로 질문하여 필요한 답을 얻는 것도 중요하다고 덧붙였다.

4) 신체 정신 건강

기자는 취재 및 기사 작성을 위해 불규칙한 생활 패턴을 가지기 쉽다. 그 때문에 이러한 생활 방식에 잘 적응하기 위해서는 기초체력이 튼튼해야 하고, 매우 열악한 환경에서 취재해야 하는 경우도 많으므로 긍정적인 사고를 하는 것도 중요하다고 한다. 대부분의 기자들은 불규칙한 생활 패턴과 열악한 취재 환경으로 인해 고질병을 달고 사는 경우가 많기 때문에 강한 체력과 이를 유지하기 위한 신체 및 정신 관리 능력이 절대적으로 중요한 것이다. 김성우 기자는 평소 사내 헬스장에서 틈틈이 체력을 단련하고 있다고 대답했고, 이윤희 기자 또한 기초 체력이 좋지 않은 경우에는 여러 방법을 통해 체력관리를 잘하는 것이 기자로서 오래 살아남는 길이라고 강조했다.

5) 정확한 발음과 발성 그리고 이미지 메이킹

불과 몇 년 전에만 해도 해당 자질은 방송기자에만 국한된 내용이었다. 하지만 신문사를 기반으로 한 종합편성 채널이 등장하였고, 과거와 다르게 기자를 채용할 때 신문기자와 방송기자를 구분하지 않고 뽑는 비율이 점점 증가하고 있기에 기자에게 일반적으로 필요한 자질로 판단하여 정리해보았다. 우선 정확한 발성과 발음이 굉장히 중요하다. TV를 통해서 사건이 보도될 때 기자가 기사를 읽은 것을 녹음하고, 클로징 멘트를 직접 촬영해야 하기 때문에 시청자가 듣고 한번에 이해할 수 있을 정도로 정확한 발성과 발음을 연습하여 갖추는 것이 중요하다고 한다. 또한 사람들에게 신뢰감을 줄 수 있는 밝은 이미지의 인상을 가지는 것이 유리하다. 똑같은 사건이라도 화면에 담긴 기자의 이미지가 좋을 때 해당 보도에 대한 신뢰감이 증진되기 때문이다.

4. 지원자격 및 채용방식

우선 기자가 되기 위한 지원자격은 생각보다 굉장히 단순하다. 여러 신문 및 방송사의 채용 과정을 보았을 때 학력 자체는 크게 중요하지 않고, 남자의 경우 군필 또는 면제자이어야 하며 해외 여행 결격 사유가 없는 자 정도이면 지원할 수 있다. 그러나 기자는 기본적으로 대학에서 배우는 수준 이상의 지식을 갖추어야 할 뿐만 아니라 앞서 자질에서 다뤘던 요소들을 두루 갖추고 있어야 하기 때문에 최종적으로 기자가 되기는 결코 쉽지 않다. 전공의 경우에는 특별히 제한하는 전공분야는 없지만, 신문방송학, 사회학, 정치외교학 등의 인문·사회계열 전공자가 상당수이다. 하지만 과거와는 다르게 오늘날에는 기자의 전문성을 중요하게 생각하는 추세이므로 인문·사회계열을 제외한 다 전공 출신의 기자들도 심심치 않게 볼 수 있다. 또한 의학, 법학 등 특정분야의 전문지식을 요하는 분야의 경우 관련 자격증을 요구하거나 전공을 제한하기도 한다. 블라인드 채용 제도의 도입으로 인해 나이제한은 없지만, 다른 직업과 비교하여 에너지 소모가 큰 기자 생활을 하려면 가능한 한 빨리 입사하는 것이 좋다는 것이 인터뷰에 응한 기자들의 공통적인 조언이었다.

기자가 되기 위해서는 일반적으로 각 신문·방송·잡지사 등 언론사에서 실시하는 시험에 합격해야 한다. 각 언론사에서 실시하는 시험은 흔히 언론고시라 불릴 정도로 어렵다고 알려져 있으며, 기자의 경우 대규모로 채용하는 경우가 많지 않으므로 경쟁률도 치열한 편이다. 언론사 채용 전형은 일반적으로 1차 서류전형, 2차 필기시험(상식시험 및 논술작문), 3차 면접형태(프레젠테이션 및 집단 면접)로 이루어지나 각 언론사마다 채용 절차가 상이하다. 최근 들어 언론사들은 현장에 적합한 인재를 뽑기 위해 여러가지 방식을 적용하고 있는데, 인턴, 합숙평가, 현장실습 등을 도입해 지원자들의 실무능력을 검증하는데 힘을 쏟고 있다. 방송 기자의 경우 여기에 한가지 항목이 더 추가되어 카메라테스트 및 음성테스트를 통해 방송에 얼마나 적합한 이미지를 가졌는지를 보고 언변 능력을 시험하기도 한다.

Ⅱ. 실제 기자의 삶

1. 언론 보도

신문기사와 뉴스가 독자에게 전달되기까지는 많은 과정을 거쳐야 한다. 우선 편집국장의 주재로 소위 말하는 각 부서의 데스크(desk, 신문사나 방송국에서 취재와 편집을 지휘하는 사람)가 모여 회의를 하여 그날 뉴스의 내용과 취재·보도 방향 등을 정하게 된다. 이에 따라 정치, 경제, 문화, 사회·생활부 등 각 취재부의 데스크는 담당기자들에게 취재를 지시하며, 기자들은 자신의 출입처나 사건현장에서 취재원을 만나 정확한 사실관계를 파악하여 기사를 작성하게 된다.

데스크의 지시 이외에도 기자들은 본인이 직접 발로 뛰며 현장조사 및 인터뷰 등을 통해서 취잿거리를 찾거나 다양한 정보를 찾을 수 있는 인터넷 및 책과 같은 문헌을 통해 취재할 주제들을 정하기도 하며 혹은 제보를 받기도 한다. 이렇게 취재 거리를 직접 찾아다니는 일련의 과정을 언론계 은어로 '마와리'라고 부른다.

취재를 마친 이후에는 핵심내용을 파악하여 가장 중요한 정보에 해당하는 내용을 중심으로 제목과 소제목을 뽑는다. 그리고 수집한 정보를 토대로 내용을 분석, 정리하고 편집 형태와 기준에 따라 기사를 작성한다. 기사의 작성 이후에는 데스크, 편집(보도)국장과 상의하여 사건의 중요도에 따라 기사 배치를 결정한다. 방송 기자의 경우에는 여기에 한 단계가 더 추가되는데, 작성한 기사를 녹음하고 취재 과정 중에 일부를 촬영하며 자신이 직접 출연해 영상과 소리로 뉴스로 전달한다.

2. 처우 및 근무환경

과거의 기자들은 명예뿐만 아니라 어느 정도 수준의 경제적인 보상까지도 보장을 받았다. 불과 2000년대 초반까지만 해도 대기업의 평균 임금보다도 임금 수준이 높았으니 말이다. 하지만, 2017년 기준 한국 기자 협회의 지난 25년간 우리나라 주요 언론사의 1인당 실질 평균임금 조사에 따르면, 우리나라 주요 언론사의 1인당 실질 평균임금은 지속적인 감소추세에 있다. 불과 1990년대 중반까지만 해도 1980년대부터 호황을 맞은 언론사들이 승승장구했지만 1997년 외환위기를 전후로 하락세에 들었기 때문이다.

표 11-1 11개 언론사 평균 임금 추이

	명목 평균 임금	실질 평균 임금	1,000억 원 이상 신문사	1,000억 원 미만 신문사	방송사 평균 임금
1991년	2,643만 원	6,019만 원	3,523만 원	2,203만 원	
1996년	4,282만 원	7,520만 원	5,177만 원	3,121만 원	
2001년	4,323만 원	6,299만 원	5,235만 원	3,686만 원	4,868만 원
2006년	5,212만 원	6,562만 원	6,721만 원	3,687만 원	7,523만 원
2011년	5,874만 원	6,262만 원	7,042만 원	4,249만 원	8,998만 원
2016년	6,171만 원	6,171만 원	6,404만 원	5,285만 원	8,035만 원

출처: 한국기자협회보, 2017

임금수준으로 본 언론 산업의 하락은 다른 업종과 비교했을 때 좀 더 두드러진다. 기업분석을 전문적으로 하는 재벌닷컴이 지난 2012년 2,000여 개 상장사를 대상으로 한 조사결과에 기자협회보가 산출한 해당년도 평균임금을 대입하여 순위를 매긴 결과에 따르면 언론분야의 업종별 임금 순위는 17위로 나타났다. 동일한 방법으로 2014년과 2016년 순위를 확인해보면 각각 20위와 22위로 상대적인 임금 하락을 확인할 수 있다. 따라서 기자가 되기를 꿈꾸는 학생들이라면 언론인의 보수가 현실적으로 어떠한지를 면밀히 따져보아야 할 것이다.

기자를 꿈꾸는 학생들이 고려해야 할 또 한 가지 중요한 요소는 바로 '워라밸'이다. 이전 세대와는 다르게 현세대가 임금 및 근무환경 못지않게 중요하게 생각하는 것이 '업무시간'에 따른 워라밸이다. 이러한 사회의 흐름에 맞게 주 52시간 근무제도가 도입됐을 정도로 워라밸은 한국사회에서 뜨거운 감자와도 같다. 그렇다면, 언론계의 워라밸은 과연 어떠할까? 한주 평균 5.5~6일을 근무한다면 매주 55시간에서 60시간을 근무하는 것이다. 방송사 및 뉴스 통신사의 경우 사정은 더욱 열악하다. 종편 및 보도전문채널에서 근무하는 기자들의 경우 근무시간이 하루 평균 11시간 19분에 육박하며, 하루 12시간 이상 근무하는 비율이 전체 인원의 55.5%에 이르기까지 한다. 그렇다 보니, 언론인들을 대상으로 한 직장 만족도 평가를 보면 노동과정에서 느끼는 육체로 피로도가 높다고 호소하는 응답자가 많은 것을 볼 수 있다. 언론인들은 열악한 워라밸 가운데 육체적 피로도만 느끼는 것이 아니라 절반 가까운 사람들이 건강상에 문제가 있다고 한다.

3. 직업 안정성

기자를 직업안정성의 측면에서 볼 때 특징은 직업수명이 짧다는 것이다. 방송사의 경우에는 대부분 기자들이 정규직이고 정년이 50대 후반까지 보장되는 경우가 대다수이지만, 신문사의 경우 평기자는 40대 중후반을 기점으로 퇴직을 하는 경우가 대부분이라고 한다. 몇 년 전 정년 60세 보장을 뼈대로 한 정년연장법이 국회 본회의를 통과했지만, 오히려 이 법안이 가뜩이나 '수명'이 짧은 기자들의 생명을 단축할 수가 있다는 우려가 제기된다. 정년연장법이 실행되면 각 언론사가 떠안게 되는 인건비 부담이 막대하게 커지게 되고 이에 따라 '계약직'을 채용하는 비율이 높아져 실질적인 정년은 오히려 낮아질 수 있기 때문이다.

또한 정년 이후의 진로가 보장되어 있지 않다. 은퇴 이후 기자들의 행보를 보면 눈높이를 낮춰서 사이즈가 작은 언론사로 가는 경우도 있고 대기업 홍보팀 임원으로 가는 경우도 있지만 흔한 케이스는 아니라고 한다. 언론진흥재단이 언론인을 대상으로 한 퇴직 준비 및 퇴직 이후의 삶에 대한 설문조사에 따르면 퇴직 이후 직업을 가지게 되는 경우는 불과 35.5%에 불과하다. 이 부분에 대해서 혹자들은 기자뿐만 아니라 다른 직업도 퇴직 이후의 삶이 막막한 것은 마찬가지가 아니냐고 반문할 수도 있겠지만, 기자의 경우 대기업에 다니는 직장인들에 비해서 기본 월급이 적고 또 공무원들과 비교했을 때 은퇴 이후의 삶을 담보하는 연금제도 등을 비롯한 복지제도가 거의 전무하다는 것을 고려하면 기자의 직업안정성이 떨어진다는 사실은 상당히 두드러진다.

언론인들의 직업 안정성을 떨어뜨리는 또 다른 요인에는 기수 문화에 따른 인사개혁이 있다. 박홍용 기자에 의하면 신문사의 경우는 인사 개혁을 통해 구성원들의 면면이 꽤 많이 바뀌게 되는 경우가 있다고 한다. 신문사의 사장이 바뀌거나 혹은 새 편집국장이 들어서게 되면 사장과 편집국장이 입맛에 맞는 방향으로 인사개혁이 단행되는 경우가 있는데, 단순 부서 이동을 넘어 해고 및 권고 사직이 발생하게 되고 이에 따른 결과로 회사 분위기도 눈에 띄게 변한다고 한다. 또한, 신문 기자 사회는 '검찰 조직'과 비슷하게 '기수 문화'가 공고히 자리 잡고 있다고 한다. 새 검찰총장이 자기보다 기수가 낮으면 선배들이 옷을 벗고 변호사를 개업하는 것처럼, 기자 역시 기수가 낮은 사람이 편집국장이 되면 정년과 상관없이 그 위 기수들이 사표를 쓰고 나가는 분위기가 형성되어 있다고 한다.

4. 기자의 고충

기자에 대한 악화된 사회의 인식은 기자들의 취재활동을 어렵게 한다. 제대로 된 대화를 나눠 보기도 전에 기자들이 자신을 소개하기 위해 기자라는 단어만 입 밖에 꺼내도 물을 뿌리거나 폭행을 가하는 등의 비상식적인 일도 심심치 않게 발생할 정도이니 말이다.

이러한 고충 못지 않게 기자들을 힘들게 하는 것은 잘못된 취재 문화이다. 단독 기사를 내는 것을 많은 언론사들이 우선순위로 두다 보니 언론사 간에 치열한 경쟁이 발생하고 이는 무리한 취재로 이어지기도 한다. 익명의 한 기자에 따르면, 이와 같은 취재 문화로 인해서 선뜻 동의하기 힘든 기사마저 써야 할 때가 있다고 한다. 특히 젊은 기자들 같은 경우에는 신문사 및 방송사에서 본인의 지위가 낮고, 그에 따라 힘도 약하기 때문에 본인의 생각과는 그리고 심지어는 취재 내용과도 전혀 다른 기사를 써야 할 때도 있다고 한다.

또한, 신문사와 방송사의 주요한 수입원이 광고이다 보니, 광고주와 관련하여 사회적인 이슈가 터졌을 때 '객관적인 기사'를 보도하기가 어렵다는 딜레마도 있다. 익명의 한 기자에 따르면 기사의 질을 높이고 내용을 더욱 풍성하게 하기 위한 자본 조달의 방법으로 광고를 택한 언론사에게 그 '광고'가 오히려 비수가 되어 돌아오게 되는 경우가 많다고 한다.

신변 및 생명의 위협 또한 기자들이 겪는 고충 중의 하나이다. 일본 <아사히 신문>소속의 우에무라 다카시 기자는 1991년 8월 11일에 '나는 일본군 위안부였다'라고 증언한 할머니를 한국 언론보다도 먼저 보도했다(시사인 2016). 이 보도를 계기로 위안부 최초 증언자로 널리 알려진 김학순 할머니가 증언하게 되었고 나아가 위안부 문제가 세계인의 이목을 끌었을 정도로 중요한 보도였다. 하지만, 해당 기사에 대한 우익성향으로 추정되는 일본인들의 반발은 엄청났다. 다카시 기자가 강사로 일하고 있던 한 대학에 '해고하지 않으면 폭파하겠다'는 협박 글이 쏟아졌으며, 심지어는 고등학생이던 딸의 사진이 인터넷에 유출돼 "이 x의 애비 때문에 얼마나 많은 일본인이 고생했나", "반드시 죽인다"라는 글이 게재되기도 했다고 한다. 기자들은 국민들의 알 권리를 위해 국민들이 알아야 할 사실을 최대한 객관적으로 전달하려고 하지만 특정 사실들에 반발하는 사람들로부터 반발이 심해져서 생명의 위협까지 당하기도 했다.

Ⅲ. 언론의 미래

1. 언론의 가치 하락

일반적으로 언론인이 되기 위한 절차를 언론고시라고 부르는데 그 이유를 크게 두 가지로 정리할 수 있다. 첫 번째로, 언론인이 되기 위해서 상식, 논술 시험 등을 위해서 공부해야 하는 양이 방대하기 때문이다. 두 번째로, 사법고시, 행정고시, 외무고시를 통과한 법조인, 행정부 관료, 외교부 관료들처럼 언론인들도 희소성이 높고 가치 있는 일을 하는 사람들로 여겨진 것이 그 이유이다.

과거에는 언론사 및 언론인의 절대적인 수가 많지 않았고, 그 소수의 언론인들이 정보를 독점적으로 쥐고 있는 경우가 많았다. 하지만, 기술의 발전에 따라 기존의 전통적인 언론사를 통하지 않고서도 정보가 차고 넘치게 되는 정보의 홍수 시대가 도래하게 되었고, 언론사를 통한 정보가 더는 가치가 높거나 혹은 희귀한 것이 아니게 되어 버렸다. 또한 언론사 및 언론인의 절대적인 수가 증가함에 따라 대중들이 언론 및 언론인을 이전보다 덜 가치 있게 보는 시각이 팽배하게 되었다. 앞서 기자의 고충에서 다룬 것처럼 대중이 기자들을 낮추어 보는 인식도 이와 같은 시각과 궤도를 같이한다고 볼 수 있다.

여기에 최근 들어 등장한 가짜뉴스(Fake News)는 언론의 신뢰성을 저해하고 뉴스의 공유 및 전파를 활성화하는 데 있어 심각한 피해를 주고 있다. 홍숙영·정의철(2017)에 따르면 가짜 뉴스는 미디어의 기술적 발전과 언론의 상업성, 정파성과 이로 인한 여론의 양극화와 확증 편향, 주류 언론에 대한 불신 등을 배경으로 등장하여 여론을 왜곡하며 사회적 갈등을 심화시키고 있다. 가짜뉴스에 대한 대응방안으로 일부 언론사에서는 선제적 차단을 위한 펙트체크(Fact-Checking) 시스템을 도입했으나, 온라인 플랫폼에서 가짜뉴스 유통이 확대되는 현 상황을 해결하기에는 역부족으로 보인다. 표현의 자유의 뒤에 숨은 가짜뉴스는 각종 소셜미디어를 통해 엄청난 속도로 확산하며 정치·경제·사회적으로 심각한 피해를 야기하고 있다.

2. 언론의 확대에 따른 새로운 기회

언론의 가치가 하락했다는 인식은 이미 우리 사회 전반에 깔려 있으며 이로 인해 언론 산업 그리고 언론인이라는 직업의 장래는 밝지 않은 것처럼 보인다. 그럼에도 불구하고 위와 같은 언론계의 상황이 무조건 암울한 미래만을 제시하는 것은 아니다.

우선 언론의 영역이 확대되어 '희소성' 및 '가치'가 떨어졌다는 말은 뒤집어 말하면 그만큼 언론이 우리 사회 전반에 침투해 있는 넓이와 깊이가 확대되었다는 말이기도 하다. 언론이 대중이 속해 있는 사회와 맞닿는 면적이 넓어진 만큼, 사회에서 '언론'을 감시하고 견제하는 정도가 이전보다 훨씬 더 강화되었기 때문에 역설적으로 언론 보도의 공정성과 투명성이 과거보다 더욱 개선될 가능성이 커지게 되었다. 과거에는 대다수의 대중이 언론의 보도를 곧이곧대로 믿는 경우가 많았다면, 오늘날에는 많은 신문 구독자 및 방송 시청자들이 혹은 언론사들끼리 상호 간에 신문, 방송을 통해서 전달되는 내용들에 대해서 '팩트체크'를 하고 또 잘못된 정보 및 의견에 대해서는 비판적으로 수용하고 반응하는 것을 볼 수 있다. 이러한 언론과 대중의 관계를 고려할 때 언론의 투명성과 공정성이 이전에 비해서 높아질 수 있다는 말을 꺼내는 것은 결코 헛된 희망에만 그치지 않을 것이다.

매체의 발달에 따른 언론의 확대는 우선 기존의 신문, 방송사에 그리고 새로 진출하는 언론 모두에게 각각 다른 의미에서 좋은 기회가 될 수 있다. 먼저, 기존의 신문 방송사는 새롭게 자리 잡고 있는 인터넷 신문사 및 유튜브를 통해 언론 활동을 하는 사람들에 비해 아직은 확실히 대중의 신뢰를 더 얻고 있다. 이를 적나라하게 볼 수 있는 것이 스포츠계 이적시장에 대한 보도이다. 아무리 신흥 인터넷 언론사와 유튜버들이 선수들의 이적에 대해서 그들 나름의 근거를 가지고 인터넷 신문 및 개인 유튜브 채널 등을 통해 대중에게 전달하더라도 대중은 소위 말하는 전통적인 신문사 및 방송사에서 관련 기사에 대한 '오피셜'을 내기 전까지는 이적 시장에 대한 정보를 사실로 받아들이지 않는다. 비단 스포츠 선수들의 이적과 관련된 소식뿐만 아니라, 다른 영역에서도 비슷한 양상이 전개되고 있다. 김성우 기자는 기존의 언론은 신흥 언론에 비해서 자금력과 네트워크에 있어서 우위를 점하고 있고, 오랜 기간 축적된 보도에 대한 노하우가 있기 여러 면에서 새로 등장하는 언론 매체들보다 더 좋은 품질의 언론 보도를 할 수 있으리라 전망했다. 예를 들어 KBS나 MBC같은 경우에는 전국에 여러 지부를 두고 있어서 수도권 외에 지역에서 발생하는 사건들에 대해서 더 빠르게 소식을 전달할 수 있다. 또한, 특정 사건에 관한 집중 탐사 및 보도를 함에서도 기존의 전통 매체들은 그간 구축된 네트워크 및 축적된 노하우를 활용하여 신흥 매체들이 쉽게 만들어낼 수 없는 좋은 품질의 보도를 할 수 있다.

언론의 확대는 신흥 인터넷 신문사 및 인터넷 방송사들에 새로운 기회의 장이 되고 있고 앞으로도 그러할 것이다. 과학기술의 발전에 따른 매체의 발달 결과로 현대사회는 '정보의 홍수' 사회가 되었다. 그 결과 기존의 언론사들이 양질의 인력과 인프라 그리고 탄탄한 네트워크와 자금력을 가졌음에도 모든 정보를 다룰 수 없을 정도로 정보의 양이 많아졌다. 이는 신흥 인터넷 신문사 및 방송사와 같은 여러 새로운 행위자들이 그 흘러넘치는 정보에 비교적 쉽게 접근하게 하였으며, 나아가 흘러넘치는 정보를 기존의 방송사들과는 다른 방식으로 가공하여 대중에게 보도할 기회의 장을 마련해 주었다. 물론 앞서 언급하였듯이 신흥 언론사들이 보도하는 뉴스가 편파적이고 심지어는 오보인 경우가 많다는 단점도 지적된다. 하지만 이러한 신흥 언론사들도 그들을 매의 눈으로 지켜보는 대중의 견제와 감시하에 점차 나아질 수 있다는 희망적인 전망도 분명 있다.

Ⅳ. 결론 – 정치외교학과 언론 및 개인적 소회

앞서 서론에서 다룬 것처럼 대부분의 사람들은 언론과 관련된 전공을 생각할 때 언론홍보학이나 신문방송학을 떠올리는 경우가 많다. 하지만 실제 신문기사 및 방송 보도의 내용을 보면 정치 및 외교와 관련된 내용들이 상당 부분을 차지하고 있다. 특히 정치 및 외교와 관련된 내용들이 헤드라인 및 특종, 특집 뉴스로 다뤄지는 경우가 빈번하기 때문에 정치외교학과의 연관성이 높고 해당 전공을 공부하는 학생들에게도 언론의 영역에 진출하는 데 있어서 용이한 분야라고 할 수 있다.

그리고 기사의 내용이 굳이 정치, 외교와 직접적으로 연관되지 않은 내용이더라도 정치 외교학을 공부한 전공자들은 사회에서 일어나는 여러 사건 사고들을 좀더 심층적으로 분석할 수 있는 통찰력을 가지게 될 확률이 높다. 왜냐하면 정치외교학 전공자들은 해당 학문을 수학하면서 자연스럽게 정치철학, 비교정치 그리고 국제정치라는 영역에서의 배움을 통해 개인, 가족, 사회, 국가 및 세계적 단위에서 발생하는 여러 현상들을 분석하는 훈련과정을 거치기 때문이다.

또한, 대부분의 사회과학 분야와 마찬가지로 정치외교학의 연구 방법론이 질적 연구 중심에서 양적 연구 및 양적 연구와 질적 연구가 조화를 이루는 방향으로 점차 변화하고 있는 것도 정치외교학 전공자들이 언론의 분야에서 역량을 발휘하는 데 있어 유리하게 작용할 것이다. 언론은 정보의 홍수 시대 가운데 단순 정보 전달의 역할을 넘어서 여러 사건, 사고 및 정보 가운데 대중에게 필요한 것들을 끄집어내고, 대중이 주도적으로 생각하도록 하는 역할을 맡고 있다. 따라서 데이터를 다루는 양적 연구와 이를 해석하고 글로 풀어내는 훈련을 한 정치외교학 전공자들이 이러한 언론의 변화에도 더 빨리 적응할 수 있게 될 것이다.

나아가 고도의 전문성을 요구하는 시대의 흐름에 맞게 많은 방송사 및 신문사에서 특정 분야에서 높은 전문성을 가진 전문 기자를 뽑는데 그 전문 분야 중 하나가 정치외교학이다. 정치외교학 석사 및 박사를 전공한 대학원생들의 경우 정치외교 전문기자가 되는 데 좀 더 유리한 위치를 선점할 수 있다. 물론 정치외교학 석사 및 박사 학위만으로 되는 것은 아니고 본인이 얼마나 정치외교학 영역에 대한 고도의 통찰력과 분석력을 가졌는지를 증명할 수 있는 출판된 논문 및 책을 가지고 있어야 한다.

어릴 적부터 가졌던 언론에 대한 막연한 동경과 호기심으로 언론 분야에 대한 조사를 맡겠다고 자원했다. 조사를 시작할 때는 해당 분야에 대해서 자세하게 알게 되어 향후 언론인이 되기 위한 준비 과정에 큰 도움이 될 것이라는 기대를 하기도 했다. 하지만 언론 및 기자에 대한 자료를 조사 및 수집하고 여러 기자님들과 대면 및 서면 인터뷰를 한 것들을 정리해 이 보고서를 작성하면서 오히려 언론이라는 분야 그리고 기자라는 직업에 대해서 굉장히 현실적으로 마주하게 되었다. 어릴 적 내가 언론에 대해 가졌던 그 막연한 동경과 호기심은 산산이 부서졌다. 특히 3장에서 주로 다룬 오늘날 기자들에 대한 인식, 근무 환경 그리고 처우 등이 현실적으로 암울하다는 사실을 알게 되면서 기자라는 직업에 대해서 그렸던 환상이 깨졌다. 이에 더불어 4장에서 다룬 언론의 미래를 볼 때 '기자라는 직업을 결코 만만하게 볼 수 없구나'라는 생각을 할 수밖에 없었다. 이 책의 독자인 정치외교학 전공 학부 및 대학원생들도 나와 같은 과정을 거치길 바란다. 그래야 기자가 가지는 장점만 보고 혹은 자신의 성격이나 장점이 기자라는 직업에 잘 맞는다는 단순하고 막연한 생각으로 기자라는 직업을 쉽게 보거나 꿈꾸지 않을 것이다.

기자에 대한 환상이 깨진 정치외교학도들 중 여전히 기자가 되기를 꿈꾸는 학생들에게 '칼보다 강한 펜으로 권력을 견제하라'라는 문장을 곱씹어 보기를 당부한다. 우리는 기자가 신문과 방송을 통해 쓴 그리고 내뱉은 말이 사람을 살리고 죽이는 언론의 시대에 살고 있다. 이러한 시대 가운데 기자는 권력을 선용할 수도 있지만 악용하기도 쉬운 직업이다. 정치학 입문을 비롯한 여러 정치외교학과 수업을 통해서 권력을 선용할 때와 악용할 때의 결과가 어떠한지를 정치사적으로 정치 제도적으로 그리고 정치 철학적으로도 배웠을 것이다. 배운 것을 바탕으로 기자가 가진 권력을 악용하면 어떠한 결과를 낳게 되는지에 대해서 상상해 보길 바란다. 그리고 나아가 나라는 사람이 펜 자루를 악용하지 않고 선용하여 권력을 견제할 수 있는, 고귀하고 숭고한 그 막중한 임무를 감당할 수 있는 지 충분히 심사숙고한 이후에 기자가 되기를 결심하면 좋겠다는 말과 함께 이 보고서를 마친다.

참고문헌

1. 국문 저서

교육부. 2017. "커리어넷 직업정보: 기자." http://www.career.go.kr/cnet/front/base/job/jobView.do?SEQ=262#tab1 (검색일: 2018. 12. 13).

국립국어원 표준국어대사전, http://stdweb2.korean.go.kr/search/View.jsp?idx=223990 (검색일 2018-12-02).

김고은·강아영. 2015. "내년부터 정년 60세...언론사 임금체계 개편 착수" 『한국기자협회보』 (3월 25일). http://journalist.or.kr/news/article.html?no=36091

김학순. 2008. "기자로 산다는 것." 『교수신문』 (7월 24일). http://www.kyosu.net/news/articleView.html?idxno=16590

뉴스와이어. 2017. "세계 주요 언론사의 인공지능 활용사례." http://blog.newswire.co.kr/?p=7442 (검색일: 2018. 12. 8).

박대호 외 23인. 2012. 『기자가 말하는 기자』, 199-203. 부키.

법제처. 2011. "언론중재 및 피해구제 등에 관한 법률." http://www.law.go.kr/법령/언론중재및피해구제등에관한법률 (검색일: 2018. 12. 13).

배정근. 2012. "특집-이시대 기자는 누구인가?." 『신문과 방송』 500호.

배정근. 2012. "언론인 직업 만족도" http://kpfbooks.tistory.com/1056 (검색일: 2018. 12. 13).

손재권. 2016.6 "인공지능 시대, 기자와 언론의 미래는"『관훈저널』.

송지혜. 2016. "위안부 특종기사 쓴 일본인 기자" 『시사in』 (10월 14일). https://www.sisain.co.kr/?mod=news&act=articleView&idxno=27200

안수찬. 2006. 『기자, 그 매력적인 이름을 갖다』. 인물과 사상사.

오세욱. 2017.6"인공지능의 진격과 저널리즘의 역할" 『관훈저널』.

이영태. 2001. "[언론노동환경 실태조사] 취재 기자들 일은 많고 휴식은 없다." 『미디어오늘』 (12월 13일).

이정환. 2015. "무너진 저널리즘, 가격 없는 상품의 딜레마." 『미디어오늘』 (1월 9일). http://www.mediatoday.co.kr/?mod=news&act=articleView&idxno=121087

이혜인. 2015. "기레기의 고충을 아시나요." 『경향신문』 (12월 15일). http://news.khan.co.kr/kh_news/khan_art_view.html?art_id=201512151553251

정철운. 2015. “기자의 위기, 40대 중반이면 현장 떠나 ‘퇴물’ 취급” 『미디어오늘』 (1월 28일). http://special.mediatoday.co.kr/journalism/?p=7

최승영·강아영. 2017. “25년간 얇아진 월급봉투…물가상승 못 따라가.” 『한국기자협회보』 (8월 16일). http://www.journalist.or.kr/news/article.html?no=42334

최승영·강아영. 2018. “주 52시간 근무하는 세상…언론사는 주 70시간.”『한국기자협회보』 (3월 13일). http://www.journalist.or.kr/news/article.html?no=43752

홍숙영·정의철. 2017. “가짜뉴스와 언론 신뢰의 위기 - 현황분석과 대응방안 탐색-” 『Crisisonomy』 13권 8호, 43-60.

AVBYTES. https://www.analyticsvidhya.com/blog/2018/03/reuters-using-ai-redefine-journalism (accessed December 8, 2018).

Christopher H. Sterling. 2009. “Encyclopedia of journalism.” Thousand Oaks, Calif.

Denis McQuail. 2013. “Journalism and Society.” Language Arts & Disciplines.

MBC 김성우 기자 (2018. 11. 22.)

PRANAV DAR. 2018. “Reuters is Using AI to Spot Patterns and Redefine Journalism.”

송지혜. 2016. “위안부 특종기사 쓴 일본기자.” 『시사인』 (1월 9일). https://www.sisain.co.kr/?mod=news&act=articleView&idxno=27200

제12장 시민사회 분야

시민단체

박규태, 정기원, 류소현, 심우종

서론

정치외교학과에 진학한 학생들은 '사회에서의 자원과 힘을 어떤 방법으로 나눌 것인가'하는 질문에 답을 찾기 위해 고민하게 된다. 개인이나 기업이 사적 이익을 추구하는 것만큼이나 사회전체를 위한 공익을 추구하는 것은 어렵고 중요한 일이다. 정부나 기업의 영역이 아닌 시민사회의 영역에서 공익을 위해서 노력하는 기관이 시민단체이다. 많은 시민단체들은 환경, 성 평등, 복지, 법률 등의 다양한 분야에서 공익을 위해서 노력하고 있다. 이들은 복지 등 국가가 제공하지 못하는 부분을 보완하거나 소수자 등의 다양한 의견을 피력하는 등의 역할을 담당하고 있기 때문에 우리 사회를 구성하는 중요한 부분이라고 할 수 있다. 다양한 관심 분야를 가진 정치학도들은 시민단체에서 일하는 것을 희망하기도 한다. 이 장은 시민단체에 대한 간단한 소개와 시민단체로의 진로에 대한 설명을 담고 있다.

I.시민단체와 시민사회

1. 시민단체란

시민단체를 정의하는 데에는 다양한 방법이 있다. 많은 사람들이 시민단체를 떠올릴 때 비정부기구(NGO)를 생각한다. 시민단체에는 시민운동단체, 사회운동단체, 시민사회단체, 비정부조직, 비영리단체 등의 다양한 이름의 단체들이 존재한다. UN은 NGO를 "개발문제나 인권문제, 환경문제, 평화문제 등 지구차원의 여러 문제 해결에 비정부, 비영리의 입장에서 접근하는 시민주도의 국제조직 및 국내조직"으로 정의하고 있다(금창호, 권오철 2006). 이 장에서는 다양한 시민사회 영역의 조직을 '시민단체'로 통일하여 설명하고자 한다.

우리나라에서도 다양한 이슈와 주제들을 중심으로 다양한 시민단체들이 활동을 하고 있다. 인권, 청소년, 환경, 소수자, 여성, 소비자, 예술 등과 같은 분야는 대표적으로 시민단체가 활발히 활동하는 분야이다. 행정자치부는 2017년 13,933개의 비영리민간단체가 중앙 및 시, 도에 등록되어 있음을 통계에서 밝힌 바 있다(e-나라지표 2019). 이는 2012년 10,889개에서 3,000여 개 증가한 것으로 시민단체가 양적으로 확장되고 있음을 알 수 있다. 따라서 증가하는 시민단체의 수요에 맞춰 이 분야에서 다양한 인력의 수요가 있을 것으로 예상된다.

2. 시민단체의 역할

여기에서는 시민단체가 국내 또는 국제 사회에서 어떠한 역할과 기능을 담당하고 있는지 설명한다. 대부분의 사람들이 시민단체에 대해 많은 정보를 가지고 있지 못하는 경우가 많기 때문에 시민단체로의 커리어를 쌓기 위해서는 우선 시민단체의 역할에 대해 정확히 인지할 필요가 있다. 시민단체는 크게 복지, 대변, 견제의 기능을 하고 있다.

첫 번째로 시민단체는 국가가 제공하지 않거나 국가가 직접 비영리기구 등에게 위임한 복지서비스를 국민에게 제공한다. 복지를 제공하는 공식적인 역할은 국가에 있으나 제도상의 문제 또는 재정적인 문제 등으로 인해 국가의 역할이 제한적인 분야가 존재한다. 이러면, 국가보다 세분되어 있고 미시적인 조직인 시민단체가 나서 복지를 제공하는 역할을 한다. 특정 분야에 전문화되고 있고 풀뿌리까지 내려갈 수 있는 역량을 갖춘 시민단체는 지역적 특성을 고려하고 복지 수혜 대상을 더 가까이서 대할 수 있다.

두 번째는 공공 및 소수자 집단의 대변자 역할이다. 앞서 설명한 바와 같이 시민단체는 공공의 이익, 더 세분화할 경우 사회적 약자 및 소수자 계층의 이익을 위해 운영되는 경우가 많다. 이러한 시민단체는 스스로 목소리를 내기 어려운 집단의 권리와 인권을 위해서 운영되며 이들이 목소리를 낼 수 있는 제도화된 틀을 마련해 준다. 사회적인 피해를 받거나 어려운 처지에 있는 상황을 구제해 주거나 개선책을 마련해 주는 적극적인 도움을 주기도 한다. 이러한 경우의 예시로는 한국에서 어려운 상황을 겪게 된 새터민을 법률적으로 지원하는 시민단체 등이 있다.

시민단체의 세 번째 기능은 견제이다. 시민단체는 정부 소속의 기관에 비해 정부의 압력으로부터 자유롭다. 따라서 정부의 정책에 대한 비판적 평가 또는 지적하여 불합리한 부분을 시정하도록 한다. 이는 시민들의 의견을 국가에 전달할 방법이 된다. 또한, 시민단체는 기업들이 불공정하거나 비합법적인 행위를 하는 데에 견제하기도 한다. 예를 들어 그린피스와 같은 환경단체는 에너지를 과다 사용하는 IT 기업들에게 재생에너지를 사용하도록 캠페인을 벌이기도 한다(황세정, 이태동 2018). 이러한 NGO의 견제는 정부 및 기업들이 투명성을 유지하도록 한다.

위와 같이 시민단체는 국가 및 기업의 영역과 어깨를 나란히 하며 다양한 영역에서 공공과 특히 사회적 약자의 권익을 위해 다양한 역할을 수행한다.

3. 시민단체 직원

1) 하는 일과 자질

시민단체의 규모가 커지고 세분되면서 요구되는 인재상도 다양해지고 있다. 일반 사무나 마케팅, 회계 등을 담당하는 행정직원이 필요할 뿐만 아니라 인권 전문가, 변호사 등 해당 단체의 이슈 분야의 학위 및 경력을 가진 전문가가 필요하기도 하다. 따라서 시민단체 직원이 하는 일의 범위와 깊이는 매우 넓고 다양하다. 직종의 관점에서도 사무를 보는 직, 단체의 운영에 필요한 연구를 하는 직, 실질적 프로젝트나 사업을 운영하는 직 등으로 다양한 구성을 보인다. 따라서 지원자는 자신이 원하는 업무가 무엇인지를 잘 판단하고 적합한 이슈 분야, 직종, 성격을 찾아야 한다.

2) 자질과 소양

시민단체 직원에게 가장 기본적으로 요구되는 것은 공익을 추구하는 이타적 사명감일 것이다. 기관의 영리를 추구하기보다는 사회적이고 공익적인 목표를 가지고 있기 때문이다. 많은 경우, 재정적 어려움, 작은 규모 등으로 인해 유사한 업무를 진행하는 정부나 기업의 직원들에 비해 열악하고 어려운 환경에 놓일 수 있다. 굿로이어스(Good Lawyers)의 전수미 변호사는 "공공을 위해 일한다는 생각도 좋지만, 본인의 처우 및 대우(연봉) 또한 생각하는 것 또한 중요하다. 따라서 일반적으로 알려져 있듯이 굳이 본인의 기본적인 인권인 권리를 잃어가며 일하는 것은 바람직하지 않으며 추후 시민단체 필드 또한 개선되어야 할 점이다"라고 설명하였다. 이처럼 여전히 열악한 수준에 머물러있는 점을 감수할 수 있는 사명감은 시민단체 직원이 가져야 할 자질이다.

현실적으로, 시민단체의 근무환경이 비교적 열악한 것은 위에서 전수미 변호사가 언급한 것과 같이 감수해야만 하는 것은 아니다. 자신의 전문분야를 개발하여 커리어를 성실하게 쌓고 열악한 환경을 개선하여 좋은 근무환경을 만들 수 있는 방법을 찾아야 한다. 자신의 경제상황을 안정시키고 커리어 목표를 달성할 방법을 영리하게 찾을 수 있는 능력이 필요하다.

시민단체에서의 전문직 또는 연구직에서 근무하기를 희망한다면 관련 분야의 석, 박사 학위 등이 요구된다. 또한, 이와 관련하여 정확한 문서능력, 작문능력, 전략제시능력 등이 필요할 것이다. 반대로, 현장에 나가서 실질적인 활동을 하는 활동가 또는 실행가가 되기를 희망한다면 적극성, 순발력, 추진력, 친화력 등이 요구된다. 최근의 많은 시민단체들이 유사한 국제 시민단체, 국제기구 등과의 협력에 적극적인 것을 고려할 때 능숙한 언어능력 및 소통능력이 필요하다.

Ⅱ. 시민단체로의 취업

1. 시민단체 취업

시민단체는 환경이나 인권, 시민참여 및 복지, 평화와 건강, 난민, 공정무역과 보건 성차별 철폐, 정보공개요구 등 특정 목표를 가지고 국가나 정부에 대응하여 나라가 할 수 없는 부분에 대해 약자 및 소외된 소수자를 대변하여 여론을 형성하고 사회적 불평등 구조를 개혁하는 기능을 하고 있다. 그 때문에 정기적 봉사활동이나 남을 돕는 일에서 보람을 느끼는 경우 시민단체 취업에 관심을 가질 수 있으므로 이를 희망하는 경우 먼저 자원봉사 혹은 무급인턴 경험을 추천한다. 하지만 시민단체는 단순히 봉사하는 곳이기보다 캠페인과 행사를 통해서 기금을 모집하거나 활동을 홍보하고, 단체의 목표에 관련된 정보수집을 위해 설문조사를 하는 등 엄부에 있어서 일반적인 직장과 크게 다르지 않다. 그럼에도 불구하고 시민단체가 운영하는 예산과 인력이 상대적으로 적고, 인프라가 부족한 것이 현실이다. 따라서 시민단체 직원들의 열정과 시간, 노력이 필요하며 이로 인해 야근 또한 잦기 때문에 여느 기업, 정부기관, 행정기관으로의 취직과 크게 다른 점이 없다고 볼 수 있다(캠페인 매니저 블로그 2019).

1) 관련 자격증

시민단체 채용단계는 보통의 기업체와 동일하게 1차 서류전형, 2차 필기시험, 3차 면접의 단계를 거쳐 채용한다. 서류전형의 경우 왜 이 일을 하려고 하는지에 대한 지원동기가 명확하면서도 인상적이어야 하고 국제단체 지원의 경우 일정 수준의 영어실력이 요구된다. 시민단체 취업을 목표로 하는 지원자 대부분이 사회복지사 자격증을 가지고 있기 때문에 해당 분야에 적합한 자격증을 취득하여 경쟁력을 갖출 수 있다(캠페인 매니저 블로그 2019). 본고에서는 여러 자격증 중 'ODA 일반 자격증'과 '캠페인 매니저 자격증(Certified Campaign Manager)'을 소개하고자 한다. ODA 일반 자격증은 연령, 학력, 경력에 제한 없이 누구나 수검할 수 있다. 자격증 취득 시 KOICA 직원 채용 서류 또는 필기전형 시 가점 부여(채용형태별 상이), World Friends Korea 해외봉사단원 선발 서류심사 시 가점 부여, 입찰 제안요청서 평가 시 핵심투입 인력에 대해 가점 부여, 해외사무소 및 ODA 사업수행기관 YP(인턴) 선발 서류심사 시 가점 부여, 글로벌협력의료진 선발 서류심사 시 가점 부여 등의 우대를 받을 수 있다(ODA교육원 2019).

표 12-1 ODA 일반 자격증 시험관련정보

검정과목(분야 또는 영역)	**세부과목**
국제개발협력의 이해	국제개발협력과 ODA, 국제개발협력의 역사, 국제개발협력 최근 동향과 이슈, 국제개발협력의 다양한 주체, 한국의 국제개발협력
국제개발협력의 이슈	교육, 보건, 농림수산, 거버넌스, 인권, 젠더, 환경, 빈곤

출처: ODA 교육원, 2019.

캠페인 매니저 자격 인증이란 캠페인을 이끌거나 참여한 경험이 있고, 캠페인 관리에 대한 지식이 있는 실무자들을 위한 민간자격인증으로 개인의 경쟁력이 향상될 뿐 아니라 비영리조직 등 캠페인을 실행하는 기관의 전문성과 신뢰도 제고에 기여할 수 있다(캠페인 매니저 자격인증 2019). 구직자가 취업하려는 비영리 단체나 사회적 기업에 자연개발전략, 법제, 회계, 인사, 성과관리 등 다양한 직무에서 자신의 전문성을 입증시킬 수 있는 스펙이다. 캠페인 매니저 자격인증의 종류는 1급과 2급으로 나뉘는데, 1급의 경우 관련 분야에서 총 5년 이상의 직무를 수행했거나 2급 취득 후 관련분야에서 5년 이상 직무를 수행한 경우 시험 응시가 가능하다. 2급의 경우 2년제 대학교 졸업 이상, 혹은 3, 4년제 대학교에서 2년 이상 수료한 학력을 보유한 경우 시험 응시가 가능하다. 또한 인증기관에서 인정하는 교육기관에서 시행하는 온라 인과 오프라인 교육 중 하나를 총 40시간 이상 이수해야만 하며, 학력과 교육이수 2가지 모두 충족되어야 만 시험 응시가 가능하다(캠페인 매니저 블로그 2019).

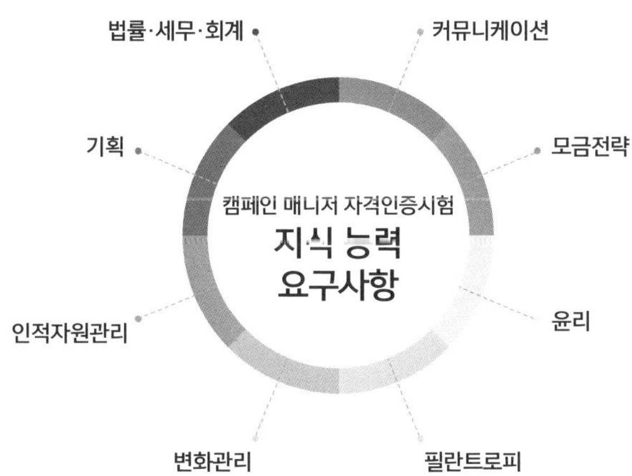

출처: 캠페인 매니저 자격인증. 2019.

그림 12-1 캠페인 메니지 자격인증시험 지식능력 요구시항

2) 필요 역량

사회단체활동가가 되기 위해 요구되는 국가공인자격증과 학력의 제한은 없지만, 전문적인 정책을 기획 · 평가하는 업무의 경우 전문분야(정치학, 사회학, 사회복지학, 경제학 등)별로 석사 이상의 학위를 요구하기도 한다. 시민단체 구직자는 특정 학력 또는 학위를 갖추는 것보다 사회활동 경력을 쌓는 것이 필요하다. 시민단체활동가를 양성하는 훈련기관이 따로 없으므로 사회시민단체에 취업하거나 봉사활동, 무급인턴의 경험을 통해 직접 업무를 담당하면서 실무능력을 배우게 된다. 또한, 대학에서 사회운동이나 학생운동에 적극적으로 참여하여 활동한 경력이 있으면 유리하다(네이버 지식백과 2019). 한국직업능력개발원·글로벌협력센터의 한종택 멘토의 에세이에 따르면 NGO의 활동분야는 매우 넓고 특히 국제개발협력 NGO는 망망대해를 헤매는 것처럼 느껴질 수 있다. 기업관계자, 공무원, 후원자 등의 외부인들은 시민단체활동가가 특정 분야를 대표하는 전문가라고 여기기 때문에 그들이 관심을 가지는 분야의 이슈가 발생할 시 활동가에게 자문하게 되고, 이때 활동가는 자신의 분야에 대한 전문성을 바탕으로 프로젝트를 제안할 수 있는 역량을 갖춰야 한다. 그렇기 때문에 NGO 활동가도 후원과 캠페인 활동에만 집중하는 것을 너머 학자와 같이 논문을 읽고 분석하고 리뷰할 수 있는 연구역량이 필요하다. 나아가 시민단체활동가의 정체성은 비영리, 비정부, 시민사회 조직으로 정부의 이해관계를 갖지 않고 이익보다는 공익을 추구하며 시민들의 목소리를 정부와 기업에 대변하는 조직이기에 '지식 중개자'로서 전문지식을 일반 시민들이 쉽게 이해할 수 있는 말과 글로 재해석하여 전달할 수 있는 역량을 갖춰야 한다고 제언한다(잇다 2019).

2. 시민단체 창설

기존의 시민단체에 취업하는 방법 외에도 정부의 힘이 닿지 않는 특정 사각지대를 위해 개인이 시민단체를 설립할 수 있다. 여기서 일반적으로 논하는 시민단체는 비영리단체 또는 기관이다. 비영리단체를 설립하려면 가장 먼저 설립 신고를 해야 한다. 단체의 사업 목적과 내용에 따라 관련 주무관청에 단체를 등록하고 허가를 받는다. 또한 기부금품 모집법에 따라 어떤 목적으로 기부금을 받을 것인지에 대해서는 행정안전부에 신고해야 한다. 이러한 단체들은 법적으로 법인 또는 임의단체의 형태를 띤다. 우리가 흔히 알고 있는 '비영리단체'의 법적 형태는 크게 재단법인, 사단법인, 비영리민간단체로 나뉘며 비영리민간단체는 법인격이 아니다. 비영리민간단체만으로도 활동이 가능하지만 사단법인이나 재단법인으로 '법인화' 하는 이유는 투명성과 신뢰도를 높이고 기부금에 대한 면세 혜택을 받고 자산 소유 허가를 받기 위해서이다. 실제로 법인보다는 임의단체로서 존재하는 비영리기관이 더 많다. 법인을 원한다면 정부나 지방자치단체의 허가를 받아야 하고 등기 절차 또한 밟아야 한다. 영리를 목적으로 하지 않는 비영리 법인으로 등록할 경우, 상속세 및 증여세법에 따라 수입에 대해 면세 혜택을 받고, 물건을 수입할 경우의 관세도 면제받는다. 이는 단체에 의해 발생한 수입이나 들여온 물품이 다시 공익 목적으로 쓰여 수익을 내지 않을 것이라는 전제하에 받는 혜택이다(더나은 미래 2019).

사회복지법인과 사단법인, 재단법인의 차이는 사단법인은 회원이 모여서, 재단법인은 재산이 모여서 설립된 법인이지만, 사회복지법인은 사회복지사업법에 따라 설립된 법인으로, 보통 기본 재산을 근거로 설립된 재단법인 형태이다. 재단법인을 출연하기 위해서는 30억 원 이상의 기본 재산이 있어야 한다. 사단법인의 경우 회원은 100명 이상이어야 하며, 재산 출연 요건은 사업목적별로 주무관청마다 다르다. 법인에 따라 적용되는 법이 다르며, 사회복지법인의 경우 사회복지관련 법이 추가 적용된다(더나은 미래 2019).

서울NPO 지원센터에서 제시한 가이드라인과 ㈜도움과 나눔에서 작성한 "비영리기관의 설립을 위한 준비"에 시민단체 설립에 관해 도움이 되는 내용이 자세히 나와 있다.

● 서울시NPO지원센터 | http://www.seoulnpocenter.kr/archive/project14/list.html

● [주]도움과나눔 | http://www.doumnet.net/bbs/index.php?mode=detail&&serial=984&&rel=984&&code=bbs1&&

Ⅲ. 직업으로서의 시민단체 직원

1. 직업으로서의 장단점

시민단체의 장점은 전문적인 지식과 기술을 배우고 활용할 기회가 많다는 것이다. 시민단체는 인권, 성차별, 분쟁, 기근, 자연재해 등 여러 분야에 필요한 전문가들을 채용하고 있다. 그리고 전문가들은 각 분야의 시민단체 목표에 도달할 수 있도록 전문적인 지식과 기술을 바탕으로 특화된 활동에 투입된다. 물론 전문분야 이외에 다른 일을 전혀 안 하는 것은 아니지만, 많은 직업이 복잡한 절차와 경직성을 갖고 자신이 원하지 않는 일을 감수하는 것에 비해서 전문분야에 관련된 업무 위주로 종사한다. 나아가 각 분야의 전문가들이 같은 목표를 위해 끊임없는 소통으로 업무가 진행되기 때문에 전문적인 지식과 기술을 함양하는 데 큰 도움이 될 수 있다(오마이뉴스 2011).

두 번째 장점은 풀뿌리 수준에서 활동하고 경험을 쌓을 수 있다는 것이다. 시민단체는 대부분 필요한 지역 및 분야에 직접 참여하여 업무가 진행된다. 작게는 마을 등의 공동체에서 주민들의 참여를 통해 사회문제를 해결해 나가고, 넓게는 지역사회의 정부, 기업, 대학, 종교 단체 등과 연대하면서 지역문제를 해결해 나간다. 이러한 과정에서 현지인들의 직접적 참여로 현지에 대한 이해와 친밀성을 기를 수 있다. 이러한 경험을 바탕으로 필요한 니즈(needs)를 파악하여 좀 더 나은 지원 구상을 할 수 있다. 그뿐만 아니라 풀뿌리 수준의 경험은 다원적 가치, 공동체 정신 그리고 참여민주주의를 학습하고 실천할 수 있다. 이러한 가치는 국제사회에서 신뢰를 받고 있으며, 지리적인 국경을 넘어 활동함으로써 국제적인 연대를 구축할 수 있다. 풀뿌리 수준에서 활동함과 동시에 국내 및 국제 수준에서의 의사결정에도 영향을 미칠 수 있다는 장점을 지닌다.

시민단체의 또 다른 장점은 업무에서 느끼는 보람과 가치다. 아름다운재단 김아란 활동가가 말하는 시민 단체의 장점은 사람들의 변화에서 느끼는 보람이라고 설명하고 있다. 자신이 지원하는 분야 및 지역의 변화뿐만 아니라 기부자 및 자원봉사자도 변한다는 것이다(오마이뉴스 2011). 공통된 목표를 이루기 위한 활발한 커뮤니케이션, 상호존중과 관용, 도덕성과 정당성을 공유하면서 공통된 가치를 형성한다. 이러한 가치 속에서 개인의 삶에 영향을 미치고, 긍정적인 변화는 사회를 변화시키는 데 큰 도움이 된다. 김아란 활동가는 여기서 느끼는 보람과 성취감은 상당하고 업무를 지속하는 원동력이 된다(오마이뉴스 2011).

시민단체 직업을 선택해야 할 때 고려해야 할 몇 가지 사항이 있다. 첫 번째로 평균보다 낮은 급여이다. 시민단체 '발전대안 피다'가 국제개발협력민간협의회(KCOC)의 '한국 국제개발협력 CSO(시민사회단체) 편람을 토대로 118개 단체의 대졸 초임 연봉을 조사한 결과, 2015년 기준 평균 1천945만 원으로 보고되었다. 이는 한국고용정보원에서 발표한 전체 대졸 초임 평균 2천444만 원을 크게 밑도는 수치이다(연합뉴스 2017). 국제기구 및 국제개발협력 시민단체는 많은 학생들이 목표로 하는 직업이지만 녹록지 않은 급여와 복지에 지속가능한 삶을 꾸릴 수 있는지 고민될 수 있다.

또 다른 고려사항은 근무환경이다. 시민단체는 영리를 추구하는 기업들보다는 덜 치열하고 윗사람 눈치를 덜 볼 수 있다는 편견을 갖는 경우가 종종 있다. 하지만 꼭 그렇지만은 않다. 많은 시민단체들이 적은 예산, 적은 인력 그리고 부족한 인프라를 바탕으로 일을 진행하다 보니 기업에서는 쉽게 처리할 수 있는 일을 어렵게 처리하는 경우가 많다. 그래서 업무량이 늘어나고 근무시간을 초과하여 야근하는 경우가 많다. 그래서 건강과 체력 관리가 필수적이다. 사회복지를 위해 사각지대에서 일하고 개발도상국 현장에서 치열하게 일하는 활동가에게 열악한 근무환경과 초과근무는 시민단체의 일부분으로서 고려해야 하는 필수사항이다.

시민단체는 전문적인 지식을 활용하고 풀뿌리 수준에서 경험을 쌓을 수 있으며 많은 보람과 가치를 배울 수 있는 직업이다. 하지만 낮은 급여와 열악한 근무환경은 아직 개선사항으로 남아있다. 지속가능한 근무를 위해 필요한 것은 사명감이다. 개발도상국 현상, 사회의 사각지대에 놓여있는 사람들을 돕기 위해 숭고한 이념과 비전 그리고 의지로 시작하는 것이 중요하다. 이러한 사명감은 업무를 진행하는데 중요한 원동력이 되며 보람과 가치를 느끼는 데 중요한 역할을 한다. 본인에게 적합한 목표를 가진 단체라면 굉장한 보람을 느끼며 성취감 있는 업무를 이어나갈 수 있는 곳이 바로 시민단체이다(오마이뉴스 2011).

2. 전수미 굿로이어스 대표와의 인터뷰

연세대학교 정치학과에서 개설한 정치학과 진로개발 수업 중 '시민단체' 영역을 설명해 주시기 위해 방문하신 연사는 시민단체 굿로이어스 대표 전수미 인권변호사이다. 변호사 자격과 정치학과 박사학위를 동시에 가진 전수미 변호사는 북한에서 탈북한 새터민들의 법률적 문제 해결을 돕는 업무를 하고 있다. 아래에는 수업 중 오고 간 질문과 대답들을 정리해 시민단체에서 근무하기를 희망하는 독자들에게 전달한다.

Q1 전수미 대표가 정의하는 '시민단체'란 무엇인가?

과거 국가주도의 경영에서 벗어나 "시민이 민주사회의 주인으로서 스스로의 권리 향상뿐만 아니라 공공의 선을 위한 사회적 활동을 하는 단체"라 생각합니다.

Q2 시민단체 근무/지원자에게 필요한 자질과 능력은?

먼저 컴퓨터 문서작성(워드, 엑셀, PPT)뿐만 아니라 외국어 능력(영어와 제2외국어 등)은 기본 실력으로 갖추는 것이 필요하죠. 하지만 무엇보다 본인이 속한 NGO에 대한 이해 및 본인의 업무가 사회가 좀 더 나은 방향으로 나아갈 수 있게 한다는 자긍심도 필요할 것으로 보입니다.

Q3 정치학을 전공한 사람이 가지는 시민단체 지원 시의 이점은?

정치학은 벌어지는 사회현상에 '왜?'라는 질문을 던짐으로써 기존의 통속적인 지식이나 정치적 터부(taboo)에서 벗어나 사회를 바라보는 비판적인 시각을 갖게 합니다. 시민사회는 사회현상에 대해 기존의 관점에서 벗어나 비판적 시각을 바탕으로 한 사회참여가 필요하다는 점에서 정치학 전공은 유의미합니다.

Q4 구체적으로 북한 사람들을 위해 일해야겠다고 생각하게 된 계기는?

동아시아 여성으로서 아동인권활동가로 일하던 중에 한 영국인 친구가 "왜 한국사람들은 멋있어 보이는 국제기구, 국제 NGO 활동만 하려 하고 가까이 있는 북한 사람들의 인권에는 관심이 없는 거야?"라는 질문에 전공을 살려 이들을 위한 일을 해야겠다고 생각하게 되었습니다.

Q5 시민단체의 발전가능성은 어떠한가요?

사회가 다원화되고 다양한 목소리가 나오고 반영될 필요성이 높아질수록 시민단체의 활동은 더욱 활성화될 것이기에 요즘과 같은 다원화된 사회 속에서 시민단체의 발전가능성은 매우 높아 보입니다.

Q6 시민단체 창설 당시의 어려운 점과 결심은?

먼저 저희 굿로이어스의 정체성이 '프로보노(pro-bono, 변호사를 선임할 여유가 없는 자에게 무료로 법률서비스를 제공하는 것)' 단체였기 때문에 관련 전문가인 변호사들의 무료법률봉사를 전제로 하였습니다. 기존의 변호사들이 남는 시간이 생기면 봉사를 하자는 생각이었기에 직접 프로보노 단체에 속하여 봉사를 하는 것을 부담스러워했지요. 사무실 운영비용에 대해서도 우려가 컸고요. 하지만 해당 변호사들 한 명 한 명씩 만나가면서 이 단체가 어떻게 운영이 되고 사무실 비용은 어떻게 충당할 것인지 계획서를 보여주며 설득해 갔던 것 같습니다.

각 분야 전문가들의 사회적 약자를 위한 봉사는 그동안 우리가 사회에서 받아온 자원에 대하여 감사함을 잊지 않고, 그것을 다시 돌려드리는 일이라 생각합니다. 그러한 마음, 즉, '노블레스 오블리주'를 실천하자는 마음으로 마음을 다잡고 고비를 넘긴 것 같습니다.

Q7 시민단체로의 진로를 고려하는 학생들이 고려해야 할 점은 무엇인가요?

최근에는 우후죽순으로 많은 시민단체들이 만들어지고 있습니다. 개중에는 제대로 된 조직이나 사무실 등을 갖추지 못하고 설립된 엉터리 단체들도 있습니다. 이런 엉터리 단체에 취업하게 되면 큰 고생을 겪을 수 있습니다. 따라서 시민단체로의 직업을 구하고 있는 학생들은 해당 단체가 실질적으로 운영을 하는 제대로 된 단체인지를 잘 확인해보아야 합니다.

Ⅳ. 결론

이 장에서는 공공의 이익과 약자의 권익을 위해 운영되는 시민단체에 관해 설명하였다. 민주주의가 발전하고 시민사회의 역할이 커지면서 시민단체의 범위와 필요성, 규모도 점차 증가하고 있다. 따라서 시민단체의 인력 증원도 덩달아 일어날 것이다. 시민사회에 대한 존중과 사회 다원화에 대한 긍정적 인식 등은 상대적으로 열악하다고 인식되던 시민단체의 근무환경을 점차 개선하고 있다. 사회를 위한 이타심과 사명감, 그리고 자신과 조직을 발전시킬 수 있는 영리함을 가진 학생들은 시민단체 영역에 도전하기를 추천한다. 자기 전문분야의 가장 세밀하고 미시적인 부분까지 관찰하고 배울 수 있는 곳이 바로 시민단체이다.

참고문헌

금창오, 권오철. 2006. 지방의회와 시민단체간 발전적 관계정립 방안. 한국지방행정연구원.

네이버 지식백과. 2019. "사회단체활동가." https://terms.naver.com/entry.nhn?docId=926472&cid=42116&categoryId=42116#TABLE_OF_CONTENT7(검색일: 2019.05.16).

더나은 미래. 2018. "기부자가 묻고, 비영리단체가 답한다 ①비영리 전반." http://futurechosun.com/archives/31789(검색일: 2019.05.17).

서울시NPO지원센터. 2019. "비영리단체설립과 운영가이드모임." http://www.seoulnpocenter.kr/archive/project14/list.html(검색일:2019.05.16).

연합뉴스. 2017. "국제개발협력단체 대졸 초임 연봉 1천900만원"

https://www.yna.co.kr/view/AKR20170202176500371(검색일: 2018.12.06).

오마이뉴스. 2011. "연봉 4000 넘는 친구들도 제가 부럽대요" http://www.ohmynews.com/NWS_Web/view/at_pg.aspx?CNTN_CD=A0001555229 (검색일: 2018.12.02).

[주]도움과나눔. 2019. "비영리기관의 설립을 위한 준비" http://www.doumnet.net/bbs/index.php?mode=detail&&serial=984&&rel=984&&code=bbs1&&(검색일: 2019.01.23).

캠페인 매니저 블로그. 2019. "캠페인 매니저 자격증 파헤치기 1부." https://blog.naver.com/cededu/221522419313(검색일: 2019.05.16).

캠페인 매니저 자격인증 홈페이지. 2019. http://ccmexam.org/(검색일: 2019.05.16).

황세정, 이태동. 2018. NGO의 기업에 대한 영향력 연구: 그린피스의 쿨 IT 캠페인을 중심으로. 동서연구 30(4), 127-156.

KOICA ODA 교육원. 2019. https://oda.koica.go.kr/qualification/FourthCertiIntro.do(검색일: 2019.05.17).

잇다. 2019. "NGO 활동가를 꿈꾸는 학생들을 위한 10가지 제언." https://www.itdaa.net/mentor_posts/6118(검색일: 2019.05.17).

e-나라지표. 비영리민간단체 등록수. http://www.index.go.kr/potal/main/EachDtlPageDetail.do?idx_cd=2856 (검색일: 2019.5.17).

개인 1:1 인터뷰 (익명 비영리단체 대표님).

에필로그

정치학과 미래 진로

백우열, 이태동, 최 선

정치학을 전공하기 시작하면서 캠퍼스에서 가장 먼저 들었던 말 중 하나는 "정치학 전공자는 부르는 데는 많이 없지만 갈 데는 매우 많다", "정치학 전공자는 절반은 백수가 된다"라는 것이었다. 이 말들을 듣고 잠시 멍했던 동시에 약간 흥분했던 기억이 있는데 이제는 무슨 뜻인지 알듯하다. 공과대학, 경영대학과 같이 아주 구체적인 필요에 맞추어 인재를 양성하기보다 사람들이 모여 사는 공동체와 공동체 간의 관계 논리와 팩트들에 대한 일반적 이해-분석 능력을 키우는 정치학 전공자들은 딱 맞는 맞춤형 직업은 드물다는 것이다. 그래서 아마도 정치외교학과에 입학했던 많은 학생들이 '외교관'이라는 직업을 목표로 했었을 것이다. 다른 직업들을 염두에 두지 못한 채로 말이다. 그러나 이러한 정치학의 특징은 역설적으로 현재 4차산업혁명에 기반한 디지털 사회이자 전 세계의 표준 동조화-단일화가 강화되어 가고 있는 글로벌사회에 가장 맞는 전공 중의 하나라는 뜻이기도 하다. 어찌 보면 대학교육의 가장 근본적인 목적인 논리적이고 창조적인 사고력을 가장 키울 수 있는 전공이기 때문이다.

이 책에서 다루었던 '전통적(traditional)'인 정치학 전공자들의 진로, 즉,

무엇을 해서 먹고살 수 있는가, 직업의 세계를 잠시 곱씹어보자. 대학에서 학생들을 가르치는 학자로서의 교수, 국책 및 민간연구기관의 연구원, 중앙정치에서의 보좌직, 지방정치의 광역자치단체장과 의원, 외교부의 외교관과 국제기구의 공무원, 법조인, 행정공무원, 공기업 및 사기업의 임직원, 언론사의 기자, 그리고 시민단체의 활동가, 이렇게 11개의 전문 진로 분야는 현재까지 형성된 한국 사회에서 '부르는 데는 별로 없지만, 갈 데는 많은' 정치학 전공자들에게 '주어진' 선택지라고 할 수 있다. 우리 집필진이 모여 이 책을 기획할 때 기존의 정치학 전공자들이 어떤 분야에서 어떤 직업을 가지고 살아가고 있는가를 논의한 결과 나온 목록이기도 하다.

그런데 정치학 전공자들은 앞으로 살아갈 세계에서는 이러한 11개의 직종 또는 직업들을 목표로만 살아가도 될 것인가? 아니면 살아갈 수 있을 것인가?

우리 현대의 정치학 교수들은 대체로 과학(science), 사회과학(social science), 그리고 정치과학(political science)의 과학적 논리와 방법론에 기인한 교육을 한다. 정치학은 전근대와 근대 시기를 거치면서 정치-경제-철학이 결합하여 있었던 거시적 통합적 학문에서 미시적 구체적 분과 학문으로의 성격 변화를 겪어왔고 특히 지난 20여 년 간은 숫자를 중심으로 한 수학적 논리와 방법론에 천착하여 매우 '과학적인' 학문으로 변화해왔다. 그것은 정치와 연관된 인과관계를 끊임없이 과학화하고자 하는 경향이었다. 그러나 우리는 소위 4차 산업혁명의 세계에 진입하면서 이젠 금과옥조와 같던 인과관계(causal relation)보다 원인을 알 수 없어도 결과를 예측할 수 있는 상관관계(correlation)를 더 중요시하는 인과역전(因果逆轉)의 가능성까지 현실화할지 모르는 세계에 살고 있다.

우리가 이 책에서 세밀하게 다룬 11개의 직업군이 앞으로 수십 년을 살아갈 지금의 그리고 미래의 정치학 전공자들에게 선택지로서 얼마나 남아 있을까? 우리는 이 책에서 이렇게 미래를 내다보는 형태의 분석을 행하지는 못했다. 이러한 맥락에서 정치학 전공자가 어떤 직종, 직업을 추구할 수 있을지, 아니면 창조할 수 있을지도 우린 생각해야 한다. 그러나 안타깝게도 어떻게 정치학 전공자들이 대비해야 하고, 이를 위해서 정치학 교수들과 공동체는 무엇을 어떻게 가르쳐야 할지에 대해 뚜렷한 방향성이 없는 것이 현실이다.

이미 이러한 변화에 '적응'하는 정치학 전공자들도 찾아볼 수 있다. 정치학과 새로운 직업군, 예를 들어 모바일게임개발 리더, 일상 속의 선거 공유스타트업 주도자, 사이버 안보 군사전략가, 아프리카와 동아시아를 연결하는 물류운영자, 숲과 스마트도시의 복합구조 설계운영자, 또는 위에서 말한 11가지의 직종과 다른 직종을 넘나드는 하이브리드 창조자 등을 주목해보자. 정치학과 그에 결합한 다양한 학문들에 기반하지만, 그 연결고리 또는 인과관계를 현재까지 명확하게 규명해내기는 어려운 와중에도 이들은 자신만의 또는 자신과 유사한 사람들과의 세계를 창조해 나가는 사람들로 보인다. 여러모로 논쟁적이지만 그 광범위한 전 세계적인 시장성, 확장성, 그리고 시대성을 부인할 수 없는 "배틀그라운드(battle ground)"라는 게임의 세계를 유사한 사람들과 창조해 낸 (구)정치학 전공자의 경우가 그 한 예이다. 물론 엄청난 창조적 영향력을 지니며 새로운 세상을 만들어나가는 것이 정치학 전공자 대부분이 할 수 있거나 해야 하는 일은 아니다. 그러나 위에서 언급한 세상 변화 속에서 그 크기와 깊이는 상이해도 이러한 형태로 정치학 전공자의 새로운 '미래 진로'의 가능성을 생각해볼 수 있지 않을까?

정치는 '누가, 무엇을, 어떻게 얻는가?'에 천착하고, 권력은 '다른 사람 또는 집단이 원하는 바에 상관없이 자신이 원하는 것을 하게 하는 능력'이라고 인식하며, 이러한 정치권력에 대한 다양한, 다각적인 논리와 검증 분석을 통해서 자신의 지식과 사고력을 증진하려는 목적을 갖고 행해지는 것이 정치학 교육이다. 그러나 현 정치학 교육에서 가장 결여된 것이 '창조성'이며 창조는 여러 요소와 행위자가 결합하는 하이브리드 환경에서 더 잘 발생한다. 그리고 이 창조성이 바로 4차산업혁명 디지털 시대의 패러다임적 변화의 근간인 패턴을 읽는 패턴밴더(pattern vendor)'로서 새로운 세상을 이끌어 갈 수 있는 능력이다. 이는 바로 정치학 전공자들이 정치학에만 국한된 공부와 경력을 쌓는 한계를 넘어서는 경우의 수가 많아져야 한다는 것을 의미한다. 이러한 맥락에서 우리는 기존의 정치학적 시각, 논리, 사상, 이론과 방법론을 기본적으로 활용하되 다양한 학제 간 및 융·복합적 접근법과 비전통적인 그리고 기존에 존재하지 않았던 형태의 창조적인 시각과 접근법을 고안-결합하는 새로운 형태의 융복합 정치학 교육을 만들어가야 한다. 다시 말해 정치학과 동시에 생태학, 인류학, 경제학, 경영학, 문학, 철학, 심리학, 물리학, 화학, 지구과학, 컴퓨터공학, 건축학, 디자인학, 도시공학, 의학, 농학 등 수많은 다른 학문적 접근들을 활용해야만 입체적이고 창조적이며 생산적인 이해와 이를 기반으로 한 논리적 창조적 사고력의 배양이 가능하다. 이미 이러한 형태의 융복합 정치학 교육은 시도되고 있지만 아쉽게도 부전공, 복수전공 형태의 단선적이고 단면적인 수준에 그치고 있다.

장기적으로 정치학 교육이 위와 같이 진화해갈 것으로 예상되지만 중단기적으로는 각각의 정치학 전공자들은 기존의 정치학 교육에만 의존하여 위에서 열거한 11개의 직업 선택지 중 하나만을 선택하는 상황에 부닥치기 보다 새로운 형태의 융복합 정치학 교육을 스스로 찾아서 만들어갈 필요가 있다. 물론 이에 더해 정치학 전공자에겐 사회 혁신에 공헌하는 공공성의 의미와 개개인의 사적 이익 추구의 조화가 '직업으로서의 소명'으로 여전히 작용하기를 바라는 마음도 정치학을 가르치는 우리들로서는 감출 길이 없다.

우리는 이러한 '정치학과 미래 진로'를 이 책의 후속편에서 다루고자 한다.